"四史"学习教育专辑

LI LUN JING WEI

主　编　张文潮　张　兰
副主编　李宇靖　徐　昕

第十辑

上海三联书店

目录 C O N T E N T S

张志丹①

推进上海"四史"红色故事有机融入思政课

（上海师范大学　上海　200234）

【摘　要】"四史"学习是一项重要的教育任务。上海作为党的诞生地，讲好"四史"红色故事，找到"四史"学习与思政课教育的切入点，全面推进上海"四史"教育的深入开展，是思政课在建党100周年之际的时代需要。充分认识上海"四史"红色故事与思政课融合发展的重要意义，从多角度创新思考如何讲好上海"四史"红色故事，充分将二者有机结合起来，不断提升思政课教师的教学能力，在讲好"四史"红色故事过程中，解答中国共产党为什么"能"、马克思主义为什么"行"、中国特色社会主义为什么"好"的时代之问，帮助青少年一代树立坚定的理想信念与爱国情怀。

【关键词】上海"四史"红色故事　思政课　思想政治教育

历史是最好的教科书。② 在即将迎来建党100周年的重大历史节点之际，深入开展"四史"学习教育意义重大，使我们深入了解、深

---

① 作者简介：张志丹，教授，博士生导师，博士后合作导师。上海师范大学马克思主义学院院长。长期从事马克思主义哲学、马克思主义理论和伦理学等相关学科的教学和研究工作，主要研究方向为马克思主义意识形态学和经济伦理学。上海市徐汇区桂林路100号，200234。

② 习近平：《谈治国理政》第1卷，外文出版社2018年版，第405页。

刻感知、生动体悟党史、新中国史、改革开放史、社会主义发展史,为实现中华民族伟大复兴中国梦增加精神动力。上海是中国共产党的诞生地、党的初心始发地、改革开放的前沿阵地,更是共产党人的精神家园,围绕如何把红色资源利用好、把红色基因传承好、把红色传统发扬好,是"四史"学习教育的重要任务。讲好上海"四史"红色故事,是加强"四史"学习教育的重要切入点。推进上海"四史"红色故事走进思政课、走近大学生群体,实现入脑入心,是立德树人的需要,也是时代发展的需要。为此,我们必须系统谋划,整体发力,做好上海"四史"红色故事融入思政课,在实实在在的教育活动中促使大学生知史爱党、知史爱国,不断强化爱党爱国的思想自觉和行动自觉,在新时代实现现代化建设的伟大征程中始终不忘来路、走好正路、远眺前路,为培养信仰如山、信念如铁、信心如磐,让初心薪火相传,把使命勇担在肩的建设者和接班人贡献力量。

一、充分认识上海"四史"红色故事进思政课的重要意义

学史得以明志,学习和总结历史是我们党的优良传统,也是开展各项工作、取得成功的保证。上海"四史"尤具独到之处,是整个党史、新中国史、改革开放史、社会主义发展史的一部分,而且是其标志性的缩影,汇聚其中的红色故事更是解码这段历史的红色"钥匙"。在马克思看来,历史不过是追求着自己目的的人的活动而已。① 因此,人构成了历史的主体。推动上海"四史"红色故事切实走进思政课,前提就在于大学生群体能够主动接近历史、学习历史、总结历史以及运用历史经验。面对百年未有之大变局,国际形势风云变幻,伴随着中国的崛起,随之而来的是西方资本主义势力的恐惧与诘难。当前,表现在思想领域中不仅有"中国威胁论""中国霸权论""中国崩溃论"等极具攻击性论调,同样还有着抹黑我们党史、新中国史、改革开放史、社会主义发展史的历史虚无主义复苏与抬头,对大学生的思

---

① 《马克思恩格斯文集》第 1 卷,人民出版社 2009 年版,第 295 页。

想政治认知的冲击是巨大的。能否搞好"四史"教育,关乎立德树人目标的实现,关乎大学生的历史认知正确与否。与此同时,通过上海"四史"教育,可以在培养学生的理念信念的同时,培育大学生的历史思维能力。历史思维能力强调善于运用历史眼光认识发展规律、把握前进方向、指导现实工作的能力。习近平同志强调:"树立历史眼光,始终坚持马克思主义的历史观和方法论,无论是想问题、做决策,都要强化历史眼光、历史意识,善于运用历史思维分析现状、认清趋势、把握未来,自觉按照历史的规律不断前进。"①培育大学生的历史思维,就是要求大学生通过对历史的学习,深刻把握历史规律、认清历史趋势、总结历史经验、牢记历史教训,在回望来路的基础上走好当下的路、铺好未来的路。通过上海"四史"红色故事融入思政课这一举措,让学生去感受有血有肉的历史,明历史真相,担历史责任。

二、深入研究思考"四史"红色故事如何有机融入思政课

可以说,上海"四史"红色故事合上是一种厚重,展开是一幅史诗。上海"四史"红色故事有机融入思政课,前提是"四史"红色故事研究和如何把握。推动上海"四史"红色故事与思政课程相结合,要在教育内容层面上进行深化,依托《马克思主义基本原理概论》《毛泽东思想和中国特色社会主义理论体系概论》《思想道德修养与法律基础》《中国近现代史纲要》等思政课程,并依据其内容特征与教育目的,有针对性地将相应的具体红色故事穿插进去,在课程基本理论内容教学的基础上体系化融入上海"四史"红色故事,更具象化、生动化地开展思政课,确保大学生上海"四史"学习教育活动有效到位。

首先,依托《中国近现代史纲要》课程为载体,在解码党史过程中,讲述中国共产党成立的"一波三折",早期党的领导人在黄浦码头乘船赴法、学习新知、淬炼思想,瞿秋白烈士慷慨赴义等红色故事,充分展现中国共产党人的崇高理想信念与坚定初心;在解码新中国史

---

① 《深入学习习近平同志重要论述》,人民出版社 2013 年版,第 145 页。

的过程中,讲述涌现在解放上海过程中的伟大斗争故事,以及在重建上海过程中的"红色资本家"荣毅仁、平息"银元风波"、打赢"两白一黑"战役等红色故事,在解放上海与重建上海的历史交汇中突出中国共产党不仅"善于破坏一个旧世界,更善于建设一个新世界"①;在解码改革开放史的过程中,要突出上海作为改革开放的弄潮儿,有着一大批类似浦东改革开放的排头兵吹响着改革开放的时代凯歌,演绎着新时期的红色故事,从新中国第一家证券交易所,到第一个自由贸易试验区,无不表明上海作为一座开放性城市在改革开放中的果敢与争先。同时,党史、新中国史、改革开放史的红色故事同样也是社会主义发展史的真实写照。通过运用这些血肉化的故事事实,能够帮大学生更加清晰地了解中国近现代史,认识到建党、建国的艰辛与不易,改革开放与社会主义发展的几多波折与劫难,更加通过历史的学习加深对党和国家的拥护与信仰,真正做到"以史实说话,让历史作证"②。

其次,借助《马克思主义基本原理概论》《毛泽东思想和中国特色社会主义理论体系概论》《思想道德修养与法律基础》等课程载体,依据各自的教学目的与特点,在具体教学过程中有针对性的融入红色故事,既有效推动了红色故事体系化融入思政课程,又能带动大学生深入理解各课程的理论内涵,用故事讲清道理,用道理赢得认同。例如,在《马克思主义基本原理概论》教学中以"四史"红色故事展现中国共产党的成长与新中国的发展是唯物史观关于社会发展规律、实践根本性地位、群众史观等原理的合力作用,不是一种自然演进的"宿命论",而是党团结带领人民抗争、奋斗的实践成果。在《毛泽东思想和中国特色社会主义理论体系概论》教学中以"四史"红色故事突出上海在整个新民主主义革命和社会主义革命当中的重要地位,突出上海经济发展模式是对邓小平关于市场和"姓资姓社"问题的回

---

① 《习近平在庆祝改革开放 40 周年大会上的讲话》,人民出版社 2018 年版,第 41 页。

② 《习近平讲故事》,人民出版社 2017 年版,第 168 页。

应,突出上海发展是新时代中国发展的魅力"缩影"。在《思想道德修养与法律基础》教学中,则要通过早期共产党人在上海可歌可泣的红色故事,如瞿秋白烈士的视死如归、张人亚的革命守护等,教育大学生们要树立信仰、坚守初心,做好正确的人生规划,在为新时代中国特色社会主义事业奋斗中彰显个人的人生价值。

三、创新使用多种教育形式讲好上海"四史"红色故事

教学无定法,讲故事无定则,关键在于合适。要讲好上海"四史"红色故事,一是讲故事要讲事实、讲史实,以事实的逻辑陈述好各种故事。二是讲故事要讲过程、讲情节、讲细节,以历史的逻辑演绎好红色故事。三是讲故事,既要微观讲点,也要宏观谈面,以辩证逻辑展现好红色故事。四是讲故事要讲道理、讲精神,以理论的逻辑深化好红色故事,展现革命的逻辑和历史的规律。五是讲故事要讲精神、讲信念、讲理想、讲奉献,以教育的逻辑展现好红色故事的基本功能。

纸上得来终觉浅,绝知此事需躬行。马克思指出:"思想要得到实现,就要有使用实践力量的人。"①这里特别需要强调的是,思政课绝不能仅是一种平面的理论传输过程,还要有立体的情景教育活动,即通过社会实践方式深化大学生的切身感受。上海红色资源十分丰富,红色遗址 1000 多处,其中更是有着中共"一大"会址、中共"二大"会址、中共"四大"会址等重量级红色纪念地,为开展"四史"红色故事在思政课中的情景化教学提供了广阔的社会实践空间。因此,推进上海"四史"红色故事与思政课的有机融合,既要靠教育主体在课堂中引导教育客体主动去认知、吸收、传播红色故事,还要注重讲教育空间从课堂扩大到红色遗址、革命地点、伟人故居等具有教育意义的实践课堂。通过参观、聆听讲解,再结合已知红色故事的理论背景,能够更加深刻地感受党史、新中国史、改革开放史、社会主义发展史之艰辛与不易,尤其是在参观党的重要领导人故居中,以其生活之清

---

① 《马克思恩格斯文集》第 1 卷,人民出版社 2009 年版,第 320 页。

推进上海"四史"红色故事有机融入思政课

贫突出事业之伟大,以其人生之磨难反映信仰之坚定,从而更加深入了解红色故事背后所凝聚的伟大力量。因此,开展思政课的"四史"红色故事学习与教育,要创新思维驱动,加快推动传统思政课程的时代化转型,创新运用社会实践的方式,在实现理论学习与情景交互的双重联动中,切实将"四史"红色故事推向思政课教学的深处,确保大学生在实践教学中从历史感悟力量,从故事提炼信仰。

四、强化思政课教师驾驭"四史"红色故事的能力

办好思政课,关键在教师。习近平同志深刻强调:"教师队伍素质直接决定着大学办学能力和水平。"[①]强化思政教师队伍建设,是推动上海"四史"红色故事有效融入思政课堂的关键。为此,需要提高思政教师的三大能力:第一,要提升思政教师挖掘"四史"红色故事的能力。当前,随着社会生活方式的极大转变,传统说教式和灌输式的思政教育方式已经不能适应年轻人的思维方式,要借用思政课的平台做好"四史"学习教育活动,需要改变传统的教育方式,更多融入红色故事的元素,吸引大学生的兴趣与注意。上海作为中国共产党的诞生地,也是新中国史、改革开放史和社会主义发展史中的重要城市,红色遗址数量大、品质高,其中的红色故事更是不胜枚举。对此,思政教师要能通过现代化的技术手段充分挖掘上海的红色故事,不断以鲜活的故事充实和丰富思政课堂,在生动的教学中帮助大学生做到知史爱党,知史爱国。第二,要提升思政教师讲述"四史"红色故事的能力。其中,要注意在五大逻辑层面科学提升。在事实逻辑上,注重讲事实与讲史实的能力并重;在历史逻辑上,注重讲情节与讲细节的能力并重;在辩证逻辑上,注重讲微观与讲宏观的能力并重;在理论逻辑上,注重讲道理和讲精神的能力并重;在教育逻辑上,注重讲故事与讲人生的能力并重。第三,要提升思政教师转化"四

---

① 《习近平在北京大学师生座谈会上的讲话》,人民出版社 2018 年版,第7—8 页。

史"红色故事的能力。习近平同志深刻指出:"教育就是培养中国特色社会主义事业的建设者和接班人,而不是旁观者和反对派。"①思政教师讲述"四史"红色故事不仅仅是一种感性的过程,还需包含着理性的转化。即通过红色故事,将历史和现实进行联系,把红色故事中蕴含的精神、信仰、价值理念等进一步凝练和提升,转化为当代大学生所需要的理想信念、人生价值等,帮助大学生在感悟红色故事中升华"三观"。

推进上海"四史"红色故事融入思政课,是一项宏大而复杂的工程。只有实现红色故事与思政课程"无缝对接",积极将红色故事融入日常思政课教学当中,从而运用马克思主义的理论逻辑理顺"四史"的历史逻辑,为培育青少年一代的理想信念、爱国情怀、责任担当和艰苦奋斗提供充沛的精神养料;同时也要在上海"四史"红色故事的历史逻辑中突出现实逻辑,帮助大学生群体在新时代的历史方位下进一步从思想上弄清楚、理解透中国共产党为什么"能"、马克思主义为什么"行"、中国特色社会主义为什么"好"的重大时代问题。唯此,"四史"学习教育才能更加接地气,思政课教学才能有血有肉、有滋有味,入脑入心。

推进上海「四史」红色故事有机融入思政课

---

① 《深入学习习近平关于教育的重要论述》,人民出版社 2019 年版,第224 页。

曹秀玲①

对"四史"学习教育载体和素材的思考

（上海师范大学　上海　200234）

【摘　要】新中国成立以来，特别是改革开放以来，中国经济社会发展迅速，综合国力和国际地位不断提升。与此相关，国际上"中国威胁论"越来越有市场。中华民族伟大复兴的征程不会一帆风顺，"四史"学习教育具有重要的现实意义和深远的历史意义。鉴于时下所处互联网和自媒体时代特征和受众群体特征，本文提出"四史"学习教育要拓展新的载体和平台，发掘新的视角和素材，学习教育才能真正入脑入心，才能见行见效。

【关键词】"四史"学习教育　国际理解　开放包容

一、引言

新中国成立时，经历战火洗礼的中华大地，千疮百孔，百废待兴。经过七十多年的建设和发展，特别是改革开放四十年的飞速发展，中国业已成为世界第二大经济体。国民生活水平和幸福感大幅提升，国家综合国力和国际地位也不断提高，与之相关的一个突出的表现就是国际上汉语学习需求不断升温。

---

① 作者简介：曹秀玲，女，博士，上海师范大学对外汉语学院教授、博士生导师，主要研究方向为语言学及应用语言学和汉语国际教育。

2020 年是我国全面建成小康社会和"十三五"规划的收官之年，也是"十四五"蓝图绘制、两个"一百年"奋斗的历史交汇期。在这一特殊的历史方位下，"四史"学习教育意义尤其重大。

必须看到，在国家各项事业快速发展并取得巨大成就的同时，国际政治、经济格局也发生显著变化。特别是 2008 年中国成功举办奥运会后，经济危机蔓延至整个西方，新的非官方、准官方声音开始质疑中国"和平崛起"的论调。有观点认为，时任国家主席胡锦涛对战略趋势的分析是正确的，但西方依然是一股危险力量，绝不会允许中国和谐地崛起，因此，中国理应巩固战果，坚持追求世界大国甚至超级大国地位。① 在这种认知之下，西方"中国威胁论"不绝于耳。而且苏联解体后，中国在一代人的时间内成为世界经济强国，更是导致国际社会猜想和担忧中国崛起是否会再次造成国际关系的两极化。

二、后疫情时代的"四史"学习教育

新冠肺炎疫情发生以来，一些国家政府和部分民众"甩锅"中国，导致不利于中国的舆论丛生，给国际社会与民众对中国、中华民族和中华文化的认知带来挑战，也在一定程度上使国民发生分化，具体表现在网民亲美反美"阵营"的形成。与此同时，我国在抗疫过程中展现的中国力量、中国精神、中国效率，展现的负责任大国形象，令国人感到振奋和自豪，也得到国际社会的高度赞誉。

哲学家伊曼纽尔·康德在其著作《论永久和平》中指出，永久和平最终将以两种方式中的一种降临这个世界：或者由于人类的洞察力，或者因为在巨大的冲突和灾难面前，除了永久和平人类别无他择。

可以说，一场新冠肺炎疫情使得国际社会更清楚地看到国际产业布局现状和中国的影响力和领导力。改革开放总设计师邓小平临终前曾提出"24 字方针"：

① 引自基辛格《论中国》（胡利平等译），中信出版社 2015 年版。

冷静观察　稳住阵脚　沉着应付
韬光养晦　善于守拙　决不当头

中华民族伟大复兴的征程不可能是一帆风顺的。西方社会对于"24字方针"的深意做过深入研读，认为这一方针提出时中国正逢国内动荡和国外压力的双重威胁，那么方针是否同样适用于后一阶段呢？改革开放之后，中国经济增长同样也会引起国际社会的普遍关注。甚至可以说，中国下一步发展所面临的国际环境较之以往困难和威胁更多，要经受世界百年未有之大变局的严峻考验和重大挑战。

为此，坚持以习近平新时代中国特色社会主义思想为指导，增强"四个意识"、坚定"四个自信"、做到"两个维护"，把开展"四史"学习教育作为一项重要的政治任务抓好抓实重要而且紧迫。

鉴于"四史"学习教育特殊的时代背景，特别是相当比例的教育对象对新中国成立甚至改革开放前后的国力和家庭生活对照缺少感性认识，特别是"90后"和"00后"，生活在国家日益繁荣富强的时代背景之下，对中国近代以来的斗争史、党建立以来的奋斗史、新中国成立和改革开放以来的发展史的认识停留在书本之上，甚至知之不多。对国人，特别是"新生代"讲好"四史"故事同样重要。

三、拓展"四史"学习教育的载体和素材

由于中外体制和意识形态的不同，在国际政治经济格局和国际交往中，中国与国际话语体系的不对称经常导致误解和猜忌。比如，孔子学院的运行模式遭到以美国为首的一些国家的抵制，"孔子学院总部"现已改为"教育部中外语言交流合作中心"。

时至今日，邓小平同志在当时历史条件下提出的"韬光养晦"已经"实力不允许"。西方国家对中国发展早已开始警觉并实施一定的技术封锁和人才管制，而我国在核心技术和关键领域的竞争力还相对比较有限。在这种情形之下，做好汉语国际教育事业，对外国人讲好中国故事，增进国际社会的沟通和理解，具有重大的现实意义和深

远的历史意义。

然而，"四史"学习教育应该创新方式方法，充分发挥现代网络信息技术的优势，发掘新媒体的宣传和教育功能，使"四史"学习教育更具亲和力和感染力。同时，要立足当今"地球村"时代信息爆炸和瞬间"全村人都知道"的传播速度和广度，正面引导，特别要注意挖掘国外有关中国论著资料的参考价值和"说服力"，使之成为"四史"教材的有益补充。"老外"的认同中国更有信服力，负面评价也可提升国人的危机意识和奋发动力。

美国资深外交家和思想家亨利·基辛格博士 2011 年出版的《论中国》(中文版 2015 年由中信出版社出版)一书从中美外交的视角，采用回忆录、自传、论著相结合的方式，记述鸦片战争以来，帝国主义坚船利炮打开沉醉于迷梦之中的清朝统治者治下的中国大门，从而使国人从自我陶醉和迷梦中惊醒，大批仁人志士探索民族独立和国家自强的艰苦卓绝的奋斗历程。

该书特别对改革开放四十年来的中国、中国对外关系和中美关系多所着墨，从更为客观全面的视角展示中国鸦片战争后封建帝国四分五裂到共产党人重整河山，不断融入国际社会的沧桑巨变的时代和国际关系背景。新中国发展和改革开放道路同样惊心动魄，甚至可以说，是中国共产党领导人民在国际社会的围追堵截中生生杀出了一条血路，创造外国政治家所不能理解的"奇迹"。作者在原著扉页上写道：中国的政治家们在面临内忧外患之际，已经发展出了一套战略思想准则，崇尚敏锐、耐性和迂回超过武力征服。

时至今日，中美关系业已成为全球最为重要的双边关系之一。然而，双方在意识形态、社会制度、历史文化传统等方面存在较大差异，加强相互了解与信任、避免误解误判尤为重要。因此，《论中国》有助于西方世界和国际社会认识和了解中国；对于国人来说，阅读该书可以跳出自身思维的藩篱，看到国际视野中的中国从任人宰割到站起来、富起来到强起来的跌宕起伏而艰苦卓绝的奋斗历程。

读者通过作者所记述的与中国四代领导人之间的工作交往，丰富的历史资料和深邃睿智的见解，可以再度体认我们的祖国，更加清

对「四史」学习教育载体和素材的思考

醒,更加坚定。基辛格在书中这样评价中国人民:

中国从辉煌的封建帝国到被列强瓜分得四分五裂濒临崩溃的大陆国家。中国人民为这一抗争付出了沉重的代价——他们既非第一次,也非最后一次用自己的忍辱负重和坚忍不拔筑起了最后一道防线。然而,他们维护了中国是一个掌握自己命运的大陆国家的理想。中国人民靠着坚忍和自信,通过艰难抗争为日后中国的复兴带来了希望。(第53页)

美国时任总统特朗普的选战口号,"如果拜登当选,美国人将都要学习中文"和"若拜登当选,中国将拥有美国"。虽然是选战指向,大肆渲染中国影响和威胁,但以此"说事"恰恰表明中国事务对于美国的重要性。

四、教育工作者的责任与使命

近代历史上,中国被动挨打,从某种意义上说,是闭关锁国、盲目自大的结果。现在我国虽然已经成为世界第二大经济体,但必须清醒地看到,我们在核心技术和关键领域的竞争力还相当有限,科技创新水平还不够高,人均GDP远在某些发达国家之后,人民群众的获得感和幸福感还有待进一步提升。因此,党的十九大报告指出,"中国特色社会主义进入新时代,我国社会主要矛盾已经转化为人民日益增长的美好生活需要和不平衡不充分的发展之间的矛盾。"

改革开放之初,邓小平同志就敏锐地指出教育在实现现代化中的重要作用:

我们要实现现代化,关键是科学技术要能上去。发展科学技术,不抓教育不行。靠空讲不能实现现代化,必须有知识,有人才。现在看来,同发达国家相比,我们的科学技术和教育整整落后了二十年。

作为一名教育工作者,践行立德树人根本任务,使命光荣,责任重大。然而,新时代背景之下,"四史"学习教育,要聚焦国民教育水平现状和青年学子学情特点,创新学习教育的方式和载体,拓展学习教育的视角和素材,学习教育才能真正入脑入心,才能见行见效,使大家将个人工作、学习和生活与祖国发展同频共振。

邵 雍①

《中华人民共和国简史（1949—2019）》的历史启示

（上海师范大学 上海 200234）

【摘 要】《中华人民共和国简史》是在《新中国70年》的基础上编写的简明读本，该书以中国共产党人的创新理论作为分章依据，指导思想是《关于建国以来党的若干历史问题的决议》与十九大通过的党章总纲部分。全书语言精练，着意对史实的提炼、升华与总结，是加强党史和新中国史学习的好教材。

【关键词】中华人民共和国 共产党 社会主义 中国特色 实事求是

一

与一切史学著作一样，当代中国研究所编写《中华人民共和国简史（1949—2019）》的目的，在于"不忘前人、激励今人、启迪后人"。讲具体一点，当代中国研究所为贯彻落实习近平总书记关于加强党史和新中国史学习的重要指示精神，在完成中央交办的重大项目《新中国70年》的基础上又编写了这一简明读本。由原来的47万字缩编

---

① 作者简介：邵雍，男，硕士，上海师范大学人文学院历史学系教授、博士生导师，中共上海市委党史研究室特约研究员，主要研究方向为中共党史、革命史研究。上海市徐汇区桂林路100号，200234。

至 15.7 万字,大约是原来的三分之一。

就篇章结构而言基本相同,只是将《新中国 70 年》最后两章 2012—2019 合并为一章。第一章新中国成立和社会主义基本制度的确立 1949—1956、第二章社会主义建设的艰辛探索和曲折发展 1956—1978,可以视为探索篇,通俗地讲就是改革开放的前 30 年。第三章改革开放的起步与开创中国特色社会主义 1978—1992、第四章深化改革开放和把中国特色社会主义推向 21 世纪 1992—2002(十四大十五大)、第五章全面建设小康社会和坚持发展中国特色社会主义 2002—2012(十六大十七大),可以视为改革篇。通俗地讲就是改革开放以来的 30 多年。

关于这两个 30 年的关系,习近平总书记已经讲过了,不是互相否定的关系,而是有内在联系的。"如果没有 1978 年我们决定实行改革开放,并坚定不移推进改革开放,坚定不移把握改革开放的正确方向,社会主义中国就不可能有今天这样的大好局面,就可能面临严重危机,就可能遇到像苏联、东欧国家那样的亡党亡国危机。同时,如果没有 1949 年建立新中国并进行社会主义革命和建设,积累了重要的思想、物质、制度条件,积累了正反两方经验,改革开放也很难顺利推进。"在具体写法上,第 49 页为备战开展"三线建设"这一目中,重点写了 20 世纪 60 年代到 70 年代的三线建设。但是有些叙述是超过这一时段的,如"三线建设跨越三个五年计划,历时十几年。到 1980 年,国家在三线建设中共投入 2052 亿元,在中西部地区建成了约 2000 个大中型企业、基础设施和科研院所。……三线建设中也出现了选址不当、忽视经济效益、铺开过快过大的弊病。这些问题在 1983 年至 2006 年的三线企业调整改造中得到了解决。"第 51 页"国防科技和尖端技术的突破"这一目中,有机统合两个三十年的意图更加明显。本目从 1956 年谈起,讲到 1975 年 11 月,中国第一颗返回式卫星在酒泉成功发射,卫星绕地球运行 47 圈后,安全降落在四川预定地区。中国卫星发射技术实现了第二次飞跃。袁隆平开创了杂交水稻研究……1976 年在全国进行大面积推广应用,大幅度提高了水稻产量,被誉为"第二次绿色革命"。1972 年成功提取青蒿素。……2015 年屠呦呦获得诺贝尔生理学或医学奖。而第 49 页、第

51 页两个目所在的第二章的时间下限是 1978 年。

划分这三章的依据在每章的小序中已经讲明了。第 67 页说,这一阶段形成了邓小平理论。第 92 页说以江泽民为主要代表的中国共产党人形成了"三个代表"重要思想。第 116 页上说以胡锦涛为主要代表的中国共产党人,形成了科学发展观。也就是说是以中国共产党人的创新理论作为分章依据的。

第六章中国特色社会主义进入新时代(十八大、十九大),可以视为强国篇。第 142 页上说,以习近平同志为核心的党中央,创立了习近平新时代中国特色社会主义思想。

二

整个六章内在的逻辑是毛泽东使中华民族站起来,邓小平使中华民族富起来,习近平使中华民族强起来。第 76 页讲,"1987 年全国乡镇企业总产值第一次超过农业总产值,这是农村经济的历史性变化。"第 93 页还是拿数据说话,中共十四大后,中国经济得到较快发展,1993 年国内生产总值首次突破 3 万亿元大关。

邓小平作为中国改革开放的总设计师,非常注重"富起来"的问题。"文革"结束后的 1978 年,中国与美国、日本、德国等现代化国家在 GDP 上的差距分别是 16.2、6.9、4.2 倍。如果按照人均 GDP 计算,这个差距就分别是 76、66、82 倍。[1] 有鉴于此,邓小平在同年 3 月全国科学大会上强调:"不搞现代化,科学技术水平不提高,社会生产力不发达,国家的实力得不到加强,人民的物质文化生活得不到改善,那么,我们的社会主义政治制度和经济制度就不能充分巩固,我们国家的安全就没有可靠的保障。"[2] 在他看来,经济问题就是一个国家的政治稳定之本。1990 年 3 月 3 日邓小平又找几位中央负责同

---

[1] 邹牧仑:《乾坤再造:中国近代的现代化进程》,中国社会出版社 2006 年版,第 358 页。

[2] 《邓小平文选》第 2 卷,人民出版社 1983 年版,第 86 页。

志谈话强调:"世界上一些国家发生问题,从根本上说,都是因为经济上不去,……长期过紧日子……假设我们有 5 年不发展,或者是低速度发展,……这不只是经济问题,实际上是个政治问题。"①该书第 98 页说,"2000 年,中国国内生产总值达 89404 亿元,……主要工农业产品产量位居世界前列,商品短缺状况基本结束。……实现了粮食等主要农产品供给由长期短缺到总量基本平衡、丰年有余的历史性转变。"

《中华人民共和国简史(1949—2019)》结束语:"开启全面建成社会主义现代化强国新征程",按照十九大报告的思路,写了 15 年加 15 年。从 2020 年到 2035 年,中国在全面建成小康社会的基础上,再奋斗 15 年,将基本实现社会主义现代化。2035 年到 21 世纪中叶,中国在基本实现现代化的基础上,奋斗 15 年,将建成富强民主文明和谐美丽的社会主义现代化强国,并分别介绍了各自的主要目标。

《中华人民共和国简史(1949—2019)》的指导思想,在 1981 年 6 月以前的部分是《关于建国以来党的若干历史问题的决议》(十一届六中全会通过),在 1981 年 6 月以后的部分则是根据十九大通过的党章总纲部分写的。第 63 页是这样评价"文化大革命"的:"'文化大革命'长达十年的内乱,是党、国家和人民在新中国成立以来遭到的最大挫折。在'文化大革命'中,党组织和国家政权受到削弱,大批干部和群众遭受打击,民主和法制被破坏,马克思主义理论被歪曲,广大党员和人民群众的思想道德陷于混乱,人民生活水平下降,教育、科学、文化事业受到摧残,中国的国际形象也受到一定损害,全国一度面临严重的政治危机和社会危机。"第 70 页认为,"《决议》对新中国成立 32 年来党的重大历史问题特别是'文化大革命'作出了正确总结和评价,实事求是地评价毛泽东在新中国的历史地位,充分论述毛泽东思想作为党的指导思想的伟大意义,标志着中国共产党在指导思想上完成了拨乱反正的历史任务。"

---

① 《邓小平文选》第 3 卷,人民出版社 1993 年版,第 354—355 页。

三

　　全书高度概括,叙事清楚,如第 2 页谈到新民主主义革命 28 年时,明确中国共产党的建立使得中国的民主革命"从此有了正确的指导思想——马克思列宁主义,有了坚强的领导力量——工人阶级及其政党,有了可以依靠的革命力量——工农大众,有了革命方法——组织武装力量夺取政权。"

　　《中华人民共和国简史(1949—2019)》语言精练,以点带面,抓大放小。如第 12 页"清除旧中国的污泥浊水"一目,指出"娼妓是旧社会的丑恶现象"。接着详写:新中国成立后,人民政府把取缔娼妓制度作为改造社会的一项重要内容。北京市最先采取行动。从 1949 年 11 月 21 日下午 5 时半开始,北京市人民政府将全市 224 家妓院一夜之间全部封闭。400 多个老板、领家被收审法办,1300 多名妓女获得解放。人民政府将她们送到教养院医治性病,学习政治、文化和生产技能,帮助她们成家和就业,使之成为自食其力的劳动妇女。略写:全国各大城市和有妓院的城镇接着相继采取类似办法,在几年内取缔了当地所有妓院,根除了娼妓制度。关于抗美援朝战争,书中也只写了三段,实际战场较量只有第 21 页的一段:1950 年 10 月 25 日志愿军首战告捷。到 1951 年 6 月 10 日止,志愿军共歼敌 23 万余人,把战线稳定在"三八线"附近。从 1951 年 7 月开始,战争双方举行停战谈判,经过战场上反复较量和谈判桌上的斗争,1953 年 7 月 27 日,双方签署了停战协定。

　　全书语言平实,通俗易懂。如第 16 页:没收官僚资本总的原则是"原封不动"。为了迅速恢复生产、稳定企业秩序以及保障职工生活需要,人民政权保持企业原职、原薪、原制度不变,对一时来不及接管或一时尚无能力接管的企业,暂时委托原管理人负责管理,照常经营。这种做法,既做到了快,又防止了乱,基本上没有发生生产停顿或破坏设备的现象。第 19 页:1949 年上半年,毛泽东先后提出了"另起炉灶""打扫干净屋子再请客""一边倒"三条外交方针,为新中国成立后开展新型外交指明了方向。第 30 页:"过渡时期总路线的实质就是'一体两翼'和'一化三改'。实现社会主义工业化是总路线的主体,对农业、手工业和资本主义工商业的社会主义改造是总路线的两翼。主体和两翼是不可分割的整体。"第 76 页写计划体制改革是"大的方面管住管好、小的方面放开放活"。第 94—95 页称:"到1996 年,中国经济成功实现从经济过热到'高增长、低通胀'"的'软着陆',避免了经济大起大落",语言通俗易懂接地气。第 156 页指出:中国民主政治的鲜明特征就是"有事好商量"。

《中华人民共和国简史(1949—2019)》的作者发扬历史唯物主义精神,实事求是,秉笔直书。如第 25 页说,中国对编制中长期计划缺乏经验,编制第一个五年计划的整个过程都得到苏联的帮助。第26—27 页说,一五计划期间,国外借款 36.35 亿元,只占财政总收入的 2.7%,其余资金都是中国自己积累起来的。事实上,从 1949 至1979 年,中国工业企业的固定资产达 4892 亿元,比 1949 年的 120 亿元增长约 40 倍;而同时期的国民收入年均增长却只有 3%—4%,人民生活的改善严重滞后,中国是以自己高昂的社会代价进行经济建设的。[①] 第 39 页说,"到 1958 年 6 月反右派斗争基本结束时,全国实际划定的右派分子达 55.28 万人,出现了严重扩大化。其中,只有极少数是反党、反社会主义的右派分子。"第 58 页:"中国共产党连续发表了 9 篇评论苏共中央'公开信'的文章,点名批判'赫鲁晓夫修正主义'。由苏共中央挑起的中苏论战导致了第二次世界大战后社会主义阵营的分裂,也成为毛泽东对中国国内政治形势判断失误的重要因素。"第 88 页:"东欧各国长期执政的共产党先后失去执政地位,1991 年底苏联解体,第二次世界大战后形成的社会主义阵营不复存在,持续几十年的东西方冷战格局宣告结束。"在国内政治评判方面,第 66 页写道:"到 1978 年,国民经济明显复苏并呈现发展态势,同时也在部分党和国家领导人以及人民群众中出现了急于求成的倾向",不再是华国锋一个人的责任了。作者还坦承:"中国在利用外资、引

---

① 邹牧仑:《乾坤再造:中国近代的现代化进程》,中国社会出版社 2006 年版,第 351、354 页。

进技术设备之初也出现了缺乏论证、借贷超过中国偿还能力的急于求成倾向。"

全书一方面是讲透成绩：毛泽东时代的经济建设成就，出现了中国历史上的许多"第一个"。第39—40页上说，1953年中国第一根无缝钢管在鞍钢试轧成功；1954年南昌制造的中国第一架飞机初教－5飞上蓝天；1955年沈阳造出了中国第一台新式机床，哈尔滨生产的中国第一套10000千瓦水轮发电机组正式运转发电；1956年沈阳制造的中国第一架喷气式飞机歼－5试飞成功，长春生产的中国第一台"解放"牌载重汽车下线；1957年中国第一艘中型鱼雷潜艇由江南造船厂制造成功……长江上建成了第一座铁路桥梁——武汉长江大桥，使南北天堑变通途。这种"年份＋地点＋产品"的表述方式令人印象深刻。须知，新中国的经济建设是在一个什么样的基础上进行的。直到1954年毛泽东还在中央人民政府委员会第三十次会议上说："现在我们能造什么？能造桌子椅子，能造茶碗茶壶，能种粮食，还能磨成面粉，还能造纸，但是，一辆汽车、一架飞机、一辆坦克、一辆拖拉机都不能造。"①这就是当年的家底，所以我们用一穷二白来形容并无夸张之处。社会主义建设的成就是在这样的基础上干出来的。

另一方面该书也没有刻意回避失误，如第二章第二节的标题就是"脱离实际的'大跃进'"。第41页说，"'一五'计划的提前完成，极大地鼓舞了中国共产党人和中国人民的建设热情。同时，由于缺乏经验、脱离实际、急于求成的情绪滋长起来，导致了'大跃进'运动的发生。"《人民日报》社论甚至说，只要需要多少粮食"就可以生产多少粮食出来"。第85页"开展治理整顿"一节写道，1988年突出表现为过旺的社会需求、过快的工业发展速度、过多的信贷和货币投放、过高的物价涨幅、经济秩序特别是流通秩序混乱。对于这些问题，加上生产资料价格双轨制引发的"官倒"和腐败现象，群众反映强烈。"8月19日清晨中央人民广播电台广播了中共中央政治局讨论并原则

① 《毛泽东文集》第6卷，人民出版社1999年版，第329页。

通过《关于价格、工资改革的初步方案》的消息（虽然这个方案并不是马上就要部署实施），同日《人民日报》也对此进行了报道，从而引起广大群众的震动和恐慌。当天，全国各地出现抢购商品现象，进而出现到银行挤兑存款现象，加上一些商家趁机利用群众怕涨价的心理，制造要涨价的谣言引诱群众抢购，从而使涨价风、抢购风愈演愈烈。"第155页如实记述了，"2016年9月，全国人大常委会依法确定辽宁省45名拉票贿选的全国人大代表当选无效。"

《中华人民共和国简史（1949—2019）》并没有因为是简史就一直平铺直叙，不在意对史实背后的历史经验和教训的提炼、升华与总结。该书简要记述了新中国成立70年来特别是改革开放40年来，中国共产党领导中国人民成功开辟出中国特色社会主义道路，中国发展取得了历史性进步：经济总量已经升到世界第二位，综合国力显著增强，人民生活明显改善。作者指出，作为有着13亿多人口的国家，中国用几十年的时间走完了发达国家几百年走过的发展历程，这其中的艰辛和曲折是可想而知的。其中精神的力量是不容忽视的。第49页称，"那时凝成的'两弹一星'精神，至今仍是人们勇攀科学高峰的强大动力。"第50页说明，形成了"艰苦创业，无私奉献。团结协作，勇于创新"的三线精神。

在医疗卫生方面写的不多，第46页说，到1965年，"全国少数民族区域的卫生医疗机构、病床、卫生技术人员数量得到大幅度增长，分别为新中国成立前的70倍、36倍、44倍。"第55页记载，"中国的卫生工作也取得了旧中国无法比拟的成就。到1958年11月，全国12个省、市、自治区流行近百年的血吸虫病，已在中国半数以上的流行区基本消灭。"第78页说，十二大以后，尤其是1985年以后，卫生体制也逐步适应改革开放新形势，从改革中找出路，从单一向国家"等、靠、要"转为多渠道、多层次、多形式办医，坚持国家、集体、个人一起上的方针，为卫生事业的发展增添了活力。

全书在相对有限的篇幅中还是配了三张表格（第126、128、165页），45张照片（其中黑白的15张，第111页"1993年，群众在新华书店争相购买《邓小平文选》第三卷"的那张是最后一张）。图文并茂，图文互证，大大增强了该书的可信度与说服力。照片上的英雄模范人物不少,有王进喜(第 47 页),雷锋(第 48 页),屠呦呦(第 53 页),张海迪、朱伯儒(第 79 页),于敏等(第 51 页)。相比下来,党和国家的领导人的照片并不多,第 9 页有朱德、陈云等,第 23 页有周恩来、张闻天等。在新中国的 70 年内共召开过 12 次全国党代会,本书选用了最早的八大(第 37 页)与最近的十九大(第 147 页),首尾相顾,顺理成章。我们认为这种图片安排,绝不是仅仅处于美编的考虑,而是体现了人民主体、人民至上的理念,强调了人民群众是新中国的主人,是新中国历史的创造者,同时也体现了党对国家领导的一贯性。

本书的作者参考了同类的著作,充分吸收了学术界的最新研究成果。如第 100 页援引了中央党史研究室第三研究部编著的《中国改革开放史》,辽宁人民出版社 2002 年版。第 114 页引用了中央党史研究室的《中国共产党的九十年》,中共党史出版社、党建读物出版社 2016 年版。所以本书具有很高的学术水准。全书还有标准注释,这样引文更加可信,符合学术规范,也经得起读者的推敲。

新中国成立前夕,毛泽东主席在新政治协商会议筹备会上的讲话中说:"中国人民将会看见,中国的命运一经操在人民自己的手里,中国就将如太阳升起在东方那样,以自己的辉煌的光焰普照大地,迅速地荡涤反动政府留下来的污泥浊水,治好战争的创伤,建设起一个崭新的强盛的名副其实的人民共和国。"①历史已经证明了毛泽东的光辉预见。70 年后《中华人民共和国简史》的作者以同样的激情、同样的豪迈在前言中写道:"新中国 70 年发生的巨大变化,不仅改变了中国的面貌,还如初升的太阳,照耀着全世界。中国的发展不仅为世界上的其他发展中国家提供了一条不同于西方发达国家的工业化道路,证明了社会主义的生命力和优越性,而且通过首倡和积极推进'一带一路'建设,以及多种形式的国际合作,对世界的发展、稳定和公平作出越来越大的贡献。正如习近平曾经指出的:'中国由新民主主义走向社会主义,开创和拓展中国特色社会主义道路,使社会主义这一人类社会的美好理想在古老的中国大地上变成了具有强大生命

① 《毛泽东选集》第 4 卷,人民出版社 1991 年版,第 1467 页。

力的成功道路和制度体系。这不仅为中华民族实现伟大复兴提供了重要制度保障,而且为人类社会走向美好未来提供了具有充分说服力的道路和制度选择。'"这就是全书的结论,也是我们今天"四个自信"(中国特色社会主义的道路自信、理论自信、制度自信、文化自信)的来源之一。任何不带偏见的读者,在通读《中华人民共和国简史》之后,不难得出以上的共识。

当然,《中华人民共和国简史》也有可以商榷的地方:第2页28年奋斗部分,讲到新民主主义"革命方法——组织武装力量夺取政权"是不全面的,没有提到三大法宝中的统一战线。第49页,说那时凝成的"两弹一星"精神,至今仍是人们勇攀科学高峰的强大动力。可惜没有具体说明"两弹一星"精神的具体内涵。这不能理解为作者是出于节省篇幅的考虑,因为在第50页上作者用"艰苦创业,无私奉献。团结协作,勇于创新"对"三线精神"作了概括。

高红霞①

理想信念激励的百年征程

（上海师范大学　上海　200234）

【摘　要】本文探讨了理想信念的激励和支撑在中国共产党发展过程中的关键作用。1920年代，是一批信仰马克思主义的知识精英创立了中国共产党；国共合作破裂后，也是一批信仰坚定的共产党人，前赴后继、百折不挠开辟农村武装割据的道路。从1930年代到1940年代，共产主义对于中国青年有着巨大的感召力，甚至不少国民党高官的子女都秘密加入共产党。历史启示我们：对一个政党而言，如没有远大的理想和坚定的信念，它将是一个没有灵魂的政党，一个没有吸引力和号召力的政党。

【关键词】理想信念　激励　中国共产党

近年来，对于中共党史的研究无论在学理探究还是史实梳理方面的条分缕析虽已相当充分，但个人认为，中国共产党成立已有百年，对百年中共党史发展的研究，理想信念在整个党史发展中所发挥的作用往往强调不够。作为一个现代政党，百年历程，不管它今天仍然存在这样那样的问题，但从世界范围看，一个政党从在野党到执政党，从地下到公开，从五十多人，到现在的九千万，这样的发展是近代

---

① 作者简介：高红霞，女，博士，上海师范大学人文学院教授、历史系主任、博士生导师，主要研究方向为中国近现代移民史、上海史。上海市徐汇区桂林路100号，200234。

世界政党中绝无仅有的。单单靠正确的决策和借助同盟力量走出困境是不够的,精神层面的因素、信仰的激励是不可忽略的。我们今天回望这段历史,马克思主义信仰理念对于中国共产党群体的精神支撑,是发挥了非常关键的作用的。

一、五四运动后一批知识精英信仰马克思主义并创立中国共产党

百年前,中国共产党的创立是一群有着社会主义理想的青年人的努力所至。

1915年开始的新文化运动,以大量西方的社会理论和科学技术在中国得到传播为特征,中经五四运动,新文化运动转而以传播马克思主义为主要特征。宣传马克思主义的刊物、研究马克思主义的团体纷纷出现。当年的知识精英选择马克思主义完全是一种主动的、理性的选择。原因何在?

首先,1914到1918年的第一次世界大战爆发,让中国青年看到了资本主义的弊病。而1917年11月的革命(俄历十月),让中国人看到了工农革命的伟大力量。

其次,对于辛亥革命后的北洋政府和社会的极度不满。接受了马克思主义以阶级斗争和暴力革命的形式推翻现行政府,建立一个人人平等的工农政府的理论。

第三,在五四运动中工人阶级所显示的力量。

第四,也是非常关键的因素,一批知识精英研究和信仰马克思主义。

李大钊,河北乐亭人,是我国最早系统传播马克思主义的人。1920年他在北大开设了《唯物史观》《社会主义与社会运动》《工人的国际运动与社会主义的将来》等课程。1907年考入天津北洋法政专门学校,1913年毕业后东渡日本,入东京早稻田大学政治本科学习。1916年回国后,到北京大学任图书馆主任兼经济学教授,积极投身于正在兴起的新文化运动,成为新文化运动的一员主将。十月革命一声炮响,给中国送来了马克思列宁主义。俄国社会主

义革命的胜利极大地鼓舞和启发了李大钊,他以《新青年》和《每周评论》等为阵地,相继发表了《法俄革命之比较观》《庶民的胜利》《布尔什维主义的胜利》《我的马克思主义观》《再论问题与主义》等大量宣传十月革命和马克思列宁主义的著名文章和演说,阐述十月革命的意义,讴歌十月革命的胜利,旗帜鲜明地批判改良主义,积极领导和推动五四爱国运动的发展,成为中国共产主义的先驱。

围绕在李大钊周围的有:邓中夏、罗章龙、刘仁静、高君宇、张国焘、黄日葵、何孟雄等。他们秘密组织马克思主义研究会,1920 年 5 月,邓中夏到长沙,与毛泽东一起商量成立湖南学生联合会,参加到全国学生联合会。

中共一大的召开与上海的共产主义小组直接相关。1920 年 5 月上海的共产党小组,各种回忆录中屡屡提到的活跃人物有陈独秀、俞秀松、陈公培、李汉俊、沈玄庐、王仲甫和施存统 7 个人,8 月上海共产党小组正式成立,它是中国共产党的发起组,筹建中得到共产国际的帮助,成立后,陈独秀被选为书记。上海发起组成员先后有李汉俊、沈玄庐、陈望道、俞秀松、施存统、李达、杨明斋、周佛海、邵力子、袁振英、沈雁冰、林伯渠、李启汉、李中、沈泽民等 10 余人。发起组主要工作是宣传马克思主义,帮助各地建立共产党和社会主义青年团组织,指导和开展工人组织,联系北京、武汉、济南、长沙、广州等地共产主义小组和社会主义青年团。

1920 年成立的上海共产主义小组,是中国共产党的发起组,聚集了当时优秀的知识青年。1921 年 7 月中共一大 13 人,平均年龄 27 岁。今天来看当时这 13 人的结局:1 人脱党,1 人开除,3 人叛党,2 人投靠日本人,除了牺牲的,坚持到底的不过两三人,毛泽东算一个。这就要归结到信仰和坚持的力量。

建党时期的一批优秀青年,若不是对马克思主义抱有坚定的信念,他们本可以过着非常不错的生活,但他们走上了一个充满荆棘之路。以马恩所构想的社会主义和共产主义是一幅美好的蓝图,但通向这一蓝图的道路却是一条充满荆棘之路。这是由这一理论所预设的道路和当时中国的形势所决定的。马恩的社会主义社会内涵;列宁对民族殖民地国家社会主义的构想；北洋政府的昏聩颠顶；革命势力的弱小。上述这些因素都使在中国实现社会主义革命，在当时是一件将头颅系到裤腰带上的事情。

1921年7月，中共一大在上海召开，有13位代表参加，代表着全国58名党员。其中上海共产党早期组织有14人，包括陈独秀、李汉俊、李达、陈望道、沈玄庐、邵力子、袁振英、林伯渠、沈雁冰、沈泽民、杨明斋、俞秀松、李启汉、李中；北京16人，包括李大钊、张国焘、邓中夏、罗章龙、刘仁静、高君宇、何孟雄、缪伯英、范鸿劼、李梅羹、张太雷、朱务善、江浩、宋介、吴雨铭、陈德荣；武汉8人，包括董必武、陈潭秋、刘伯垂、包惠僧、郑凯卿、张国恩、赵子键、赵子俊；长沙6人，包括毛泽东、何叔衡、陈子博、贺民范、彭璜、易礼容；广州4人，包括谭平山、谭植棠、陈公博、李季；济南3人，包括王尽美、邓恩铭、王翔千；旅法5人，包括张申府、刘清扬、周恩来、赵世炎、陈公培；旅日2人，包括施存统、周佛海。

这58名中共早期组织成员基本上都是知识分子，留日18人，北大毕业有17人，其他大学毕业8人，中师、中学毕业13人。其中湖南籍20人，湖北籍11人，浙江籍的有8人。在《中国共产党早期组织及其成员研究》记录的58名成员名单中，代表上海的14人，北京16人，武汉8人，长沙6人，广州4人，济南3人，旅法5人，旅日2人。说明国内聚集地主要是上海、北京。而国外是法、日等国。

他们大多是"五四"新文化运动中的活跃分子，他们投身革命，不是迫于生计，也不是为小我而奋斗，他们超越了以往仁人志士的追求，怀揣着用马克思主义来"改造中国和世界"的理想，创立了中国共产党。在革命征途上，这58个成员历经"大浪淘沙"，有21人牺牲（包括在革命岗位上病逝），有16人因各种原因脱党退党，后来又有5人恢复党籍继续参加革命工作，有8人被开除党籍，叛党的有4人。到革命胜利时，成为党和国家领导人的有4人。嘉兴市社科联副主席黄允钰说，他们当中的绝大多数人都经受住了考验，充分说明这个群体是当时中国先进分子的集中代表。

现在的研究通常认为，中共一大召开时有党员约58人，主要由三波人组成：参加过辛亥革命的老同盟会员，五四前后留过学的知识分子,五四运动中成长起来的左翼学生。这是一批极具家国情怀的青年。知识分子占 96%。

青年毛泽东。我们对他仍然是有误解的。我们现在可以在 1924 国民党上海执行部的决算书中查到毛泽东的工资,是 120 元。而五年前,他是北大图书馆管理员,工资是 8 元。离开上海去了广州,成了国民党宣传部代理部长,候补中央执行委员,部级领导,官俸应在 680 元。这时 33 岁。应是人生巅峰了。毛泽东大部分时间在研究"三农"问题。每会必讲农民。农运和土地问题,他分析从辛亥革命到五卅运动所以失败,是没有 3 亿 2 千万农民支持。在当时是很超前的。

二、农村武装割据时期共产党人的生死抉择

1949 年前,有些阶段若不是信仰的坚定是很难越过历史的沟坎的。我们从下面这组数据可看出,这是一组中国共产党组织数量变化的数据。中共在各历史关键年代的党员数量变化是非常大的,当然有牺牲、有病故,也有脱党和逃兵。历史的洪流大浪淘沙,留下的都是意志坚定、信仰稳固者。

时间	人数
1921.7	50 人左右
1923.6	432 人
1927.4	5.7 万
1927.8	1 万多
1928.6	4 万多
1934 年	30 多万
1937 年初	4 万多

1. "四·一二"政变前后中共领导人的临危不惧

李大钊、陈延年、赵世炎、汪寿华、萧楚女、熊雄等先后英勇牺牲。

我们来看一下他们临上刑场前的表现。

李大钊就义前的陈词：不能因为反动派今天绞死了我，就绞死了伟大的共产主义，共产主义在中国必然得到光辉的胜利。共产党万岁！

夏明翰的诗句：砍头不紧，只要主义真，杀了夏明翰，还有后来人。

周文、陈铁军：头可断，肢可折，革命精神不可灭。壮士头颅为党落，好汉身躯为群裂。

2. 农村割据期间的百折不挠

从1927年8月的南昌起义到1928年底，中国共产党在一年多时间中发动了200多次起义，无一例外，都失败了。但仍然前赴后继，不屈不挠，没有理想和信念是坚持不下来的。就以秋收起义为例，一开始的计划是围攻长沙，但尚未到达长沙，几路起义军相继失利，先后退至浏阳文家市，前敌委员会经激烈争论，接受毛泽东的意见，放弃打长沙，保存实力，沿罗霄山脉向南进发，这就朝井冈山进军了。

这一状况发生的背景是：

（1）国共关系完全破裂，南京国民政府成立发布的秘字第一号命令就是实行"清党"。明令通缉共产党员和国民党左派人士，成立中央清党委员会，颁布"清党条例"。

（2）中共所有城市组织机构完全转入地下，并遭到严重破坏。

（3）全国二百余次起义都未成功。

需要怎样的信念才能坚持下去？

广州起义牺牲了中国共产党第一位中央政治局委员张太雷，他死时，他的儿子出生只有2个月。

秋收起义中牺牲的卢德铭，出生富裕家庭，黄埔二期毕业，北伐时为叶挺独立团连长，战斗中晋升营长。1927年参加秋收起义，并担任总指挥，后任工农革命军第一军第一师师长。1927年9月21日在掩护部队撤退中牺牲。倘若不是过早牺牲，定然会成为元帅级的中共领袖。当年毛泽东痛惜不已，叹道："还我卢德铭！给我3个师也不换。"

3. 长征中中国共产党员对信仰的坚持

1933年,中国共产党拥有了10多个省大小根据地十多块。红军发展到30万人,中共党员也达30万人左右。1934年10月,在蒋介石的大力围剿下,红军被迫进行西征,1936年10月红一方面军到达陕甘宁只有七八千人(长征从赣南闽西出发时为8万人),红五军团2万人(组成西路军,1937年3月失败)。

红军长征是被迫的和万不得已的,但其过程却是英勇的,显示了红军战士和共产党员不屈不挠的精神。比如:飞夺泸定桥。30小时走了240公里。爬雪山,过草地,天寒地冻,饥寒交迫。冻饿而死的比战死的多。单单1935年牺牲的高级领导人就有:刘伯坚、方志敏、瞿秋白、何叔衡、毛泽覃。他们在牺牲前的表现,充分显示了共产党员对于理想信念的忠贞,不得不令人肃然起敬。

（1）刘伯坚

曾在冯玉祥部队中任国民军第二集团军总政治部副部长,后来再次被派往苏联学习军事,并出席了中共六大;到中央苏区后,任苏区工农红军学校政治部主任,参与领导宁都起义并任红5军团政治部主任,后任中革军委总政治部宣传部副部长;中央红军长征后,留在苏区坚持斗争。1935年3月初率部队突围时不幸负伤被捕,21日壮烈牺牲。时年40岁。

刘伯坚的遗书:

叔振同志:

我的绝命书及遗嘱你必能见着,我直寄陕西凤笙及五六诸兄嫂。

你不要伤心,望你无论如何要为中国革命努力,不要脱离革命战线,并要用尽一切的力量教养虎、豹、熊三幼儿成人,继续我的光荣的事业。

我葬在大庾梅关附近。

十二时快到了,就要上杀场,不能再写了,致以最后革命的敬礼。

狱中诗:

带镣长街行，蹒跚复蹒跚。
市人争瞩目，我心无愧怍。
带镣长街行，镣声何铿锵。
市人皆惊讶，我心自安详。
带镣长街行，志气愈轩昂。
拼作阶下囚，工农齐解放。

（2）方志敏：

方志敏同毛泽东、彭湃一起被公认为"农民大王"。

方志敏是江西农民运动的组织者和领导者，江西地方党团创始人之一。创建了中国共产党历史上最早一批苏维埃政权。方志敏参与领导弋横暴动，创造了拥有"铁的纪律"的红十军；创造了"出其不意、攻其不备、声东击西、避实就虚"的十六字战略要诀。方志敏在苏区首创了股份制，发行了股票；首创了地雷战，把人民战争提高到新水平；首创了对外开放的边贸政策，形成了数条开放型贸易路线；首创了列宁公园，创办了一批学校和文教卫生单位。

1934年，由方志敏、粟裕率领的红军北上抗日先遣队，在谭家桥镇乌泥关、白亭、石门岗一带遭到国民党王耀武部队追剿，此役我军损失惨重。红十军团被王耀武率领的国民党军队追击包围，方志敏等军团主要领导被俘、牺牲，一万多人中仅有粟裕率领400多人突出重围。

1935年1月29日，在江西省玉山县怀玉山区被俘，因于南昌国民党驻赣绥靖公署军法处看守所，严辞拒绝了国民党的劝降，实践了他自己"努力到死，奋斗到死"的誓言。1935年8月6日，方志敏同志被秘密杀害于江西省南昌市下沙窝，时年36岁。代表作《清贫》，一直是中学教材的范文，今天读来仍很有感慨。

1935年5月25日，方志敏写下最后一首诗：

《死！——共产主义的殉道者的记述》
敌人只能砍下我们的头颅，
决不能动摇我们的信仰！

因为我们信仰的主义,乃是宇宙的真理!

为着共产主义牺牲,为着苏维埃流血,

那是我们十分情愿的啊!

(3) 瞿秋白

红军主力长征时,瞿秋白因患肺病,留在江西瑞金坚持游击战争,任中共中央局宣传部部长。1935 年 2 月,他的肺病日益严重,中央决定派人送他转道香港去上海就医。当 2 月 24 日走到福建省长汀县濯田区水口镇小径村时,被当地反动武装保安团发现,突围不成被捕。当时化名林祺祥,职业是医生。4 月初,国民党第八师俘获中共福建省委书记万永成之妻徐氏,供出瞿秋白已在长汀县被俘的情报,国民党根据徐氏提供的情况,从被俘人员中找到了瞿秋白,又让被俘的、曾当过收发员的叛徒郑大鹏在暗处指认,证实"林祺祥"确系瞿秋白。

瞿秋白在中共发展史上,一度身份特殊。1927 年 8 月担任临时中央政治局常委,并主持中央工作,成为中国共产党第二任最高领导人。1931 年 1 月 7 日瞿秋白被解除中央领导职务,不再担任中央政治局委员。1935 年红军长征后,瞿秋白带病留守南方,在向香港转移途中遭国民党宋希濂部逮捕,6 月 18 日,在长汀中山公园执行枪决。

国民党在福建省长汀县逮捕了瞿秋白。开始采取各种手段对他利诱劝降,都被他严词拒绝。6 月 17 日,蒋介石密令"着将瞿秋白就地处决"。18 日,他坦然走向刑场,沿途唱着《国际歌》《红军歌》。到刑场后,微笑着对刽子手说:"此处甚好。"接着,他盘膝坐在草坪上,饮弹洒血,慷慨就义,时年 36 岁。留有遗作《多余的话》,一度引发争议,但 1980 年代中共中央作了重新评价。

(4) 何叔衡

主力红军长征后,留在赣南的何叔衡年近六旬。1935 年初国民党军杀声从四面逼近,中央局书记项英派便衣队送何叔衡和病弱的瞿秋白等去闽西。他们一行昼伏夜行,2 月 14 日凌晨到达了上杭县水口镇附近。不太熟悉陌生环境的便衣队一时大意,天亮后在小村做饭冒出炊烟,结果很快保安团二营便包围上来。几十个便衣队员用驳壳枪且战且走,冲到村南的大山上,匪兵紧追不舍。何叔衡气喘吁吁奔跑困难,又不愿拖累同志,面色苍白地向带队的邓子恢喊:"开枪打死我吧!"邓子恢让特务员(警卫员)架着他跑,到了一个悬崖边,何叔衡突然挣脱警卫,纵身跳了下去。邓子恢后来痛心地回忆,当时他们过了这座山,依托一条小河将追兵打退,何叔衡若能被架着再跑一段,也许可免于殉难。

后人根据邓子恢的回忆,长期认为何叔衡是坠崖而亡。60年代福建当地公安机关审讯一个当时的反动团丁时,才知道进一步的详情。据凶手交待,他和另一团丁在战后搜索时,在山崖下发现了一个躺着的老人,已头破血流,从衣服里发现了银元和港币。这两个家伙搜身时,老人突然苏醒,抱住凶手的腿欲搏斗,结果被连击两枪打死。何叔衡在"新民学会"时就以性情刚毅著称,临难不苟正是他这种品格的表现。

三、1930—1940年代共产主义的感召力

从1930年代到1940年代,共产主义对于中国青年有着巨大的感召力,有这样一个事实可以证明:

国民党高官的子女,不少都参加了共产党:

陈布雷的8个子女中有4个是中共党员,如他的女儿陈琏与女婿袁永熙(袁的姐夫为国民党外交部次长叶公超)
居正的女儿居瀛棣和女婿祁式潜
周佛海的儿子周幼海
张作霖之子、张学良之弟张学思
傅作义之女傅冬菊
杨森之侄女杨汉秀
何香凝的儿子廖承志、女儿女婿廖梦醒、李少石
于右任之婿屈武
杨虎城之子杨拯民

四、结语

　　对一个政党而言,如没有远大的理想和坚定的信念,它将是一个没有灵魂的政党,一个没有吸引力和号召力的政党。对个人而言,理想信念是人生的精神支柱。

　　今天人们回溯和探讨历史,绝对不只是还原历史或发古之幽思,更重要是接受历史的启迪,思索走向未来的路径,汲取走向未来的力量。我们总在说要创新,然而没有历史的资源,创新是无从谈起的。在人类所有的创新思想、观念和生活方式中,都会有历史的影子,这可能是历史对于我们看似无用但实际上有大用的地方。

■ 徐剑雄①

以史为鉴，加强新时代党的组织路线建设

（上海师范大学　上海　200234）

【摘　要】党的组织路线是在革命、建设、改革的历史进程中形成、发展和完善起来的。在今天中国特色社会主义实践中，组织路线是党和人民事业走向胜利的强大保证。为了实现党所确定的两个一百年的伟大目标，必须加强党的组织路线建设。

【关键词】历史经验　现实逻辑　实践理路

在党的 99 岁生日到来之际，习近平总书记主持中央政治局第二十一次集体学习并发表重要讲话，提出"贯彻落实好新时代党的组织路线，不断把党建设得更加坚强有力"。这必将进一步推动全党深化认识并贯彻落实新时代党的组织路线。

一、历史脉络

我们党一路走来，始终坚持组织路线服务于政治路线。党的一大党纲规定党的组织建设的原则，党的六大明确提出"组织路线"的

① 作者简介：徐剑雄，男，博士，上海师范大学马克思主义学院副教授、硕士生导师，主要研究方向为中共党史研究。通信地址：上海市徐汇区桂林路 81 号，邮编 200234。

概念。1929 年,古田会议要求"努力去改造党的组织,务使党的组织确实能担负党的政治任务。"①1938 年,毛泽东同志指出"政治路线确定之后,干部就是决定的因素"②,并提出"才德兼备"的干部标准和"任人唯贤"的干部路线。新中国成立后,党强调各行各业干部要又红又专。1980 年 8 月邓小平在中央政治局会议上对此做出了新的解释:"我们选干部,要注意德才兼备。所谓德,最主要的,就是坚持社会主义道路和党的领导。在这个前提下,干部队伍要年轻化、知识化、专业化,并且要把对于这种干部的提拔使用制度化。"③在"文化大革命"后,干部队伍思想混乱、管理能力差,严重的影响了我国的建设和发展,邓小平根据任人唯贤、德才兼备等老一辈革命家的选才标准,提出干部队伍革命化、年轻化、知识化、专业化的"四化"标准,提升了干部队伍的素质。党的十八大后,习近平总书记对党的建设和组织工作提出一系列新理念新思想新战略,我们党在加强党的建设、推进事业发展的壮阔历史进程中,不断深化对党的组织路线的认识。党的十九大描绘了决胜全面建成小康社会,全面建设社会主义现代化强国,实现"两个一百年"奋斗目标,实现中华民族伟大复兴中国梦的宏伟蓝图。2018 年 7 月 3 日至 4 日,习近平出席全国组织工作会议并发表重要讲话,深刻阐明新时代党的组织路线,就是:"全面贯彻习近平新时代中国特色社会主义思想,以组织体系建设为重点,着力培养忠诚干净担当的高素质干部,着力集聚爱国奉献的各方面优秀人才,坚持德才兼备、以德为先、任人唯贤,为坚持和加强党的全面领导、坚持和发展中国特色社会主义提供坚强组织保证。"④这一重要论述,在我们党的历史上是第一次,是对马克思主义党建学说的开创性贡献,具有里程碑意义,为新时代党的建设和组织工作指明了前进方向,提供了根本遵循。新时代新征程,新使命新要求。把新时代坚

---

① 《毛泽东文集》(第一卷),人民出版社 1993 年版,第 88 页。
② 《毛泽东选集》(第二卷),人民出版社 1991 年版,第 193 页。
③ 《邓小平文选》(第二卷),人民出版社 1994 年版,第 326 页。
④ 《习近平谈治国理政》(第三卷),外文出版社 2020 年版,第 517 页。

持和发展中国特色社会主义这场伟大革命进行好,我们党必须勇于进行伟大自我革命,把党建设得更加坚强有力,充分发挥党的组织优势,激发全党的奋斗精神,以更好的状态、更实的作风团结带领人民群众不懈奋斗。"秉纲而目自张,执本而末自从。"①站在新的历史起点上,鲜明提出新时代党的组织路线,对于坚持党的领导、加强党的建设、做好党的组织工作,具有十分重要的意义。

二、现实逻辑

伟大斗争、伟大工程、伟大事业、伟大梦想,其中起决定性作用的是党的建设新的伟大工程。要把新时代坚持和发展中国特色社会主义这场伟大社会革命进行好,我们党必须勇于进行自我革命,把党建设得更加坚强有力,②现实要求必须加强党的组织路线建设。

党的十八大以来,我们推进全面从严治党取得了显著成效,但还远未到大功告成的时候。

一是组织不纯等问题还没有得到根本解决。我们党面临的"四大考验""四种危险"是长期的、尖锐的,影响党的先进性、弱化党的纯洁性的因素也是复杂的,党内存在的思想不纯、政治不纯、组织不纯、作风不纯等突出问题尚未得到根本解决。一些老问题反弹回潮的因素依然存在,实践中还在出现一些新情况新问题。

二是建设一支强有力的党员、干部队伍任重道远。现在,改革开放前入党和参加工作的干部已经或将要退出岗位,70后、80后以至90后的年轻干部成为干部队伍的主体。他们相对缺乏系统的马克思主义理论学习和严格的党内政治生活锻炼,有的缺乏基层和艰苦地方的扎实磨炼,有的做群众工作本领不够强,有的担当作为的底气还不足。一些地方和单位还存在重选拔轻培养和论资排辈、平衡照顾等现象。

---

① 见魏晋时期杨泉《物理论》。
② 《习近平谈治国理政》(第三卷),外文出版社 2020 年版,第 515 页。

十八大以来,党员干部队伍建设取得了不小成绩,但是,在党员、干部队伍中还存在不少问题:有的不守政治纪律和政治规矩,妄议中央大政方针,当面一套、背后一套,当两面派、做两面人;有的理想信念"总开关"常年失修,对共产主义心存怀疑,不信马列信鬼神,世界观、人生观、价值观全面蜕变;有的干事创业精气神不够,不担当、不作为,奉行"既不落后头,也不出风头",怕决策失误,不敢拍板定事,干工作推诿拖延;有的热衷于搞"小圈子""拜码头""搭天线";有的反对形式主义、官僚主义、享乐主义和奢靡之风不坚决、不彻底,耍花样、搞变通;有的不顾党中央三令五申,依然不收敛、不收手,以权谋私、腐败堕落。

三是基层组织建设亟待加强。有的基层党组织政治功能不强,弱化、虚化、边缘化问题没有解决;有的地方人才队伍发展不平衡不充分、创新创造活力不强,有的引才不切实际,贪大、贪高、贪洋;有的地方和单位管党治党意识不强,履行管党治党政治责任不到位,甚至不愿不屑抓党建,等等。这些问题,严重破坏党的团结和集中统一,严重影响党和人民事业发展。

特别要看到,在新时代,我们党领导人民进行伟大社会革命,涵盖领域的广泛性、触及利益格局调整的深刻性、涉及矛盾和问题的尖锐性、突破体制机制障碍的艰巨性、进行伟大斗争形势的复杂性,都是前所未有的。面对新的挑战,我们必须增强忧患意识、责任意识,把党的伟大自我革命进行到底。正是在这样的历史关口,习近平总书记从政治上、能力上、意志品质上对年轻干部提出了要求。

三、实践理路

"正确的政治路线要靠正确的组织路线来保证。"①为了解决现实中组织建设中存在的问题,急需加强新时代党的组织路线建设:

首要的是坚持和加强党的全面领导,坚持党中央权威和集中统

---

① 《邓小平文选》(第三卷),人民出版社1993年版,第380页。

一领导。要旗帜鲜明讲政治,坚决维护习近平总书记的核心地位,坚决维护党中央权威和集中统一领导,教育引导党员干部增强"四个意识",坚定"四个自信",做到"两个维护",严明党的政治纪律和政治规矩,严肃党内政治生活,发展积极健康的党内政治文化,确保全党在思想上政治上行动上同以习近平同志为核心的党中央保持高度一致。要坚持用习近平新时代中国特色社会主义思想武装头脑,扎实开展"不忘初心、牢记使命"主题教育,持之以恒推动党员干部真正学懂、弄通、做实,筑牢理想信念、增强执政本领、提升品行作风。要坚持把政治建设贯穿党的建设和组织工作的全过程各方面,一切工作都要朝着坚持和加强党的全面领导,坚持党中央权威和集中统一领导来推进、来检验。

第二,加强组织体系建设。坚强的组织体系是我党的强大优势,一个组织体系要得到良好的运转,需要各安其位、各司其职。党的力量来自组织,党的全面领导、党的全部工作要靠党的坚强组织体系去实现。我们党是按照马克思主义建党原则建立起来的,历来高度重视党的组织建设,形成了包括党的中央组织、地方组织、基层组织在内的严密组织体系。这是世界上任何其他政党都不具有的强大优势。党的地方组织的根本任务是保证党中央决策部署贯彻落实;党组织要发挥好把方向、管大局、保落实的重要作用;党的基层组织是党的肌体的"神经末梢",要充分发挥战斗堡垒作用;每个党员,特别是领导干部,要做到思想上认同组织、政治上依靠组织、工作上服从组织、感情上信赖组织。

严密的组织体系,是马克思主义政党的优势所在、力量所在,党的全面领导、党的全部工作要靠党的坚强组织体系去实现。贯彻落实新时代党的组织路线,加强党的组织体系建设是基础。党的十八大以来,我们抓党的建设,首先就抓中央委员会、中央政治局及其常委会的建设,制定的各项党内法规都对中央领导同志提出更高标准,要求中央领导同志在守纪律讲规矩、履行管党治党政治责任等方面为全党同志立标杆、作表率。中央和国家机关是贯彻落实党中央决策部署的"最初一公里",要认真贯彻执行党组工作条例和党的工作机关条例,把中央和国家机关建设成为讲政治、守纪律、负责任、有效率的模范机关。地方党委是贯彻落实党中央决策部署的"中间段"，要认真贯彻执行地方党委工作条例，把地方党委建设成为坚决听从党中央指挥、管理严格、监督有力、班子团结、风气纯正的坚强组织。基层党组织是贯彻落实党中央决策部署的"最后一公里"，要坚持大抓基层的鲜明导向，抓紧补齐基层党组织领导基层治理的各种短板，把各领域基层党组织建设成为实现党的领导的坚强战斗堡垒，充分发挥广大党员在改革发展稳定中的先锋模范作用。要以提升组织力为重点，突出政治功能，健全基层组织，优化组织设置，理顺隶属关系，创新活动方式，扩大党的组织覆盖和工作覆盖；要坚持抓好企业、农村、机关、事业单位、社区等各领域党建工作；要加强社会组织党的建设，特别提到了海外、新兴业态和互联网党建工作，扩大党在新兴领域的号召力凝聚力；要加强支部标准化、规范化建设；要提升党员队伍质量，严把发展党员入口关。抓重大任务落实。要强化政治引领，构建党组织统一领导、各类组织积极协同、广大群众广泛参与的基层治理体系；要把服务群众、造福群众作为基层治理的出发点和落脚点；要配合深入开展扫黑除恶专项斗争，着力解决一些基层政权被干扰侵蚀的问题；要扎实推进抓党建促脱贫攻坚、促乡村振兴。关键是从严抓好落实。要着力解决有的领域党的领导落实到基层还存在"中梗阻"的问题；要推进改革创新，统分结合、分类指导，采取新思路新举措新办法；要严格基层党建工作述职评议考核。各级党组织要提高政治领导力、思想引领力、群众组织力、社会号召力，把广大人民群众紧紧团结在以习近平同志为核心的党中央周围。

　　第三，抓好执政骨干队伍和人才队伍建设。一方面，要着力培养忠诚干净担当的高素质执政骨干队伍，干部政治路线确定之后，干部就是决定的因素。新时代党的组织路线提出坚持德才兼备、以德为先、任人唯贤的方针，就是强调选干部、用人才既要重品德，即忠诚干净，也不能忽视才干，即敢担当能担当。一是要通过思想淬炼、政治历练、实践锻炼、专业训练来提高干部的治理能力。二是通过教育培训持续提升广大干部政治素养、理论水平、专业能力、实践本领。三是要深化干部制度改革，完善管思想、管工作、管作风、管纪律的从严管理机制，推动形成能者上、优者奖、庸者下、劣者汰的正确导向。另一方面,加强人才队伍建设。千秋基业,人才为本。要深化人才发展体制机制改革,破除人才引进、培养、使用、评价、流动、激励等方面的体制机制障碍,实行更加积极、更加开放、更加有效的人才政策,形成具有吸引力和国际竞争力的人才制度体系,努力聚天下英才而用之。

第四,完善党的组织制度建设。党的十八大以来,党中央先后制定和修订了党内政治生活若干准则、党组工作条例、地方党委工作条例、党的工作机关条例、支部工作条例以及农村、国企、机关、高校基层党组织工作条例等一系列组织建设方面的党内法规。党的十九届四中全会把健全维护党的集中统一的组织制度作为坚持和完善党的领导制度体系的重要内容,纳入国家制度和国家治理体系之中。中央相关部门、各级党委(党组)要结合实际,把党内组织法规和党中央提出的要求具体化,建立健全包括组织设置、组织生活、组织运行、组织管理、组织监督等在内的完整组织制度体系,完善党委(党组)落实全面从严治党主体责任的制度,并严格抓好执行,不断提高党的组织建设的制度化、规范化、科学化水平。

以史为鉴,加强新时代党的组织路线建设

李　亮①

试论瞿秋白在探索中国革命新道路中的贡献

（上海师范大学　上海　200234）

【摘　要】瞿秋白同志是我党早期探索中国革命道路的最优秀的先行者之一，他在我党还十分缺乏马克思主义理论和革命实践经验的幼年时期，始终注意用马克思主义的理论分析中国国情，很早就关注农民问题和武装斗争，提出革命地域思想，支持农村武装割据，为探索中国革命新道路做出了重要贡献。

【关键词】瞿秋白　革命道路　贡献

中国革命新道路，即"农村包围城市，武装夺取政权"的道路，是中国共产党人集体智慧的结晶和共同奋斗的结果，许多老一辈的无产阶级革命家都对它的开辟及理论的形成作出了贡献。瞿秋白作为党的早期主要领导人，在党还十分缺乏马克思主义理论和革命实践准备的幼年时期，为寻求这条道路作出了开拓性的贡献。但长期以来由于瞿秋白曾犯过"左"倾盲动主义错误，在讲到他的理论功绩时，往往忽视他在这方面的贡献。本文根据所掌握的文献资料，拟对此作一粗浅探讨。

① 作者简介：李亮，男，博士，上海师范大学马克思主义学院教授，主要研究方向为中共党史、中国共产党的基本理论与政策。上海市徐汇区桂林路100号，200234。

一

农民问题是中国革命道路理论的基础与前提。正确认识农民在中国革命中的重要地位和作用,解决农民的土地问题,是无产阶级政党走向农村必须解决的首要问题。中国共产党成立后,集中力量从事工人运动,忽视农民问题。瞿秋白则是党内最早认识到农民重要地位的领袖之一。

早在 1922 年,瞿秋白在第一次旅俄期间,就根据俄国革命的经验指出:"无产阶级革命没有农民的辅助,不能有尺寸功效。"1923 年 6 月,他在为中共"三大"起草的《中国共产党党纲草案》的报告中又进一步提出"不得农民参加,革命不得成功",因此,无产阶级应当"唤醒农民,与之联合"。在这里,瞿秋白已经初步地将农民与中国革命的实际联系起来了。

1925 年五卅运动的爆发使中国共产党人对农民的认识有了较大发展,瞿秋白对农民问题的论述也更加深刻。他指出:封建剥削制度是"帝国主义军阀统治的基础,发动农民运动不用说耕田农有运动,便是减租减税运动——直接就是给地主土豪,间接给军阀帝国主义以极大的打击"。因此,他呼吁全党要"努力组织农民,发动农民运动",使工人阶级"与农民携手","巩固地结成工农的革命联盟,强大革命的主力军"。① 为了培养农民运动的骨干,彭湃和毛泽东先后组织并主持了广州农民运动讲习所。瞿秋白积极支持和关注农讲所的进展,当看到毛泽东为《国民革命与农民运动》所作的序言后,立即让当时的中共中央宣传部依照该文意见增添宣传内容。1926 年 8 月,瞿秋白出席广东农民协会执行委员会扩大会议,并在会上作了《国民革命中之农民问题》的讲演。讲课内容后来发表在《我们的生活》第四号上,在深入分析中国农民的状况后得出结论:"中国的国民革命是各阶级的,工人、农民、城市中的小商人(有时大商人也来参加),以

---

① 《瞿秋白选集》,人民出版社 1985 年版,第 274 页。

及革命的知识分子、小资产阶级各阶级的人们都需要这样的革命,这一个革命工作必定要解决农民问题,解决了农民的一切苦痛才能说是国民革命成功"。①

基于以上对农民问题重要性的认识,瞿秋白与毛泽东一样热情歌颂农民运动。他不仅为毛泽东主办的广州农民运动讲习所讲课,还为毛泽东编辑出版的农民运动丛书写了序言,指出"农民问题乃国民革命的中心问题""若无农民从乡村中奋起,打倒宗法封建的地主阶级之特权,则军阀与帝国主义势力总不会根本倒塌"。1927年3月,为了驳斥党内外对农民运动的诋毁,毛泽东经过32天的考察,写出了《湖南农民运动考察报告》这篇振聋发聩的革命檄文。而当该文送至中央,把持中央大权的陈独秀、彭述之等人怕报告"有损与国民党的合作",下令不准在中央机关刊物《向导》上全文刊载。最后,只在《民国日报》上刊载了一部分了事。时任党中央常委兼宣传部长的瞿秋白在得知这一情况后,愤慨地说:"独秀、述之就怕这篇文章拿出去,进一步激起农民的'越轨'行动,有损与国民党的合作。什么'越轨'、'合作'? 这样的文章都不敢登,还革什么命?""我赞成毛泽东这篇文章的全部观点。"随后,他让人把报告的全文送汉口长江书店,以《湖南农民革命(一)》的书名帮助出版了单行本,并为之作序,热情赞扬毛泽东关于农民问题的正确观点,号召中国的每一个革命者"都要代表三万万九千万农民说话做事,到前线去奋斗,毛泽东不过开始罢了。中国的革命者个个都应当读一读毛泽东这本书,和读彭湃的《海丰农民运动》一样"。

农民问题和土地问题是相互联系在一起的,农民问题的中心是土地问题。1922年,瞿秋白就开始产生"耕地农有"的思想,主张农民有自己耕种的田地的所有权。五卅运动以后,瞿秋白进一步坚决赞成"耕地农有"的主张,特别提出了"农民要田地"的要求。1926年,他在广州所作的《国民革命中之农民问题》的报告,提出了一些解决农民问题的具体办法:一是切实解决"农民经济的束缚"明定"耕

---

① 《瞿秋白选集》,人民出版社1985年版,第305页。

地农有";二是"武装农民,组织农民自卫军";三是农民参加政权,"乡村政权归农民";四是"严厉镇压一切买办地主阶级之反革命运动,剥夺其政权"。①

1927年5月初,他又明确指出"农民没有土地,便是如鱼失水。"②瞿秋白对于当时迫切需要解决农民的土地问题,认识是较为深刻的。他将解决农民土地问题提到"中国革命成败的关键"的高度,指出:"要维持帝国主义军阀对于中国的统治和剥削","必是要农民享用土地的权利,保证农村经济的自由发展",这是"筑成平民政权巩固的基础,然后国民革命才能成功。换句话说,便是国民革命应当以土地革命为中枢。中国没有土地革命,便决不能铲除帝国主义、军阀之统治和剥削的根基。"③这表明瞿秋白对中国农村经济关系和中国革命的症结所在,已经有了较深的认识。以农村为主的中国革命道路思想,也已经处于孕育阶段了。在《中国革命的根本问题》一文中,他进一步把对待土地问题的态度作为真假革命的试金石和区别革命与反革命的标志,指出:"现在有一个革命的试金石,摆在一切革命党人面前,这试金石便是农民的土地问题""现时测验革命或革命党人是否真革命的,只要看他们对于农民土地问题的态度,这是一点也不能作伪的。"

大革命时期,瞿秋白高度重视农民和土地问题,不仅在实际工作中支持了农民运动的发展,而且还对农民和土地问题进行了理论上的分析和论述,加快了幼年的党对农民问题的认识,客观上推动了党在大革命失败后,把革命中心由城市转移到农村,逐渐走上"农村包围城市,武装夺取政权"的革命新道路。

武装斗争是中国革命的特点和优点之一,也是中国革命道路理论的一个重要内容。瞿秋白最早根据中国国情在党内最早提出和论

---

① 姚守中等:《瞿秋白年谱长编》,江苏人民出版社1993年版,第116页。
②《瞿秋白选集》,人民出版社1985年版,第347页。
③ 姚守中等:《瞿秋白年谱长编》,江苏人民出版社1993年版,第207—208页。

述了武装斗争的重要性与迫切性。1923年"二七"惨案发生后,他在《中国之地方政治与封建制度》一文中指出:中国的问题需要有一个革命解决的方法,拥护平民的武装革命与团结平民奋斗的群众运动,应当同时并进互相为用。"1925年6月,瞿秋白参与领导了五卅运动,斗争的实践促使党内很多同志认识到了武装斗争的重要作用。运动期间,他还领导主办了党中央第一份日报——《热血日报》,并在报纸上连续发表文章,指出要解放中国,就得把群众武装起来,"舍一战别无他道"。杨之华后来在回忆起这段历史时说:"瞿秋白特别注意《热血日报》的战斗性,生动地宣传党的政策方针。"五卅运动后,瞿秋白总结教训,指出其失败的原因之一就是"没有真正的人民武装"。由此,他提出了民众运动必须以人民之武力为后盾的光辉思想,并指出要学习苏俄组织赤军的榜样,"武装平民,成立全国统一的国民革命军"①。"劳动的完全解放,只有劳动者的武装斗争能够达到"②,"中国之解放必在于一战",那种"希望和平交涉即能雪耻者非愚即妄"。③然而,瞿秋白的主张并没有受到当时中共中央的重视。为此,1926年4月瞿秋白发表了《中国革命中之武装斗争问题》,文章在分析北伐战争前国内的基本形势后,着重论述武装工农、革命党对军队的领导权及革命战争后建立革命政权三者的关系。

首先,提出了革命战争是中国革命的主要形式。瞿秋白指出:"中国革命斗争的经验,已经造成武装革命的必要条件。因此,现时革命运动的中心问题,已经是实行准备革命战争"。他详细阐述了列宁主义关于革命斗争的各种形式,如示威、抵制、总罢工罢业、武装暴动、革命战争等,认为这些方式在中国革命中都是必要的。但是,结合分析"五卅"运动和首都革命的经验,瞿秋白认为"种种革命斗争的方式""革命战争是主要的方式"。因为中国革命既不同于俄国1905年革命,也不同于欧美的独立国,可以通过总同盟罢工罢业进入武装

---

① 《瞿秋白文集》(政治理论编)第3卷,人民出版社2013年版,第314页。
② 《瞿秋白文集》(政治理论编)第3卷,人民出版社2013年版,第412页。
③ 瞿秋白:解放中国与武装平民,《热血日报》1925年6月19日。

暴动和巷战取得革命胜利,而是有着自己的特点。他说:"中国国民革命之中单是市民工人,农民的武装暴动,便难以战胜","必须武装斗争",这是为中国的特点所决定的,因为中国是半殖民地国家,"经济落后,交通阻梗",全国暴动不可能。这是党内第一次提出武装斗争是中国民主革命的主要斗争形式,以及武装斗争与其他斗争形式的关系的完整思想。其次,认为中国革命需要建立革命的军队。欧美"工人的巷战,未始不能使革命胜利",但在中国"即使(城)市巷战暂时胜利,也很难持久";中国军阀"异常之多,而且大半又间接受帝国主义的指挥","所以单是民众草创的义军",军事上"不能和敌人抗衡"。瞿秋白的结论是:"在中国条件之下必须有规模扩大的武装暴动——革命的正式军队之革命战争",要"武装平民",建立以工农为主体的"革命的正式军队"。最后,强调革命党掌握领导权的重要性和重视革命政权的建立。瞿秋白指出,革命战争如果没有"革命党的指导,始终难以战胜"。革命战争胜利后,要建立"真正民权的独立国的政府"。

《中国革命中之武装斗争问题》是我们党的领导人最早系统论述武装斗争问题的一篇重要著作,不仅为即将开始的北伐战争做了舆论准备,而且为后来党探索中国革命道路作出了理论贡献。

二

大革命失败后,中国革命面临着重大转折关头。摆在中国共产党人面前一个十分突出的问题就是在白色恐怖下怎样把革命力量保存下来并使之进一步发展,也就是中国革命将沿着什么道路向前发展的问题。在这个历史的关键时刻,瞿秋白参与了南昌起义的决策,并主持召开了"八七"会议。在会上他强调"要以我们的军队来发展土地革命,从土地革命中造出新的力量来"。

根据八七会议精神,我党先后举行了秋收起义、广州起义以及其他地区的武装起义,为挽救中国革命,实现了由大革命的失败到土地革命战争的兴起这一历史性转变。在此期间,瞿秋白负责临时中央局的全面工作,虽然由于错误地估计了形势,犯了"左"倾盲动主义错误,使革命遭受严重损失。但是也应当看到,在这一时期,党在探索中国革命新道路方面做了大量有益的工作。

在起义接连不断受挫的情况下,一些起义队伍开始转入游击斗争,创建工农革命军,建立革命根据地。这些情况引起瞿秋白的思考,开始探索武装斗争新道路的正确趋向。1927 年 10 月,瞿秋白著文《国民党死灭后中国革命的新道路》,指出:"中国革命,经过南昌八一暴动,两湖、广东最近的农工暴动,而开辟出一条新的道路,革命进展到更高的形式",这是"共产党的势力已经深入到极偏僻的乡村之中"的结果。同年 11 月,瞿秋白主持召开中央政治局扩大会议,在会上,他根据农民斗争的发展首次提出"游击战争"概念。指出:"中国共产党应当避免过早的明知无希望的武装暴动的发动,那是会变成拼命的'孤注'的,然而党应当去领导一切群众自发的革命斗争之发动。"农民暴动起来之后,"党应当使这种暴动采取游击式的战争","不去占领县城","而以人数虽少却是团结巩固的暴动军,经常不断地袭击政府的军队或地方的武装","袭其不备,夺取武装","摧毁其各种权力机关";要防止"专意占据县城而忽略乡村中土地革命中的根本工作,不去发动更多更广大的群众,不使群众自己取得土地政权(苏维埃)",并期望于"这种游击战争,随后很容易发展而生巨大的农民暴动,进一步而达到在较大范围内夺取政权。"①在这里,瞿秋白已经提出了通过把游击战争、土地革命、苏维埃政权建设结合起来,积蓄和发展革命力量,夺取革命胜利的思想。

1927 年 12 月 10 日,瞿秋白写了《武装暴动的问题》一文,第一部分就是"农村的游击战争之前途",在分析中国革命的特点和总结武装斗争经验的基础上,明确指出并阐明了在中国农村开展游击战争和建立革命地域的问题,对中国革命的道路作了重要的探讨和论证。他写道:"中国革命的现时阶段,显然到了工农武装暴动的时期,所以暴动的策略与一般斗争的方式成了最紧迫严重的问题。中国革命在斗争方式与发展形式的方面,有极可注意的特点。"他对这些特点做

① 《瞿秋白文集》(政治理论编)第 5 卷,人民出版社 1995 年版,第 95 页。

了概括和深刻的分析：首先，由于中国资本主义的不发展，统治阶级内部分裂冲突，不可能组成强有力的中央政权。因此"中国革命不能有夺取'首都'，一击而中的发展形势"，而是出现各地散乱而不相呼应的农民武装斗争。中国革命的"客观斗争形势"，是"各省农民此起彼落的武装暴动"。其次，与上述斗争形势相联系，"自然创造出一种特殊的斗争策略，便是游击战争"。但是这种游击战争必须和广大群众相结合，游击战争只有在这种发动极广大的群众斗争中，才能成为有力的武装行动，且必须建立革命地域，"如果游击战争是群众的，但是不能从游击战争进于更高形式的斗争——政治的斗争与革命地域的建立和扩大，那么这种斗争也是不能胜利的。"再次，"游击战争必须进于革命地域之建立"，并使之逐步"扩大"。"现在各地的农民暴动的斗争方式，必须确切地了解游击战争的意义，和明显地树立创造革命地域的目标。各省各区的农民暴动，将要运用这种斗争经验之中锻炼出来的策略，使豪绅资产阶级的政权更加动摇削弱，以至于各自推翻当地的反动政权；而使革命势力会合起来，创造出尽可能的大范围内工农政权胜利的局面。"游击战争应当逐步"形成较大的工农革命军"，"进一步而创立革命的地域"。最后，要发动群众进行自觉的斗争，使群众组织起来，"取得土地"。

从以上对游击战争的论述特别是提出在农村建立"革命地域"的问题，可以看出，瞿秋白当时已经根据中国国情来研究中国革命的特点，认识到中国革命不会像俄国十月革命那样，通过一次"首都"的"武装起义""一击而中"，就能夺取全国政权，开始寻找中国武装夺取政权的新道路，提出由发动农村暴动和进行组织游击战争，创造工农革命军，由游击战争进而创造革命地域，并使革命势力会合起来，创造大范围的——几县、半省、甚至一二省工农政权的局面。事实上，瞿秋白这时已经具有了后来毛泽东提出的"工农武装割据"的思想的基本因子，即在中国共产党的领导下，以武装斗争为主要形式，以土地革命为中心内容，以革命根据地为战略阵地三者密切结合的根据地建设的总概念。

当然，这里阐明的工农武装割据思想，由于受共产国际和"左"倾盲动主义的影响，还包含着许多错误和缺陷，但这种可贵的探索和创见,在当时确实是沿着正确的革命道路方向前进了一大步,对探索革命新道路有着不可低估的重大意义。从 1927 年秋到 1928 年春,各地的农民武装起义所建立的游击区域、革命根据地,不少是在这一思想指导下显现的成果。正如李维汉后来在回忆录中所说,以瞿秋白为首的临时中央政治局主持工作期间,许多地方的农民暴动,"经过'斗争,失败,再斗争,再失败,再斗争',直到创造和扩大工农红军,实行土地革命,建立革命根据地和工农苏维埃政权,成为以农村包围城市的起点。凡此种种,都是应该肯定的。"①李维汉同志的认识是符合历史事实的。

此后,瞿秋白又多次阐发创建"革命地域"的思想。如在瞿秋白的文章写出不几天,中央就指示湖南省委,要求省委立即派人去湖南,建立一个"工农群众为主体的割据局面",随后又指出"应在湘赣边境或湘南创造一个深入土地革命的割据局面。"是年 2 月,他起草的《中央致河南省委的一封信》中,提出了进行"农民割据"的设想。指出,"中心城市是敌人的政权所在地,中国革命不会像苏联那样通过一次首都武装起义就一举夺得政权,而必须在城市周围'切实造成农民割据的局面',以'威胁与包围城市'"。同年 4 月,在总结大革命的沉痛教训时,再次强调建立工农革命军、发展革命地域,造成"农民割据"的重要性。5 月 18 日,由瞿秋白和周恩来主持的中央有关领导人员会议研究议决的中共中央第 47 号通告,明确指示红四军在湘赣边界以"军事实力发动广大的工农群众,实行土地革命,造成割据的局面向四周发展"。还指定以毛泽东为前委书记组成前委,在前委领导下组织以朱德为书记的红四军军委。这样,以中央文件的形式指示红四军在毛泽东领导下搞工农武装割据,对于推动毛泽东等中共党人积极探索农村包围城市革命新道路的理论,无疑具有重要作用。

6 月,瞿秋白为中共"六大"起草的政治决议案中,肯定了建立工农革命军是决定新的革命高潮的"主要动力之一",把农村革命根据

---

① 李维汉:《回忆与研究》上,中共党史资料出版社 1986 年版,第 228 页。

地的巩固和发展看成是革命"更大发展底基础"①，明确指出，必须努力扩大农村革命根据地，发展红军，实行土地革命，建立苏维埃政权，要在敌人统治力量薄弱的地区，实行工农武装割据、建立根据地，开展游击战争，夺取政权，尤其是要把农村革命根据地的巩固和发展看作是革命更大发展的基础。中共六大以党的决议的形式正式提出了"工农武装割据"的思想，并初步描绘了农村包围城市道路的轮廓。对此，毛泽东在《中国革命战争的战略问题》一文中曾给以很高的评价："关于中国革命根据地和红军能否存在和发展的问题，六大又作了一次答复。中国革命运动，从此就有了正确的理论基础。"第六次代表大会"所采取的新的路线，朱德和我是完全同意的。从那时起，党的领导人和农村地区苏维埃运动的领导人之间的分歧消除了，党恢复了一致。"②

在六大路线的指导下，1928 年 10 月和 11 月，毛泽东先后写了《中国的红色政权为什么能够存在?》和《井冈山的斗争》两文，完整地论述了"工农武装割据"的思想。1930 年 1 月，毛泽东在《星星之火，可以燎原》的通信中，将工农武装割据与夺取全国政权相联系，明确提出了"以乡村为中心"，终于形成农村包围城市、武装夺取政权的完整理论。应该说，瞿秋白是创立此理论的前驱。对于这一点，1985 年在纪念瞿秋白就义五十周年的大会上，杨尚昆代表党中央作出了正确的评价："在党还十分缺乏马克思主义理论和革命实践经验准备的幼年时期，他担负了中国革命道路的开拓者的重大责任，他没有辜负时代和人民的托付，为寻求中国革命的真理，为开创中国革命的大业，贡献了毕生的心血以至整个生命，作出了多方面的卓越贡献。"

当然，如果站在成熟的革命理论的高度来考察和衡量瞿秋白当时的思想，其局限性是不言而喻的，他还没有摆脱"城市中心论"的影

---

① 《中共党史教学参考资料》(一)，人民出版社 1979 年版，第 161 页。

② 埃德加·斯诺：《西行漫记》，生活·读书·新知三联书店 1979 年版，第 144 页。

响,但是我们绝不能因此而忽略瞿秋白在探索以建立农村革命根据地为主要支撑点的中国革命道路中的突出贡献。他是"工农武装割据"思想的重要奠基者之一,也是在实践上探索中国革命新道路的主要启动者之一。

三

像一切杰出的历史人物都有缺点一样,瞿秋白犯过"左"倾盲动主义的错误,正因如此,许多党史论著把瞿秋白的左倾盲动主义等同于"城市中心论",认为瞿秋白犯了严重的城市中心论错误,很少提及瞿秋白在探索中国革命新道路理论过程中的贡献。所谓"城市中心论",最早可以从 1927 年 11 月中共中央临时政治局扩大会议的决议中看出一些痕迹来,当时中共中央确实提出了"使城市成为农民暴动的中心指导者"的口号。但是,这与"城市中心论"包含的意义不同。长期以来,人们往往将二者混为一谈,一概否定。然而,如果仔细考察就会发现,事实并非如此。"城市中心论"是以"攻取城市为目标",只注重"城市起义",忽视农村暴动。与之不同,瞿秋白则强调农村暴动和城市暴动两者要相互配合,城市暴动在农村斗争中起总领作用。

1927 年 8 月 3 日,在《关于湘鄂粤赣四省农民秋收暴动大纲》中指出:这次暴动要"以农会为中心",除"夺取乡村政权之外,于可能的范围应夺取县政权,联合城市工人贫民(小商人)组织革命委员会,使成为当地的革命中心",并"实行中央土地革命纲领"。在稍后两天给湖南省委信中指出:"南昌起义的主要目的就是发动土地革命,给予湘粤赣鄂四省的秋收暴动以有力援助,把南昌起义与秋收暴动汇合起来,以利于土地革命的进行。"①瞿秋白认为,在农民暴动的同时,"要引导工人群众去了解暴动夺取政权之必要。"现时中国共产党的总策略之一,就是"努力保证工人阶级的爆发与农民暴动互相赞助

---

① 姚守中等:《瞿秋白年谱长编》,江苏人民出版社 1993 年版,第 222 页。

互相联络。"①鉴于实际斗争中的损失和盲动主义泛滥的情况，以瞿秋白为首的中共中央不断发出指示，纠正各地暴动的错误。1927年12月18日，中央致信浙江省委指出："各县农暴还未发动群众使土地革命深入，便先计算到扑攻省城，这不仅客观事实不能做到，即在主观上勉强去做也必是专靠几杆枪的军事投机行动"。"急于求成必致走到军事投机的错误之途"。1928年2月21日，中共中央明示湖南省委，"争取城市是夺取全省政权的最后一着"，"必须首先发动四乡的斗争，由乡村的割据而后向城市包围，反对过早地争取城市"。为纠正"城市中心论"的陈旧观念，瞿秋白还多次强调城市暴动要在农村斗争中起总领作用。11月16日，他在《布尔塞维克》第5期上发表《中国革命是什么样的革命？》一文提出："单是农民暴动而没有暴动的城市做他的中心和指导者，便不能团结集中而形成伟大的胜利的革命权力"。同年11月中共中央临时政治局扩大会议所作的《中国现状与共产党的任务决议案》也强调："单纯的农民暴动是不能获得最终胜利的"，"城市工人暴动的发动是非常之重要"，"党的责任是努力领导工人日常斗争，发展广大群众的革命高涨，组织暴动，领导他们到武装暴动，使暴动的城市能成为自发的农民暴动的中心及指导者"。② 12月10日，瞿秋白又在《布尔塞维克》第1卷第10期上发表《武装暴动的问题》。文章把革命最终夺取城市认为是农民斗争的必然进程，提出在"农村中四处蜂起暴动的环境之中，城市暴动便成了革命胜利的关键。""城市暴动的严重意义，是在于城市中的暴动，必要使革命潮流，从自发的散乱的农村暴动，更进一步而搏击豪绅资产阶级的政治经济中心，使革命更进一步地建立起有组织的中心势力。"从而使城市发挥革命斗争中的旗帜作用，集合革命势力，使革命得以进一步发展。"城市的暴动，将要在这种革命高潮的普及于广大群众的过程中，生长出来，而成为工农暴动在大范围内胜利的中心和

---

① 中国人民解放军政治学院编：《中共党史教学参考资料》第5册，1980年编印，第261、260页。

② 《中共党史教学参考资料》（一），人民出版社1979年版，第130页。

指导者。"

瞿秋白在探索革命新道路的过程中犯了"左"倾盲动主义错误，攻打过不少大中城市，但当他觉察到"左"倾盲动主义带来的严重后果，不仅自觉予以纠正，而且总结经验，力求开辟出一条新的道路。但这条新道路也不像"城市中心论"者那样首先在首都孤立地发动城市起义，而是针对中国革命不平衡的特点，选择在国民党政府首都以外农民运动比较发达的地区，广泛发动暴动，并强调在攻打大中城市前，必须先有周围地区的割据和包围，党应当把主要力量放在领导农民暴动上。这些都是"城市中心论"者所不曾有的。正因如此，党的六届七中全会通过的《关于若干历史问题的决议》对瞿秋白所犯的盲动主义的分析丝毫没有涉及城市中心论的问题，而在阐述李立三的第二次"左"倾时，却与城市中心论联系起来。

贾淑品①

夯实执政之基，提升组织力的思考②

（上海师范大学 上海 200234）

【摘 要】目前学界对执政党组织力提升的研究，大都是对"党组织"组织力提升的路径进行研究。本文从执政党自身执政角度入手，提出执政党必须深化党对执政地位、执政基础、执政风险、执政体制的认识，进而深化对执政党执政规律的认识，把加强党的执政建设作为提升党的组织力建设的基础。

【关键词】党的组织力 执政 思考

一、党的组织力与党的生命力

建党 99 年以来，我们的中国共产党领导中国人民一步一个脚印完成了反帝反封建的任务，领导中国人民进行革命和建设，创下了一个个丰功伟绩，使中国人民实现了从站起来、富起来到强起来的伟大飞跃。我们的党毫无疑问是值得人民信任的，是有力量的政党，那么党的力量来自哪里？力量来自组织。自党诞生以来，我们的党不断

① 贾淑品，女，教授，博士，上海师范大学马克思主义学院教授、博士生导师。马克思主义基本原理教研室主任，校 21 世纪马克思主义研究中心研究员。

② 江苏省教育厅重点项目"晚年恩格斯与第二国际理论家政治观的比较研究及当代价值"2017ZDIXM172 和"高校基层党组织组织力提升的典型案例研究"(310－AC7031－20－003041)阶段性成果。

根据形势发展变化,优化组织结构,提升党的组织力。

组织力,顾名思义就是一个组织领导人民,充分调动人民群众参与的组织能力。党组织的组织力就是党组织把党员、群众力量整合起来的能力。党组织的创造力、凝聚力、战斗力、号召力都是属于组织力的范畴。

一个政党在关键时刻、危急时刻的组织能力的强弱是衡量这个政党是不是一个成熟政党的重要标志之一。

这次全球新冠病毒肆虐,西方资本主义国家的表现实在是让人大跌眼镜,而中国在这次疫情防控中却临危不乱、有条不紊地开展各种防控措施,表现突出,为世界疫情防控提供了中国经验、中国智慧。在这次疫情防控中,党员干部更是冲锋在前,充分发挥了先锋模范作用,让党旗飘扬在疫情防控第一线。俗话说,力量来自组织,为什么近几年我们党的组织力得到显著提升?为什么我们的党员能够表现那么优异呢?这和近几年我们执政党,从严治党,惩治腐败,深入民心地做好群众工作,加强执政党建设关系重大。团结向上的党组织能使组织成员力量倍增。这就是"一筷易折群木难断"的道理。

十九大报告指出,"要以提升组织力为重点",并特别指出要把"基层党组织建设成为宣传党的主张、贯彻党的决定、领导基层治理、团结动员群众、推动改革发展的坚强战斗堡垒。"①关于"组织力"提升,这实际上是第一次以党的文件形式正式提出这个重要论断。关于党的"组织力"的概念,毛泽东同志在 1929 年 4 月《红军第四军前委给中央的信》中首次提出,"我党的战斗力组织力虽然弱到如中央所言,但在反革命潮流逐渐低落形势之下,恢复一定很快"。为什么我们的党的组织力会恢复很快,是因为我们的党组织善于发挥群众的作用。组织力具有丰富的政治意蕴和深刻的政治内涵。毛泽东同志在 1938 年《论持久战》中进一步明确指出,决定中日两国战争胜负的

① 习近平:《决胜全面建成小康社会　夺取新时代中国特色社会主义伟大胜利——在中国共产党第十九次全国代表大会上的报告》,人民出版社 2017 年版,第 65 页。

重要因素就是"政治组织力"的强弱,并以此来比较中日的力量。

俗话说:"基础不牢,地动山摇。"一个政党也是如此。如果没有一个坚强的党组织,来保证党的路线方针政策和决策部署贯彻落实,那么一个政党就不可能成为一个强有力的领导核心。习近平总书记关于提升组织力的要求,为新时代加强党组织的组织力建设,提升组织力提供了根本遵循。我们的党组织总体来说,还是非常得力的。新冠疫情防控,党的集中统一领导得以全面的彰显,靠的也是基层组织得力。

可以说,一个党有没有生命力可以通过组织力的强弱来进行衡量,一个政党如果有很强的组织能力,这个党就是充满了生机和活力的党。列宁在建党的过程中提出了党必须是一个有组织的整体,有严密的组织和统一的纪律。除此以外,他还提出一个"真正钢铁般的组织"必须按照集中制原则建立。他还明确指出:"工人阶级的力量在于组织。不组织群众,无产阶级就一事无成。组织起来的无产阶级就无所不能。"①列宁分析了无产阶级之所以坚不可摧的原因,是"因为它根据马克思主义原则形成的思想一致是用组织的物质统一来巩固的"。② 列宁还说:"无产阶级在夺取政权的斗争中,除了组织,没有别的武器。"③

二、深化执政党对执政规律的认识,提升党的组织力

提升党的组织力,必须对执政党的执政规律有深入地认识。《关于党的政治建设的意见》对党的政治建设进行了说明,这是以党的政治建设为统领的重要文件。党的十九大也明确提出要把政治建设放在首位。提升党的组织力,也明确指出,要突出政治功能。党中央一再强调党的政治功能,强调党的核心领导地位,旨在进一步集中社会主义制度的优势,便于集中力量干大事。在强调党的政治功能的同

夯实执政之基,提升组织力的思考

---

① 《列宁全集》第十四卷,人民出版社 2017 年版,第 121 页。
② 《列宁全集》第八卷,人民出版社 2017 年版,第 415 页。
③ 《列宁全集》第八卷,人民出版社 2017 年版,第 415 页。

时,为了我们的党更好地发挥其优势,不至于懒政,我们党应该对执政党的执政规律深入认识,这也有助于我们党进一步提升组织力。政治建设、组织力提升与深化对执政规律的认识这三者之间是相互联系、相互影响的。从党的建设角度可谓是"一体两翼"。

把握执政党的执政规律,必须深化党对执政地位、执政基础、执政风险、执政体制的认识,把加强党的执政建设作为提升党的组织力建设的基础。

(一)认清中国共产党的执政地位,是组织力提升的关键

一个组织,假如不能正确认识它的地位,那么这个组织就会缺少凝聚力和向心力。中国选择中国共产党作为我们的执政党,不是哪一个领导决定的,更不是自封的,而是中国近现代史、中国革命史得出的结论。我们的国家、我们的民族之所以取得今天这样的发展成就和当今的国际地位,是在中国共产党的领导下,人民群众浴血奋战得来的。近代以来,农民阶级、封建地主阶级和资产阶级的先进分子为了摆脱中国被剥削、被压迫的地位都领导人民群众进行过斗争,但是无一例外都失败了。1921年中国共产党成立,才领导中国革命走向胜利。因此,坚持党的领导是绝不能有任何含糊和动摇的,这是一个重大的原则问题。我们绝不能搞西方的两党制、多党制,西方的政党制度不仅与我们国情不容,而且也与人民和历史的选择相违背。对于这一点,我们一定要保持清醒的头脑,决不能受历史虚无主义和其他西方错误思潮的影响。在这个至关重要的问题上,如果出现颠覆性的错误,是无法补救的。只有认识到中国共产党坚不可摧的执政地位,才能进一步增加组织力。

作为世界第一大政党的中国共产党,领导着世界第一人口大国,正在民族繁荣富强和民族复兴的指引下,走出一条不同于传统社会主义和资本主义社会的中国特色社会主义道路,这是人类历史上前所未有的发展道路,这条道路引领中国人民创造了一个个奇迹,这是一条符合中国国情全心全意为人民服务的道路,也是一条适合中国发展的道路。但我们也必须深刻认识到,我们前进的路上还有许多艰难险阻。西方资本主义国家特别是美国,对中国进行了一系列贸易、金融制裁措施。如果我们的党不能管理好自己的国家,它就会受到一系列的打击和危险。这就要求我们坚持从严治党，党员要严格自律，自我监督。习近平指出："从严治党，首先要从党内政治生活严起。要加强和规范党内政治生活，严肃党的政治纪律和政治规矩，增强党内政治生活的政治性、时代性、原则性、战斗性，全面净化党内政治生态。"①习近平同志在《党的群众路线教育实践活动总结大会的讲话》中深刻指出：我们要"把抓好党建作为最大的政绩。如果我们党弱了、散了、垮了，其他政绩又有什么意义呢?"②"党弱了、散了、垮了"正是说明党的组织力出了问题，正是从抓党的组织力这一逻辑出发，我们要正确认识党的执政地位重要性，坚持把党的组织力提升工作与其他工作一起谋划、一起部署、一起考核，坚决防止"一手硬、一手软"。把加强党的领导作为全面从严治党的核心，把抓好党建作为最大的政绩，进一步深化了对共产党执政规律的认识。

（二）深化对执政基础的认识，始终坚持以人民为中心的思想，是提升组织力的关键

提升党的组织力，要求执政党首先要充分认识到执政基础。这是我们要依靠的根本，也是提升党组织力的关键。如果不能充分认识到这一点，提升执政党的组织力就是一句空话。长期执政是任何一个政党孜孜以求的执政理想。但是，如果一个政党没有可以依靠的执政基础，那么长期执政只能是一种妄想。新时代我们执政党长期执政的基础是什么呢? 毛泽东曾经回答过民主人士黄炎培，那就是"民心"，这是逃过执政党执政"周期律"的关键。习近平同志也指出，"人心是最大的政治"③"一个政党，一个政权，其前途命运取决于人心向背"④。而深化对执政基础的认识，充分认识"得民心者得天下，失民心者失天下""逆民者亡、顺民者昌"，中国共产党始终是把"全心全意为人民服务"作为自己的根本宗旨，坚持人民立场，充分相

① 《习近平谈治国理政》第二卷，外文出版社 2017 年版，第 44 页。
② 《十八大以来重要文献选编》(中)，中央文献出版社 2016 年版，第 94 页。
③ 《习近平关于协调推进"四个全面"战略布局论述摘编》，中央文献出版社 2015 年版，第 157 页。
④ 《十八大以来重要文献选编》(中)，中央文献出版社 2016 年版，第 58 页。

信人民群众,坚持从群众中来,到群众中去,所以,中国共产党的性质和宗旨是不同于以往的剥削阶级政党的。我们的党是正确认识到人民群众在提高执政党组织力中的重要作用的政党。他们深刻认识到,提升党的组织力,必须在维护和发展群众利益中才能提升。为群众谋利益要真心诚意、服务群众要一心一意、争当真心帮助群众的排头兵,这样才能想群众之所想,解群众之所急,才能凝聚群众的智慧和力量。习近平认为,群众所思、所盼、所忧、所急这些问题都必须和群众一块过、一块干的时候才能真切体会到,这样才能更好地密切联系群众。二是服务群众的时候,要把群众的"小事"当做我们的"大事"。新时代社会主要矛盾的变化,群众对美好生活的向往不再是吃饱、穿暖,而是更为具体、更为琐碎。群众的需求看起来都是琐碎的"小事"。但是,我们要把"办小事"当成"办大事",一样付出、一样热情、一样努力。这样在"办小事"过程中,不断增强群众的获得感,也增加了我们党组织的凝聚力、向心力。三要在如何发动好群众上下功夫。"历史活动是群众的事业",群众是历史活动的主体,只有调动群众的积极性,才能更好地体现中国特色社会主义是党领导的、以群众为主体的事业。这要求我们的党组织,比如支部,要通过不同的渠道向群众宣传解释党的主张;通过理论宣讲、政策服务等多渠道帮助群众,让他们认识到党的主张是符合他们根本利益的,中国特色社会主义建设,需要发挥他们的主体精神,要把群众为自己幸福生活奋斗的热情点燃。这样党的正确意见、方针、政策,才能化作群众的自觉行动。这样抽象的组织力才能具体到给群众干实事、干好事上,"政之所兴在顺民心,政之所废在逆民心"这个执政基础才不是一句空话。

同时,提高党的组织力,还要抓好"发展"这个党执政兴国的第一要务,这样才能巩固党的执政基础。当然,我们所要的经济发展,不是缺乏公平正义和两极分化的发展,而是全面、协调、可持续的发展。因此,经济发展与组织力的提升并不是自然而然地就能巩固党的执政基础,关键还要看应该怎么促进发展、为了谁的发展。"坚持以人民为中心"的发展思想是党的十八大以来,以习近平同志为核心的党中央反复提出和论证的问题。习近平同志指出:"以人民为中心的发展思想,不是一个抽象的、玄奥的概念"①。这说明习近平同志认识到发展决不能只停留在口头上,是一个抽象的、不可操作的概念,而止步于思想环节,而是要变得具体、可以操作,人民可以体会到、感觉到、体现在经济社会发展各个环节。要坚持、彰显人民主体地位,顺应人民群众对美好生活向往的愿望,把实现好、维护好、发展好最广大人民根本利益作为立脚之本,力量之基。这样才能真正做到发展为了人民、发展依靠人民、发展成果由人民共享。他还强调:"共享理念实质就是坚持以人民为中心的发展思想,体现的是逐步实现共同富裕的要求。"②这些重要论述,使我们党对如何赢得人心、巩固执政基础有了更深刻的认识。

(三)深化对党执政风险的认识,进行具有许多新的历史特点的伟大斗争是提升组织力、号召力、凝聚力的保证

新的历史时期,我们党的执政环境和执政条件都不同于以前,党执政面临着更多的风险和挑战。作为执政党,我们要深刻认识执政党面临的"四大考验",其中之一就是执政考验。任何一个政党执政地位的获得都不是一劳永逸的,但往往在争取执政地位的过程中更容易保持警惕、提前预知风险,而在执政中因为环境安逸,更容易精神懈怠,还有的执政党因为在执政过程中能力不足、脱离群众、消极腐败,这也是执政党所面临的"四大危险"。除此以外还有改革开放的考验、市场经济的考验、外部环境的考验,这些危险和考验具有长期性和复杂性,只有认识到这些执政风险,并根据当前的形势,同这些危险和风险进行斗争,才能更好地提升党的组织力、号召力和凝聚力。习近平同志在不同的时期都有关于执政不易的认识,他曾经深刻指出:"夺取坚持和发展中国特色社会主义伟大事业新进展,夺取推进党的建设新的伟大工程新成效,夺取具有许多新的历史特点的伟大斗争新胜利,我们还有许多'雪山''草地'需要跨越,还有许多

夯实执政之基,提升组织力的思考

---

① 《习近平谈治国理政》第二卷,外文出版社 2017 年版,第 213—214 页。
② 《习近平谈治国理政》第二卷,外文出版社 2017 年版,第 214 页。

'娄山关''腊子口'需要征服"①。

积极应对执政中的风险,既有利于深化对共产党执政规律的认识,同时,也是提升党的组织力、号召力、凝聚力和加强党的建设的必要措施。习近平指出,在新的历史条件下,如果我们要更好地进行伟大斗争和推进中国特色社会主义的伟大事业,就必须为推进党的建设的新的伟大工程而做更大的努力,这样才能坚定不移地推进党的建设。一个信念薄弱、组织涣散、纪律松散、作风差的党,不能有效应对"四大考验",不能战胜"四种危险",更不可能夺取具有许多新的历史特点的伟大斗争胜利。提高党的组织能力、从严治党,是我们党应对重大挑战、抵御重大风险、克服重大阻力、解决重大矛盾的首要任务。

(四)坚决维护领导核心,是提升党的组织力,深化对执政体制认识的重中之重

我们党的组织力量来自坚决维护党中央权威和集中统一领导,这是贯彻落实党的十九届四中全会精神,推动全党增强"四个意识"、坚定"四个自信"、做到"两个维护"的重要内容。正是由于全面确保党中央权威和集中统一领导,才能全面确保党中央的大脑和中枢地位,全面确保党中央有定于一尊、一锤定音的绝对权威。加强党的集中统一领导,既是马克思主义政党的一条重大原则,又是对我们党历史经验的科学提炼。

马克思、恩格斯在不同的时期同不同的错误思潮进行了斗争。在第一国际时期,他们同以巴枯宁为代表的无政府主义进行了坚决斗争。后来,马克思在总结巴黎公社失败经验教训时指出,由于没有能够形成集中统一的党和众望所归的领袖核心,权威领导也没有能力力挽狂澜,这也是巴黎公社革命失败的重要原因。列宁非常重视确立党的集中统一领导的重大意义。他深刻指出:在历史上,任何一个阶级,如果不推举出自己的善于组织运动和领导运动的政治领

① 《习近平谈治国理政》第二卷,外文出版社 2017 年版,第 49 页。

袖和先进代表，就不可能取得统治地位。① 列宁在建党之初，就批评机会主义试图建立一个全民只要承认党纲皆可入党的错误思想。这表现在：在 1903 年建党会议上，在讨论党章草案时，就党章条文的第一条列宁与孟什维克派的代表马尔托夫发生了严重的分歧。

列宁提出的第一条条文是："凡承认党纲、在物质上支持党并亲自参加党的一个组织的人，可以作为党员。"② 马尔托夫反对列宁提出的条文。他提出：凡是承认党纲，在党的机关监督和领导下为实现党的任务而积极工作的人，可以作为党员。列宁主张建立一个统一集中的有严格组织性和纪律性的党，为建立这样一个党就必须消除手工业方式、小组习气、组织上涣散和缺乏纪律性的现象，只有根据无产阶级铁的纪律的原则建立起来的党，才能在革命过程中担当起无产阶级司令部的作用。

对于列宁的党的集中统一领导思想，我党是非常尊重，并按照这要求去做的，比如在一大上就强调在全党建立统一的组织和严格的纪律。在历史上有名的"南陈北李，相约建党"的一段佳话，也说明了我国向俄国学习，建立一个俄国式政党的问题。李大钊对陈独秀说："我们中国是不是也要走俄国人的道路，建立一个俄国似的政党啊？"陈独秀回答说："这件事要搁早先我不大会赞成，之前我反对为一个阶级成立政党，现在我认为可以考虑了。"这就是党的六届六中全会进一步提出民主集中制的建党原则，那就是："个人服从组织，少数服从多数，下级服从上级，全党服从中央，党的一切工作由中央集中领导，是党在组织上民主集中制的基本原则。"③ 党的十八大以来，党的政治建设的首要任务就是维护党中央权威和党的集中统一领导。

要加深对执政体制的认识，牢固树立"四个意识"，就必须有一个坚强的领导核心，开展具有许多新的历史特点的伟大斗争。松散、分

① 《列宁全集》第四卷，人民出版社 2013 年版，第 342 页
② 《列宁全集》第八卷，人民出版社 2017 年版，第 238 页。
③ 建党以来重要文献选编(1921～1949)第十五册，中央文献出版社 2011 年版，第 773 页。

夯实执政之基，提升组织力的思考

散的政党无法发挥作用，也无法完成任何事情。坚持党中央的集中统一领导，坚持党的权威，坚持党的核心领导。坚持党中央的集中统一领导，保持党的领导核心，是有效治理中国共产党这样一个大党和中国这样一个大国的关键。坚决维护领导核心，需要把握三个相互关联的层次。首先，领导我们事业的核心力量是中国共产党。中国共产党作为中国特色社会主义事业的领导核心，具有统领全局、协调各方的能力。第二，坚持党的领导，首先是坚持党中央的集中统一领导。换句话说，中共中央是全党的核心。在"四个服从"中，最关键的是党组织和党员要服从全国代表大会和中央委员会。中共中央的决定和计划，必须由各党组织、人民代表大会、政府、政协、法院、检察院的党组织和企业事业单位、人民团体的党组织执行。第三，习近平同志是党中央和全党的核心。维护习近平同志的核心地位，就是维护党中央的权威。维护党中央的权威，首先要维护习近平同志的核心地位。坚持党中央的集中统一领导，坚持党中央的权威，坚持党的核心领导，关键是要有强烈的政治意识、大局意识、核心意识、看齐意识。实现"两个一百年"奋斗目标和中华民族伟大复兴的中国梦，是一项历史上前所未有的伟大事业，是一项浩大而系统的工程。要加强党中央的集中统一领导，把握正确方向，形成强大的协同作用。全党同志必须坚定地维护"四个意识"，坚定地维护以习近平同志为核心的党中央的权威，在思想上、政治上、行动上同以习近平同志为核心的党中央保持高度的一致，忠实地贯彻党中央的决策部署。各级党组织和全体党员，特别是高级干部，必须坚决贯彻、执行党中央的理论路线方针政策和决策部署，坚决响应党中央的号召，执行党中央的决定，不做党中央禁止做的事。牢固树立"四个意识"，不仅是对我党执政经验的深刻总结，也是对共产党执政规律认识的深化。

三、疫情防控常态化须高度重视基层党组织组织力建设

2020 年年初这场影响全国的疫情防控大战，中国就是靠着中国共产党的集中统一领导和社会主义的优越性，领导中国人民进行了一场出彩的疫情防控大战。党组织和党员干部冲锋在前、英勇奋斗，

医务工作者逆行请战出征、爱心人士真诚奉献、不辞辛劳,基层工作人员坚守岗位、日夜值守;"火神山""雷神山"更是神速建成,被称为基建奇迹;同时我们各地还进行了"一省包一市"的硬核对口支援,全民老老实实地宅家进行无声奉献等,这些都是疫情防控中所作出的重大贡献。与此形成鲜明对比的是以美国为首的西方国家,在疫情防控中,既不进行积极防控,放任疫情的发展,也不居家隔离、不戴口罩,导致西方新冠病毒肆虐。我们为了控制西方疫情的传播,虽然也采取了限航、境外人员进入需"闭环"隔离的措施,但现在是全球化时代,中国不是一个孤岛。因而,在全球疫情严重的情况下,很难独善其身。那么,在疫情防控常态化的情况下,我们党应该"有所为"和"有所不为"。

"有所为"就是在疫情防控受国际影响,进入常态化的阶段,中国疫情也不可能全面清零,有可能要与病毒进行一个长阶段的斗争。在这种情况下,要加强基层党组织的建设,把提高基层党组织的组织力作为当前一个较长期的工作。

《中国共产党农村基层组织工作条例》《关于加强和改进城市基层党的建设工作的意见》对加强新时代农村和城市党的基层党组织建设提出了明确的要求。十九大更是提出要以提升组织力为重点,加强基层党组织建设,这进一步凸显了基层党组织组织力建设在党的基层组织建设中的重要地位。基层党组织是党组织的重要枢纽和战斗堡垒,要想实现党的全面领导、党的全部工作要靠党的坚强组织体系去实现,而基层党组织是筑牢党的坚强组织体系的不可忽视的重要组成部分。"我们党是按照马克思主义建党原则建立起来的政党,以民主集中制为根本组织制度和领导制度,组织严密是党的光荣传统和独特优势"①,也是我们党不断取得胜利的重要保证。正是我们党有着一股众志成城、无坚不摧的巨大合力,正是靠着党组织坚强的组织力的绝对的优越性,才确保我们党长期执政地位不变,才确保实现全国上下一盘棋,为实现中华民族伟大复兴的中国梦不懈奋斗。

---

① 《十八大以来重要文献选编》(上),中央文献出版社2014年版,第765页。

这就要求我们的基层党组织也要按照民主集中制的组织原则来处理一切事物。但是,事实上还有一部分基层党组织不能够按照民主集中制的原则处理一些事务,在处理问题时候容易出现"一言堂"的情况。疫情就是命令,防控就是责任。在疫情防控中,基层党组织应该成为坚强堡垒。广东省委组织部专门印发了《关于在常态化疫情防控中持续发挥基层党组织和党员作用的通知》,说明我们已经意识到基层党组织在疫情防控中的作用。在常态化疫情防控中,我们更应该进一步提升基层党组织的组织力。

建党初期,我们党的力量还比较弱小,面对帝国主义、封建主义、官僚资本主义等势力比较强大的革命的敌人,党高度重视用崇高理想和铁的纪律凝聚组织力量,不断加强组织能力建设,发展组织体系、释放组织效能,使我们党成为一个牢不可破的信仰共同体和坚不可摧的战斗集体。计划经济时期,各级组织担负着社会资源调配的任务,那时候个人对组织的依靠和归属感比较强,更有利于组织作用的发挥,人们对组织也有相对清晰的认识。在所有层次和所有领域,显而易见的是,个人具有强烈的依赖感和对组织的归属感。随着改革开放的深入和社会主义市场经济的发展,原有的计划经济资源配置模式和组织管理模式发生了变化,社会上越来越多的单位、各种复杂的利益关系对党的生活产生了不可低估的影响,导致一些党员组织观念薄弱,组织不善是需要重视的问题之一。事实上确实如此,当前在发展中国特色社会主义市场经济的过程中,有不少党员干部受西方新自由主义错误思潮的影响,空谈自由、民主。这次疫情防控中就有的人错误地认为,戴口罩,以及国家号召宅在家里的行为就是阉割了民主、自由。不少西方国家的国民在这次国际疫情大战中,嘲笑中国"宅家"的号召,过分强调"小我"的自由,结果造成疫情的泛滥,害人害己,祸及世界。这些错误思想对一些党员、群众有影响,这是组织力提升的不利因素。与此形成鲜明对比的是,这次疫情防控攻坚战中,我们的党员不但响应党的宅家命令,还积极抗战在疫情第一线,特别是我们的党员医务工作者疫情一开始爆发就主动请缨,一个个不辞辛苦地奋战在抗疫第一线,这和我们基层组织组织力的提高是分不开的。就像复旦大学附属华山医院感染科党支部书记、主任张文宏说："最困难的工作、最辛苦的岗位，党员必须先上，这个没有商量。这是我们入党宣誓时的承诺，是职责！"①

因而，在疫情防控常态化的情况下，还需要我们党组织继续发挥先锋带头作用。目前，基层党组织党内政治生活和组织生活还存在一定的形式主义问题。一些基层党组织战斗堡垒作用不强，有的甚至还存在软弱涣散的情况，这可能会制约全面从严治党、执政党建设向纵深发展，影响党的基层组织战斗堡垒作用的发挥。在疫情防控常态化过程中，我们需进一步发挥乡镇街道、村社区党组织属地防控工作的重要责任，要切实担起身上的担子，紧紧依靠人民群众，进一步加强执政党对执政地位、执政基础和执政体制的认识，防疫意识不放松，各级党组织坚持从实际出发，设立党员责任区，组建党员突击队，引导党员危急关头、危险时刻冲锋在第一线，战斗在最前沿。

① http：//www. nxjjjc. gov. cn/ttjl/lzsp/202002/t20200202 _ 4782693. html.

夯实执政之基，提升组织力的思考

孔 慧①

延安精神及其当代意义

（上海师范大学 上海 200234）

【摘 要】延安精神既是中国共产党在延安时期所培育出的伟大精神，又是具有传承和教育意义的时代精神，既在当时当地有历史意义，又对当代当下有现实意义。

【关键词】延安精神 教育意义 传承

一、延安精神的基本内涵

1935 年 10 月，经过二万五千里长征，中共中央率领中央红军到达陕北吴起镇。从初到陕北到 1948 年转战陕北的 13 年间，延安和陕甘宁边区都是中共中央所在地、抗日战争和解放战争的大后方。延安作为中国共产党和人民军队的根据地，同时也就是延安精神的发源地；可以说正是在延安，党政军民哺育了中国革命，发扬出了体现历史特征的时代精神。作为中国共产党在延安时期所培育和积淀的精神财富，延安精神具有多样化的原生形态，中国共产党当年在延安形成的抗大精神、整风精神、张思德精神、南泥湾精神、白求恩精神和劳模精神等在多方面、各有代表性地体现着延安精神，而每一个延

① 作者简介：孔慧，女，博士，上海师范大学马克思主义学院副教授、硕士生导师，主要研究方向为分析哲学、国外马克思主义。上海市徐汇区桂林路 100 号，200234。

安精神的原生形态都蕴含着特有的科学含义。概括来讲,经过长期以来历史的打磨和理论联系实践的凝练,延安精神被精简地概括为:坚定正确的政治方向,解放思想、实事求是的思想路线,全心全意为人民服务的根本宗旨和自力更生、艰苦奋斗的创业精神。这种延安精神一直保留下来,成为中国共产党宝贵的精神财富。

二、延安精神的剖析

1. 坚定正确的政治方向

抗大精神源自中国人民抗日军事政治大学。当时在中共中央、中央军委的领导下所创办的抗大是一所专门培养抗日军政干部的学校。办校的 10 年间,抗大坚持以"坚定正确的政治方向,艰苦朴素的工作作风,灵活机动的战略战术"为教育方针,以"团结、紧张、严肃、活泼"为校风,贯彻"少而精""理论联系实际""教育与生产劳动相结合"等教学原则,运用多样化的教学方法,发展出"为崇高理想英勇奋斗"的抗大精神。

坚定正确的政治方向是抗大精神的延续,体现着延安精神的灵魂。中国共产党的政治方向就是党的最高理想和最终目标,即实现共产主义。正是朝着这一崇高理想,各个时期的中国共产党人都坚持不懈、英勇奋斗。

习近平 2015 年 2 月 16 日在视察驻西安部队时的讲话中提出:"各级领导干部要强化使命担当,践行'三严三实'要求,在实现强军目标中发挥模范带头作用。要带头坚定理想信念,毫不动摇坚持党对军队的绝对领导,深入学习党的创新理论,弘扬延安精神等优良传统,严守政治纪律和政治规矩,永远听党的话、跟党走。要带头真抓实干,坚持战斗力标准,扎实推进军队建设、改革和军事斗争准备各项工作,立说立行,善作善成。要带头廉洁自律,巩固和拓展党的群众路线教育实践活动成果,自觉依法用权、秉公用权、廉洁用权,营造风清气正的政治生态。要带头维护军政军民团结,牢记我军根本宗旨,严守群众纪律,自觉拥政爱民,推动军民融合深度发展,为经济社会建设贡献力量。"①

2. 解放思想、实事求是

抗日战争时期,全党整风运动在延安全面铺开,通过反对主观主义以整顿学风,通过反对宗派主义以整顿党风,通过反对党八股以整顿文风。由此在全党范围内实行了一次切实有效的解放思想的马克思主义教育实践,形成了实事求是的思想路线,注重把马克思主义理论和中国实践结合起来。

解放思想、实事求是的思想路线是延安整风精神的凝练,凝聚着延安精神的精髓。实事求是,意味着尊重客观规律,反对主观主义和教条主义;实事求是,意味着应该勇于面对实际,自觉纠正工作中的错误;实事求是,意味着要从实际中学习,深入调查研究。

习近平在《我是黄土地的儿子》中提及:"我的成长、进步应该说起始于陕北的七年。最大的收获有两点:一是让我懂得了什么叫实际,什么叫实事求是,什么叫群众。这是让我获益终生的东西。现在我还受益于此。二是培养了我的自信心。"②

3. 全心全意为人民服务

在《为人民服务》的演讲中,毛泽东树立张思德的事迹为典型,高度评价张思德无论何时何地都始终以党和人民的利益为优先,坚持一切为了人民,从而提出了"全心全意为人民服务"的精神。全心全意为人们服务的根本宗旨由此在中国共产党人中发扬光大。全心全意为人民服务的精神是延安精神的核心。在延安时期,中共中央在边区经济上加大发展,改善人民生活,政治上大力弘扬和贯彻人民当家作主,党的建设上廉洁奉公,以人民利益为首位。

习近平在《我是黄土地的儿子》中写道:"对于我们共产党人来说,老百姓是我们的衣食父母,我们必须牢记'全心全意为人民服务'的宗旨,党和政府的一切方针政策都要以是否符合最广大人民群众

① 《2015年2月习近平视察驻西安部队的讲话》,转引自人民网:http://cpc.people.com.cn/n/2015/0218/c64094-26581565.html。
② 习近平:《我是黄土地的儿子》,转载于《政策》2018年2期,第38—39页。

的利益为最高标准,要时刻牢记自己是人民的公仆,时刻将人民群众的衣食、冷暖放在心上。"①

十九大报告中同样指出:"坚持以人民为中心。人民是历史的创造者,是决定党和国家前途命运的根本力量。必须坚持人民主体地位,坚持立党为公、执政为民,践行全心全意为人民服务的根本宗旨,把党的群众路线贯彻到治国理政全部活动之中,把人民对美好生活的向往作为奋斗目标,依靠人民创造历史伟业。"②

4. 自力更生、艰苦奋斗

1941 年 3 月,八路军三五九旅进驻了陕甘宁边区的南泥湾。当时这是一方生存条件极为艰苦的土地,八路军抵达以后在练兵的同时屯田垦荒。通过勤劳艰苦的奋斗,战士们既能自给自足,还能为当地供粮。在垦荒过程中,中国共产党人形成了以艰苦奋斗、自力更生为核心的南泥湾精神。自力更生、艰苦奋斗的精神作为延安精神的特征,体现为独立自主的根本原则,体现为艰苦朴素、廉洁奉公的精神境界,体现为坚韧顽强、开拓创新的工作作风。

三、延安精神的时代意义

1. 教育意义

延安精神是当时当地诸原生形态精神的升华与凝练,各个原生形态精神又是延安精神的生动体现。例如,坚定正确的政治方向是抗大精神的延续,中国共产党始终以实现共产主义为党的最高理想和最终目标,坚持不懈、努力奋进。抗大在中国近代教育史上有着十分重大的意义。在当时的艰苦条件下,中共中央创办抗大,注重理论建设和理论学习,注意到理论教育对一个政党、一个民族的发展有不

---

① 习近平:《我是黄土地的儿子》,转载于《政策》,2018 年 2 期,第 38—39 页。

② 习近平:《决胜全面建成小康社会,夺取新时代中国特色社会主义伟大胜利——在中国共产党第十九次全国代表大会上的报告》,转自引求是网: http://www.qstheory.cn/llqikan/2017-12/03/c_1122049424.htm。

可或缺的重要性,这是非常高瞻远瞩的教育行为。教育扎根实践、理论联系实际,灵活应用多样的教育方法,重视理论学习和思想宣传的理念源源不断为中国共产党人的事业输送新鲜血液。

2. 传承意义

习近平在纪念红军长征胜利 80 周年大会上的讲话中讲到:"人无精神则不立,国无精神则不强。精神是一个民族赖以长久生存的灵魂,唯有精神上达到一定的高度,这个民族才能在历史的洪流中屹立不倒、奋勇向前。"①延安精神是中国共产党人的伟大精神财富,传承和发扬延安精神,才能更好地为人民谋福利、实现中华民族的伟大复兴。

十九大报告中指出:"不忘初心,方得始终。中国共产党人的初心和使命,就是为中国人民谋幸福,为中华民族谋复兴。这个初心和使命是激励中国共产党人不断前进的根本动力。全党同志一定要永远与人民同呼吸、共命运、心连心,永远把人民对美好生活的向往作为奋斗目标,以永不懈怠的精神状态和一往无前的奋斗姿态,继续朝着实现中华民族伟大复兴的宏伟目标奋勇前进。"②

因此,在前行的历史潮流中,我们必须传承和发扬这种精神,坚持初心,坚持中国特色社会主义发展道路,牢记时代赋予中国共产党人的历史责任,全面推进党的建设,继续以人民的利益为优先,为实现人民美好生活而奋斗,为中华民族的伟大复兴做出各自的一份努力和贡献!

---

① 《习近平在纪念红军长征胜利 80 周年大会上的讲话》,转引自人民网:http://cpc.people.com.cn/n1/2016/1021/c64094-28798445.html。

② 习近平:《决胜全面建成小康社会,夺取新时代中国特色社会主义伟大胜利——在中国共产党第十九次全国代表大会上的报告》,转引自求是网:http://www.qstheory.cn/llqikan/2017-12/03/c_1122049424.htm。

胡　斌①

中国共产党的两个历史使命

（上海师范大学　上海　200234）

【摘　要】在中国近代革命历程中,中国共产党面临实现社会主义现代化与实现民族复兴的双重历史任务。通过创造性地结合两者,中国共产党得以开辟出中国革命的独特道路,并发展了马克思主义对于民族国家问题的认识。从上述历史经验出发,我国在社会主义新时代中仍应秉持"以民族国家为基础建设社会主义"的基本方略。

【关键词】历史使命　民族国家　社会主义现代化

党的十九大报告指出:"中国共产党一经成立,就把实现共产主义作为党的最高理想和最终目标,义无反顾肩负起实现中华民族伟大复兴的历史使命,团结带领人民进行了艰苦卓绝的斗争,谱写了气吞山河的壮丽史诗。"②也就是说,中国共产党作为共产主义政党,其存在的最终目的必然是实现共产主义社会,而实现这个目标的过程在相应的历史阶段中又具体化为实现社会主义现代化;与此同时,中国共产党又必须肩负起中华民族复兴这一特殊的历史任务。实现社

---

① 作者简介:胡斌,男,副教授,上海师范大学马克思主义学院副教授。主要研究方向为历史唯物主义。上海市徐汇区桂林路 100 号,200234。

② 《决胜全面建成小康社会　夺取新时代中国特色社会主义伟大胜利》,习近平代表第十八届中央委员会于 2017 年 10 月 18 日在中国共产党第十九次全国代表大会上向大会作的报告。

会主义现代化与实现民族复兴就是中国共产党必须同时承担起的双重历史使命。十九大报告正是从这双重的历史使命出发来理解中国特色社会主义的特殊道路，并在此基础上对当下时代提出新的历史定位，"经过长期努力，中国特色社会主义进入了新时代，这是我国发展新的历史方位。"①也就是说，这一新的历史方位是中国特色社会主义发展历程中的新阶段，也就是中国共产党继续推进实现其双重历史使命的新阶段。

从学理层面来说，中国共产党的两个历史使命并不完全相同，并各有其理论的、历史的渊源。在具体历史情境中，推动两个历史目标的革命实践可能会面临极端复杂，甚至相互冲突的情况。然而，在中国共产党长期的革命实践中，这两个历史使命不但没有相互冲突，反而相辅相成：实现民族复兴是实现社会主义现代化的前置步骤；推进实现社会主义现代化的社会进步道路是实现民族复兴的唯一有效手段。这一中国革命的历史经验有必要从理论上加以分析和阐释，也就是从历史唯物主义出发说明中国特色社会主义将两个历史使命结合的历史意义。在此基础上，我们就能探讨中国共产党两个历史使命在"中国特色社会主义新时代"中结合的新方式这一至关重要的历史命题。

一、中国共产党两个历史使命的谱系学考察

实现社会主义现代化与实现民族复兴是中国共产党的两个历史使命。然而，追溯两个历史使命的生成过程，我们就会发现两者来自不同的理论体系，并具有不同的实践诉求。

首先，实现民族复兴的历史使命来自现代民族国家体系造成的外部压力。近代中国所面对的是全球化的早期阶段。在这样一个历

---

① 《决胜全面建成小康社会　夺取新时代中国特色社会主义伟大胜利》，习近平代表第十八届中央委员会于 2017 年 10 月 18 日在中国共产党第十九次全国代表大会上向大会作的报告。

史阶段中，不同民族在国际地位上朝着两个完全相反的方向分化。一方面，西欧主要国家在资本主义经济蓬勃发展的基础上，实现了其国内社会组织形式的重整，从传统国家变为现代民族国家。这种新型民族国家的生成是一个复杂的历史过程，没有一个确切的时间点可以标明民族国家的诞生。在西方近代史中，大革命后的法兰西构成了民族国家的最初范本。凭借卓越的社会动员能力，这一新兴民族国家以一己之力对抗欧洲各国联军并最终取得胜利，展示了民族国家对于传统国家的巨大优势。另一方面，在西欧诸民族国家的优势力量下，世界其他民族被迫服从，成为前者的殖民地。地大物博、人口众多如印度，亦难逃被英国统治的结局。在这样的竞争压力下，传统国家只有重塑其社会组织成为民族国家，才能在世界体系中维护其民族独立自主的地位。因此，促使近代中国变革的主要压力来自新的世界体系，而变革的主要目标就是建构民族国家以应对外部挑战。

　　近代中国对上述世界状况的认知是一个逐渐发展的过程。中华民族在其近代史开端所遭受的主要挫折，在于对西方国家和日本的一连串军事失败。近代中国的知识阶层对于这些失败给出了不同的解释。最早的洋务运动派将中国的失败归之于武器上落后于西方。依据这一主张，洋务运动派建立了西式装备的淮军和北洋水师，而这两者在甲午战争中的惨败导致了洋务运动的破产。甲午之后，维新派与革命派将中国的失败归结于政治制度的落后，而参与"五四"运动的知识分子则认为中国的失败在于其文化传统本身的缺陷。不管这些后起的主张之间有多么大的不同，它们都共同承认一个基本前提：中国的问题在于其深层的组织结构已经不足以应对近代世界的新挑战，因此国家需要一种全面的变革。这种变革的方向是以世界体系中显然更为成功的西方民族国家作为参照系来加以确定的。对比民族国家，近代中国的众多知识分子认为传统中国的主要缺陷在于社会组织动员能力的不足，并用"一盘散沙"来形容中国当时的社会状况。孙中山在其演讲中多次使用"一盘散沙"这一提法，比如在他的《民族主义》演讲中认为："用世界上各民族的人数比较起来，我们人数最多，民族最大，文明教化有四千多年，也应该和欧美各国并驾齐驱。但是中国人的只有家族和宗族的团体,没有民族精神,所以虽有四万万人结合成一个中国,实在是一片散沙,弄到今日,是世界上最贫弱的国家,处国际中最低下的地位。人为刀俎,我为鱼肉,我们的地位在此时最为危险。如果再不留心提倡民族主义,结合四万万人成一个坚固的民族,中国便有亡国灭种之忧。我们要挽救这种危亡,便要提倡民族主义,用民族精神来救国。"①也就是说,中国的问题在于其作为整体的国家组织动员能力不足以应对外部威胁,只有提倡民族主义才是救国的出路。梁启超在《十种德性相反相成义》一文中也提出了相似的观点,并表述得更为清晰:"合群云者,合多数之独而成群也。以物竞天择之公理衡之,则其合群之力愈坚而大者,愈能占优胜权于世界上,此稍学哲理者所能知也。吾中国谓之为无群乎? 彼固庞然四百兆人,经数千年聚族而居者也。不宁惟是,其地方自治之发达颇早,各省中所含小群无数也;同业联盟之组织颇密,四民中所含小群无数也。然终不免一盘散沙之诮者,则以无合群之德故也。合群之德者,以一身对于一群,常肯绌身而就群;以小群对于大群,常肯绌小群而就大群。夫然后能合内部固有之群,以敌外部来侵之群。乃我中国之现状,则有异于是矣。"②梁启超认为,中国社会的现状是有小群而无大群,具体来说就是地方和行业的自治发达,但作为国家整体的合力不足。所以,中国变革的方向在于各个小群放弃自身利益,一切以国家为代表的大群为重,才能建构出可以应对外部挑战的国家整体。

事实上,孙中山、梁启超所描述的中国社会"一盘散沙"的状态恰恰是一切传统国家的基本特征。近代的中国是典型的帝国体制,皇帝以不同的政治模式治理其广袤领土中不同的民族。这些民族只是因为其最高君主为同一人而结成松散的联合体,它们之间并没有建立起紧密、排他的关系。这样的帝国体制并非特例,除了大清帝国之外,奥斯曼土耳其帝国、奥匈帝国、莫卧儿帝国都是那个时代同时存

---

① 孙中山:《孙中山选集》,人民出版社 1981 年版,第 621 页。
② 梁启超:《饮冰室合集 第一册》,中华书局 1989 年版,第 135 页。

在着的帝国。具体到中国，清政府的治理体系在不同民族中绝不相同：在汉族地区，实行的是大一统官僚制政府；在满洲和新疆则实行将军制度；在蒙古地区，实行和亲与亲王分封的制度；在西藏则派驻驻藏大臣。即使在作为中国主体的汉族地区，基于不同地域间政治文化的巨大差异，其相互之间依然只是一种松散的联系。对于这个问题，有学者认为前现代的汉族社会具有民族国家的一些特征，如具有相同的文字、大一统政府等。诚然，前现代的汉族社会与其他传统社会有所不同，但就政府的社会动员能力来说，与现代民族国家依然不可同日而语。最显著的差别之一就是古代汉族社会从未形成过民族国家式的社会认同。前现代的汉族人民从未声称自己是"中国"人，在面对外族人时，他们会依据当时的国号称自己为"汉人""唐人"或"清人"；在汉族内部，则会根据自己的家乡称自己为"豫州人""山东人""广州人"。古代汉民族认为自己所居之地叫作"天下"。这个"天下"是所有人类族群居住空间的总称，类似于今日的"世界"一词。生长于"天下"这个空间范围内乃是一切人类共同的特征，不足以作为一个族群认同的标志。所以，历史上的汉族人其社会认同都是地域性的，也就是对于本乡本土的认同感。遍布于古代中国的同乡会馆组织就是这种地域性认同的直接证据。这种地域性的认同感导致近代中国在面对外部压力时甚至没有一致行动的能力。八国联军之战，北方中央政府向世界各列强宣战，南方诸省却与西方国家签订东南互保协议。内部联系较为紧密的行政系统尚且如此，对于普通民众来说，这些战争更像是一场精彩的戏剧表演，供其谈资而已。以民族国家的社会组织水平来加以衡量，这样的传统国家自然就是"一盘散沙"。

由此看来，中国近代危机的直接解决方案在于如何从内部联系松散的帝国形态转变为具有巨大社会动员能力的现代民族国家。这个问题是近代中国一切社会革新思潮的基本出发点。无论以何种理论来推进近代中国的发展，这个发展的方向中都必须包含建构民族国家这一基本内容。因此，中国共产党作为中国政党必须要担负起建构民族国家，实现民族复兴的历史使命。

其次，实现社会主义现代化的历史使命来自历史唯物主义的历史阐释。马克思在考察了人类历史进程,并重点分析了资本主义社会内在矛盾的基础上,科学地推论:人类社会发展的必然结果是实现以人的自由劳动为基础的共产主义社会。众所周知,论述上述历史趋势的历史唯物主义阐释,其核心是生产力与生产关系之间的交互结构。在这样的阐释原则下,人类社会的物质生产过程及其相关社会组织形态是历史进程的经济基础,而国家、民族等概念则是经济基础派生出来的上层建筑。因此,经典的历史唯物主义并不把民族问题作为历史进程的核心议题加以讨论。对马克思来说,历史唯物主义的历史分析应该超越狭隘的民族视野,从更为根本的生产力与生产关系层面入手,来深入理解实际的历史进程。

在《德意志意识形态》相关论述中,马克思无时无刻不在提示读者必须抛弃民族视角来理解历史发展的过程。"各民族之间的相互关系取决于每一个民族的生产力、分工和内部交往的发展程度。这个原理是公认的。然而不仅一个民族与其他民族的关系,而且一个民族本身的整个内部结构都取决于它的生产以及内部和外部的交往的发展程度。"①也就是说,民族以及民族间的关系作为一种历史现象,只是生产力与生产关系互动结构的外在表象。随着生产力的发展,民族矛盾这一历史现象将逐渐消失,阶级矛盾将取而代之成为世界历史的主要内容,并造成社会革命的可能性。在马克思的论述中,这个历史过程的发生的原因在于生产力发展造成的人类普遍交往,"只有随着生产力的这种普遍发展,人们之间的普遍交往才能建立起来;由于普遍的交往,一方面,可以发现在一切民族中同时都存在着'没有财产的'群众这一事实(普遍竞争),而其中每一民族同其他民族的变革都有依存关系;最后,狭隘地域性的个人为世界历史性的、真正普遍的个人所代替。"②也就是说,社会革命的前提是人类普遍交往的出现。这一普遍交往的人类社会造就"世界历史性的、真正普遍的个人",他们的主要自我认同标准不在于其地域的、民族的身份,

---

① 《马克思恩格斯文集·第一卷》,人民出版社 2009 年版,第 520 页。
② 《马克思恩格斯文集·第一卷》,人民出版社 2009 年版,第 538 页。

而在于其阶级身份。只有人类历史发展到这样的阶段,社会革命才会作为不同民族中相同阶级地位的人的共同行动而发生。在此处,马克思甚至特意分析了地域性共产主义所可能发生的问题:"(1)共产主义就只能作为某种地域性的东西而存在;(2)交往的力量本身就不可能发展成为一种普遍的因而是不堪忍受的力量:它们会依然处于家庭的、笼罩着迷信气氛的'境地';(3)交往的任何扩大都会消灭地域性的共产主义。共产主义只有作为占统治地位的各民族'立即'同时发生的行动才可能是经验的,而这是以生产力的普遍发展和与此有关的世界交往的普遍发展为前提的。"①在这里,马克思认为地域性的共产主义如果真能实现,那么其存在反而会阻碍这一地域或民族与其他人类的交往;而人类普遍交往的历史趋势一定会导致这一地域性、民族性共产主义社会的解体。由此看来,经典历史唯物主义认为通向共产主义的社会革命应该具有超民族性。马恩所设想并付诸实践的社会革命是一种世界性的无产阶级运动,而非在单一民族之内进行的有限政治行动。

　　总而言之,实现民族复兴的历史使命来自于近代全球化体系的挑战,其主要诉求在于通过政治制度与文化习俗的重整,将中国转变为具有强大社会动员能力的现代民族国家。完成这个历史使命的着力点,在于构建民族认同。实现社会主义现代化的历史使命来自经典历史唯物主义,其主要诉求在于通过社会革命来推进生产力和生产方式的进步,因此其着力点在于超民族的世界整体革命。从这个角度加以推论,追求民族复兴的实践行动与追求社会主义现代化的实践行动之间并没有天然的联系,其行动路径甚至可能是相互冲突的。

二、从民族国家理论的革新看中国
共产党两个历史使命的相互关系

　　从学理上分析,实现社会主义现代化的革命道路与实现民族复

①《马克思恩格斯文集·第一卷》,人民出版社 2009 年版,第 538 页。

兴看似并不直接相关,其内在要求甚至可能完全相反,但中国革命的现实历史却告诉我们,这两个历史使命相辅相成的关系是客观存在的事实。所以,这里的状况是理论本身存在缺陷,故未能对现实做出合理的说明。笔者以为,这个理论上的缺陷在于经典历史唯物主义对民族国家的理解具有局限性。

马克思对民族国家的理解思路源自黑格尔哲学。在黑格尔《法哲学原理》中,现代国家的基本范式是在"国家-市民社会"的相互关系中得以呈现的。"市民社会是处在家庭和国家之间的差别阶段,虽然它的形成比国家晚。其实,作为差别阶段,它必须以国家为前提,而为了巩固地存在,它也必须有一个国家作为独立的东西在它面前。"①具体来说,市民社会作为个人在群体中追求其特殊性的场域,这种特殊性的追求就必然导向普遍性原则,所以,市民社会是特殊性与普遍性之间的中介。与此同时,"国家是绝对自在自为的理性东西,因为它是实体性意志的现实,它在被提升到普遍性的特殊自我意识中具有这种现实性。"②因此,国家要以其更高的理性精神来指导和纠正市民社会。在这里,黑格尔的真正创新之处在于把"市民社会"作为了现代民族国家出现的基本前提。市民社会的现实存在造成了现代国家所必须承担的规范市民社会的基本功能。但值得注意的是,黑格尔在这里的分析不是从历史现实做出的总结,而是理性概念推演的结果。正如他傲慢地表示:"现在如果问,一般国家或者每个特殊国家以及它的法和使命的历史上起源是或曾经是怎样的,由如果问国家最初是从家长制关系,从畏惧或信任,还是从同业公会等等中产生出来的,最后如果问,这种法的基础是怎样地在意识中马上被理解而巩固下来的:是把它看作神物或实定法呢,还是把它看作契约和习惯呢,那么,所有这些问题都与国家的理念无关。这里,我们仅仅在谈对国家的哲学上的认识问题,从这一观点说,以上这些都是现象,是历史上的事物。再从一个现实国家的权威说,如果这

① 黑格尔:《法哲学原理》,商务印书馆 1961 年版,第 197 页。
② 黑格尔:《法哲学原理》,商务印书馆 1961 年版,第 253 页。

种权威有什么根据的话,那末这些根据是取之于国家有效的法的形式的。"①也就是说,虽然从历史上来说,国家形式的出现远远早于现代资本主义市民社会的出现,但从法的关系来说,现代民族国家却是市民社会与伦理国家的统一。从这个角度看来,黑格尔所理解的民族国家不是现实历史中的客观存在,而是抽象的政治哲学模型。

马克思对民族国家的理解始于对黑格尔的批判。这种批判首先指向的就是黑格尔理论的抽象性,"如果说,思辨的法哲学,这种关于现代国家(它的现实还是彼世,虽然这个彼世不过是在莱茵河彼岸)的抽象的、脱离生活的思维只在德国才有可能产生,那末反过来说德国人之所以有可能从现实人抽象出现代国家的思想形象,也只是因为现代国家本身是从现实人抽象出来的,或者只是幻想地满足整个的人。……如果德国国家制度的现状代表了旧制度的完成,即表现了现代国家机体中的这个刺的完成,那末德国的国家学说的现状就表现了现代国家的未完成,表现了现代国家的机体本身的缺陷。"②也就是说,一方面,黑格尔哲学是脱离开德国现实的抽象思辨;另一方面,这种抽象思辨也暴露了现代国家本身的内在矛盾。在这里,马克思既反对了黑格尔理论的抽象性,却也同时继承了黑格尔从"市民社会-国家"的交互关系来理解现代民族国家的抽象结构。所以,马克思对黑格尔的批判集中于市民社会与国家机器间的关系问题。在他看来,"市民社会包括各个个人在生产力发展的一定阶段上的一切物质交往。它包括该阶段上的整个商业生活和工业生活,因此它超出了国家和民族的范围,尽管另一方面它对外仍然需要以民族的姿态出现,对内仍然需要组成国家的形式。'市民社会'这一用语是在 18 世纪产生的,当时财产关系已经摆脱了古代的和中世纪的共同体。真正的资产阶级社会只是随同资产阶级发展起来的;但是这一名称始终标志着直接从生产和交往中发展起来的社会组织,

---

① 黑格尔,《法哲学原理》,商务印书馆 1961 年版,第 254 页。
② 《马克思恩格斯文集·第一卷》,人民出版社 2009 年版,第 10 页。

这种社会组织在一切时代都构成国家的基础以及任何其他的观念的上层建筑的基础。"①马克思在这里要表达的是：既然市民社会本身是社会组织中更贴近生产力、生产关系层面的部分，那么当然是市民社会决定国家或法这样一些上层建筑的内容，而绝不可能如黑格尔所设想的那样，存在一种代表了普遍性的自在自为的国家。以此为基础进行推论，历史的本质在于超民族的市民社会的演变，民族只是外在于这个演变过程的上层建筑。并且一旦无产阶级革命消灭了资产阶级的市民社会，那么作为其上层建筑的现代民族国家自然也不复存在。

在民族国家的问题上，马克思虽然批判了黑格尔国家哲学的抽象性，却依然沿用了黑格尔将现代民族国家视为"市民社会-国家"交互关系的政治哲学框架。在这个框架中，资产阶级的市民社会是现代民族国家得以成立的充分必要条件。上述结论与今日的历史现实并不吻合，最大的问题在于现代国际体系中的各国都已经完成了其社会转型，成为民族国家，可是这些民族国家中相当多数都并没有发展出西欧意义上的市民社会。如果坚持资本主义市民社会是民族国家的前提，那么民族国家至今为止也主要是一种存在于西方资本主义世界的特殊形式。相反，如果认可世界各民族——尤其是那些前殖民地——已经普遍建构为民族国家，那么就必须破除以西欧社会为单一范本的民族国家理论，承认民族国家建构的多元性。从这个角度出发，吉登斯对民族国家的看法显然更符合现实历史中的民族国家现象。

《民族-国家与暴力》一书中，吉登斯认为"民族-国家存在于由他民族-国家所组成的联合体之中，它是统治的一系列制度模式，它对业已划定边界（国界）的领土实施行政垄断，它的统治靠法律以及对内外部暴力工具的直接控制而得以维护。"②与传统观点相比，吉登

---

① 《马克思恩格斯文集·第一卷》，人民出版社 2009 年版，第 540 页。
② 安东尼·吉登斯，《民族-国家与暴力》，生活·读书·新知三联书店 1998 年版，第 147 页。

斯发现了西欧民族国家与中央集权政治的相关性。西欧国家从传统国家转型始于专制主义时代,正是路易十四等君主的集权,造成了国家"主权""国界"等一系列现代民族国家体系的基本概念。16 世纪以来,也是依托于这一集权政府,国家垄断的法律体系、货币体系和税收体系才得以建构,从而为资本主义的发展创造了条件。中央集权与资本主义的共同发展造成了西欧民族国家的特殊形态。一方面,"与传统国家相比,大多数民族-国家内部都实现了绥靖,以致于垄断暴力工具通常仅是统治者用以维持其'统治'的间接资源。"①也就是说,中央集权的扩大发展造成了暴力手段不再被直接使用的特殊现象。另一方面,"国家主权的膨胀意味着属民在某种意义上知道他们在政治共同体中的成员身份,知道这种成员身份所赋予的权利和义务。"②也就是说,由于政府对社会事务的诸多介入,使得社会中的个人不得不反过来寻找一种可以对政府行为加以制约的手段,于是公民权利、民主制度的架构得以形成。

在这里,吉登斯将西欧民族国家的建构过程视为强力中央政府与资本主义共同发展的结果,而传统解释中"市民社会-国家"的形式则是这一历史进程的特殊产物。从这个思路出发,世界其他地区民族国家的建构也能得到解释。在非西欧社会的诸民族中,建构民族国家的直接目的就是重整社会组织方式以达到西欧民族国家般的动员能力。在西欧民族国家中,这样一种动员能力主要是由中央集权制度的发展所带来的,资本主义市民社会及其民主制度只是西欧民族国家范式的特殊形式。因此,未能构建起西欧式市民社会的诸民族,只要通过政治制度改革建立起现代政府,也就获得了西欧民族国家般的社会动员能力,并在此基础上建构为独立自主的民族国家。这一现象在前殖民地地区表现得尤为明显。诸多非洲国家在成为民

① 安东尼·吉登斯:《民族-国家与暴力》,生活·读书·新知三联书店 1998年版,第 5 页。
② 安东尼·吉登斯:《民族-国家与暴力》,生活·读书·新知三联书店 1998年版,第 254 页。

族国家后依然保持其殖民地时期的名称与边界,因为正是殖民地的现代政府才第一次把这些地区塑造为一个政治统一体。又诸如印度、印尼等国家在历史上都是多族群混居的地区,却在现代变身为民族国家。这些地区的居民之所以能够形成统一的民族意识,并在此基础上建构为民族国家,恰在于英荷两国在殖民过程中建立的现代政府。

上述历史现象证明了民族国家的多元性。资本主义的市民社会不是民族国家的必然基础。建构民族国家的具体内容在于政治组织的重整,以实现社会动员。正是在此意义上中国革命将民族复兴与社会主义现代化建设相结合的特殊道路才能够得到理解。具体来说,这一道路的实质就是以民族国家为中心建设社会主义现代化:

首先,从马克思主义出发的政治制度可以建立适合中国社会的现代政府。秉持实现民族复兴的历史使命,中国共产党人从马克思主义出发,寻得了适合近代中国建构民族国家的正确方略。一方面,基于历史唯物主义的批判视角,中国共产党人客观地分析了近代中国的社会结构。因此得以创造性地提出"农村包围城市"等一系列结合中国实际的革命策略。另一方面,基于马克思主义政治经济学和中国实际的结合,中国共产党人逐渐完善了无产阶级专政的政治制度,找到了中国社会结构重组的基本方法。从历史现实来看,中国近代各种政治思潮和政治实践层出不穷,立宪、革命纷至沓来。然而,无产阶级革命之前的社会改造运动其后果却是军阀割据、社会分裂。这样的情况与建构民族国家的历史任务背道而驰。只有中国共产党人所创立的政治制度才实现了中国社会的重新整合,并最终将整个民族塑造为一个整体,建构中国为一个现代民族国家。

其次,依托民族国家的社会动员能力,中国能够更好地从事社会主义现代化建设。秉持实现社会主义现代化的历史使命,中国共产党人以国家建设为中心推进社会进步。中国的社会主义建设是以民族国家为核心来组织发动的。新中国成立初期,借助民族国家的社会动员能力,中国在较短的时间内集中力量,建立起了完善的工业体系,为未来发展打下基础。改革开放之后,中国政府有意识地利用国家资源引导经济建设的方向,并对市场进行了远较资本主义国家严格的监管。这些措施保证了中国经济 40 年的持续增长。这种生产力的发展，从根本上改善了人民生活，推动了中国社会发展。

最后，"以民族国家为载体建设社会主义"的基本形式能够得到当下世界民族国家体系的承认。两个历史使命的结合造成了"独立自主建设社会主义"的基本政治方略。中国共产党的两个历史使命在中国革命的特殊道路中具有同等的重要性，不允许因为推进其中一个目标而忽略另一个。这一基本态度为中国发展造成了良好的内外部环境：一方面，中国虽然是社会主义国家，但面对苏联等其他社会主义国家依然保持现代民族国家应有的独立自主。另一方面，中国为了社会发展与资本主义国家展开全面的经济合作，但却并不因此改变自身的社会主义性质。

总而言之，中国共产党通过将实现民族复兴与实现社会主义现代化两个历史使命结合在一起，走出了中国特色社会主义的成功道路。这一结合的具体方式，就是以民族国家为中心建设社会主义现代化，从而将中国建构为社会主义的民族国家。这样一种社会主义民族国家的显著特征：一是尊重世界民族国家体系的既定规则，不干涉他国的价值选择；二是以独立自主的民族国家身份面对外部世界，坚持自身的社会主义道路。

三、中国共产党两个历史使命在新时代的结合方式

在中国特色社会主义思想的指引下，中国共产党成功地以民族国家为中心推进社会主义现代化建设。但是随着社会的变迁，两个历史使命也沿着各自的辩证逻辑不断地发生变化。所谓中国特色社会主义新时代就是从这两个历史使命出发，对变化了的历史环境做出的概括。

正如十九大报告所指出的："这个新时代，是承前启后、继往开来、在新的历史条件下继续夺取中国特色社会主义伟大胜利的时代，是决胜全面建成小康社会、进而全面建设社会主义现代化强国的时代，是全国各族人民团结奋斗、不断创造美好生活、逐步实现全体人民共同富裕的时代，是全体中华儿女勠力同心、奋力实现中华民族伟

大复兴中国梦的时代,是我国日益走近世界舞台中央、不断为人类作出更大贡献的时代。"①也就是说,中国特色社会主义新时代中,两个历史使命依旧紧密联系。它们结合的具体方式也仍然是以民族国家为中心建设社会主义现代化。但是新时代对这两个历史线索的发展提出了新的要求:从民族复兴来说,中华民族的历史任务已经不仅仅是为了自身的生存而自卫式地建立民族国家,更需要走近世界舞台中央,为全人类的发展贡献力量和智慧;从社会主义现代化建设来说,社会主义中国的目标不仅仅是将经济发展程度提升到资本主义国家相似的水平,更需要贯彻马克思主义的基本立场,实现全体人民的共同富裕。正是这些新要求界定了中国特色社会主义的新时代,同时也带来了新问题:在新时代中,两个历史使命结合的新方式是什么? 两者的平衡点又在哪里?

　　面对这一新问题,我们并没有成功的历史经验可以模仿,却有失败的教训值得警惕。这个失败的先例就是苏联。苏联建国的早期阶段就是以民族国家为中心建设社会主义的一个典型。无论是否符合自身意愿,苏联作为当时世界上唯一的社会主义国家,其社会主义建设只能在民族国家的范围之内进行。而这种社会主义建设的前提又必须是对抗资本主义国家干涉,保持自身为一独立民族国家。以民族国家为中心建设社会主义的基本方略,使得这一时期的苏联在并不有利的外部环境中获得了长足的发展,尤其显著的是其工业生产和国内动员能力的提升。以此为基础,苏联才能在反法西斯的战争中获得最终胜利。而在战胜了希特勒之后,苏联也被民族国家体系承认为最重要的大国之一。即使与主要资本主义国家存在意识形态的冲突,苏联此时也绝不可能如同建国初期那样受到其他国家的直接干涉。也就是说,在这个历史时期,苏联在世界体系中作为社会主义民族国家的地位不容置疑。然而,也就是在这个历史时期,苏联放

---

①《决胜全面建成小康社会　夺取新时代中国特色社会主义伟大胜利》,习近平代表第十八届中央委员会于 2017 年 10 月 18 日在中国共产党第十九次全国代表大会上向大会作的报告。

弃了以民族国家为中心建设社会主义的基本路径。在对外关系中，苏联不再将自身视为民族国家，而以世界共产主义运动的领导者自居，不断向世界其他国家输出其价值观与制度。客观上来说，这一行为传播了马克思主义。但在具体实施过程中，苏联不顾各地域各民族的具体情况，将自身对社会主义的特殊理解作为普遍真理强行输出，甚至不惜动用武力来消除不同意见。从这个角度出发，苏联在二战后的行为模式也是一种"霸权"。与此同时，苏联的这一行为模式引起了资本主义国家的反弹，冷战的历史局面由此形成。为了在冷战中取得优势，苏联在国内建设中无视一般经济规律和人民的实际需要，片面发展军事工业，正是这种偏离了社会主义现代化建设基本目标的行为导致了之后的经济崩溃和国家消亡。所以，苏联的历史教训在于社会主义建设越出民族国家范围而引起民族国家体系的负反馈，为了应对这一局面，国内建设的社会主义方向也发生了偏离。

对照二战之后的苏联，从民族国家建构的角度来说，中国作为独立自主民族国家的地位早在 1949 年新中国成立时便已确立。然而，这一刚刚建立的社会主义国家因为其社会生产力的落后，在很长一个历史时期中依然只是世界民族国家体系中的边缘国家。随着改革开放的历史进程，中国从一个落后的农业国变成了今日的世界工厂。这一变化也被形象地表达为中国从"站"起来到"强"起来的历史进程。所以，今日中国面临的问题正是苏联在二战胜利后面临的问题：一个强大的社会主义民族国家该如何在现有的历史环境中持续发展？有鉴于苏联的历史教训，这一发展的新方向决不能背离以民族国家为中心建设社会主义的基本经验。这也就意味着：一方面，社会主义建设必须在民族国家的范围内加以进行；另一方面，国内建设应保持社会主义性质。具体来说，包括如下两个层面：

首先，在对外关系中必须尊重当代民族国家体系，尊重既有的国际合作机制。由于生产力发展的局限性，当代世界还远未进入全面革命的历史时期，社会主义制度只在少数国家中得以实践。在当下的民族国家体系中，社会主义的民族国家首先是以民族国家的身份存在的，社会主义则是其自身的特殊选择。国家间得以相互交往的基础在于各自承认对方为完全独立自主的民族国家，而非价值观的相互认同。我们希望参与并在其中发挥重要作用的当代民族国家体系是以理论上独立自主的民族国家为个体，包括了其相互间错综复杂的结盟、对抗关系的统一整体。因此，在这个体系中获得话语权的基本前提就是尊重这个体系本身的规则和话语。也就是说，中国的民族复兴是中国作为一个独立自主的民族国家在国际体系中承担更多责任和义务，并在此基础上扩大自身话语权的过程。

其次，在国内建设中必须始终把握社会主义方向，促进人的发展。从历史唯物主义出发，社会主义是共产主义和资本主义间的过渡阶段。社会主义阶段的历史任务主要有两个：一是发展生产力，为共产主义社会打下物质基础；二是推动社会组织逻辑的转变，为人人自由劳动、自由发展的新社会做好准备。通过学习西方经济发展中的成功经验，中国的社会主义建设在发展生产力的层面上实现了显著的进步。然而，随着中国经济发展水平与西方国家日益接近，在经济发展中借鉴西方经验的历史阶段行将结束。十九大报告中，到21世纪中叶的社会发展以2035年为节点，切分为两个阶段。报告以相对更为明确的方式表述了2020—2035阶段的发展目标，主要包括了创新国家、法治国家、生态中国、文化软实力、消除城乡差别、现代治理体系等具体内容。而2035—本世纪中叶的发展目标则较为笼统地概括为"物质文明、政治文明、精神文明、社会文明、生态文明将全面提升。"事实上，前一阶段的发展方向之所以能够比较清晰地加以描述，就在于这些发展目标借鉴了一些西方国家的发展经验；这一发展阶段的完成，意味着中国赶上西方国家的发展水平，也就是基本实现了现代化。然而，如何在完成2035年发展目标的基础上进一步推进社会进步？这个问题的实质就是必须回答社会主义国家的发展将以何种方式超越资本主义国家发展的局限性，推进人类社会到新的历史阶段。因此这个新阶段的主要发展目标必须从偏重生产力的发展目标转移到如何改变社会组织逻辑，推动人的发展这一方向上来。

综上所述，实现民族复兴和实现社会主义现代化是中国共产党成立之初就秉持着的两个历史使命。中国共产党人将两个历史使命创造性地结合在一起，形成了以民族国家为中心建设社会主义现代化的基本方略。在中国特色社会主义的新时代，变化了的历史情境对中国共产党在两个历史使命的发展方向上提出了新要求。历史经验告诉我们，在世界民族国家体系长期存在的历史背景下，社会主义的民族国家依然应该坚持以民族国家为中心建设社会主义现代化的基本方略。

吴跃东　王娇娇①

中国共产党宣传思想工作发展历程探究②

（上海师范大学　上海　200234）

【摘　要】中国共产党自成立以来,在领导中国革命与建设不同历史时期开展宣传思想工作的同时,继承、丰富、实践、发展了马克思主义"宣传工作"的思想和观点,形成了具有中国特色的宣传思想工作基本理论和基本经验,对加强党史学习和推动新时代党的宣传思想工作不断强起来起了重要的促进作用。

【关键词】中国共产党　宣传思想工作　新时代

习近平总书记在全国宣传思想工作会议上强调:"完成新形势下宣传思想工作的使命任务,必须以新时代中国特色社会主义思想和党的十九大精神为指导,增强'四个意识'、坚定'四个自信',自觉承担起举旗帜、聚民心、育新人、兴文化、展形象的使命任务,坚持正确政治方向,在基础性、战略性工作上下功夫,在关键处、要害处下功夫,

① 作者简介:吴跃东,男,博士,上海师范大学马克思主义学院副教授,主要研究方向为马克思主义中国化和思想政治教育。上海市徐汇区桂林路 100 号,200234。王娇娇,女,硕士,上海师范大学马克思主义学院,主要研究方向为思想政治教育。上海市徐汇区桂林路 100 号,200234。

② 本文系教育部人文社科项目"高校马克思主义理论宣传资源整合机制研究"(17YJA710034)和上海市教卫党委系统党建研究会重点课题:推动高校宣传思想工作内部合力研究(2020ZD40)阶段性成果。

在工作质量和水平上下功夫,推动宣传思想工作不断强起来。"①新形势下,深入了解党的宣传思想工作发展历程对加强党史学习和不断推动新时代宣传思想工作强起来具有重要的意义。

十月革命的炮声为中国送来了马克思列宁主义。科学社会主义作为一项革命运动,其包含的宣传思想工作也如火如荼地开展起来。中国共产党作为一个马克思主义政党,自成立以来,在领导中国革命与建设各个历史时期创造性开展宣传思想工作的同时,不断继承、丰富、实践和发展马克思主义"宣传工作"的思想和观点,形成了具有中国特色的宣传思想工作基本理论和基本经验。

一、建党初期至改革开放前宣传思想工作内涵

中国共产党自成立以来就十分重视宣传思想工作。以毛泽东同志为主要代表的中国共产党人将马克思主义创始人关于宣传工作的思想作为中国宣传工作思想的渊源。根据中国当时的历史现状和特殊国情,毛泽东将马克思主义创始人的宣传工作思想与中国实际相结合,逐步形成具有中国特色的、符合中国革命发展和建设需要的宣传思想。而这一时期宣传思想工作的重心主要是围绕"革命"和"建设"这两个中心任务进行的。

中国共产党成立之初,中国正处于半殖民地半封建社会,经济落后、教育资源匮乏以及工农群体教育水平的普遍低下等给无产阶级思想的传播和无产阶级革命的进行带来了诸多阻碍。"全国无一家销到二三十万份的报纸;全国无一种销到两三万份的杂志。"②因此,毛泽东主张通过办报纸等宣传形式在工人中大力宣传马克思主义,启发他们的阶级觉悟,激发他们的革命观念,鼓动他们为本阶级及其所代表的全体劳动群众的利益而斗争。"为什么出版《政治周报》?为了革命。为什么要革命?为了使中华民族得到解放,为了实现人

---

① 《习近平谈治国理政》第三卷,外文出版社 2020 年版,第 310 页。
② 《毛泽东文集》第 1 卷,人民出版社 1993 年版,第 11 页。

民的统治，为了使人民得到经济的幸福。"①中共"三大"也证明了这一观点，"对于工人农民之宣传与组织，是我们特殊的责任；引导工人农民参加国民革命，更是我们的中心工作"②。当时的"政治宣传"有两个目的，一方面是引导革命，"自一九二三年起，即是打倒国际帝国主义及国内军阀两个口号"③；另一方面是加强"共产主义理论的宣传和引导"④，使无产阶级的文化能在群众中逐渐产生影响，进而激发广大民众的无产阶级觉悟和革命精神。

土地革命时期，面临严峻的战争形势和红军内部各种思想错综复杂的情形，中国共产党有必要对他们开展强有力的宣传教育，加以"思想的改造"，使之与传统的观念进行"最彻底的决裂"，迅速形成无产阶级的革命情感和思想意识，以提高其政治热情和战斗能力。要"在红军中排除非无产阶级的意识，加强共产主义的教育与宣传"⑤，不断提高无产阶级政治觉悟和马克思主义理论水平，保障红军的军事胜利。毛泽东在中国共产党红军第四军第九次代表大会决议案中，针对红军宣传工作问题提出："红军宣传工作的任务，就是扩大政治影响争取广大群众。由这个宣传任务之实现，才可以达到组织群众、武装群众、建立政权、消灭反动势力、促进革命高潮等红军的总任务。所以红军的宣传工作是红军第一个重大工作。"⑥

抗日战争与解放战争时期，中国共产党在宣传过程中更多使用宣传鼓动工作，"我们党的宣传鼓动工作的任务，是在宣传党的马列主义的理论、党的纲领与主张、党的战略与策略，在思想意识上动员

① 《毛泽东文集》第1卷，人民出版社1993年版，第21页。
② 王增智：《马克思主义中国化的早期探索》，人民出版社2002年版，第125页。
③ 中共中央文献研究室，中央档案馆编：《建党以来重要文献选编(1921—1949)(第二册)》，中央文献出版社2011年版，第33页。
④ 中共中央文献研究室，中央档案馆编：《建党以来重要文献选编(1921—1949)(第二册)》，中央文献出版社2011年版，第256页。
⑤ 中共中央文献研究室，中央档案馆编：《建党以来重要文献选编(1921—1949)(第七册)》，中央文献出版社2011年版，第558页。
⑥ 《毛泽东文集》第1卷，人民出版社1993年版，第96页。

全民族与全国人民为革命在一定阶段内的彻底胜利而奋斗。这种宣传与鼓动,同时包含有对共同思想进行联合、对敌对思想进行斗争的两个方面"①。只有正确理解党的宣传鼓动工作的含义,才能使党的宣传鼓动工作的任务得到完成。1945 年 6 月,毛泽东在中国共产党第七次全国代表大会的闭幕词中指出:"我们宣传大会的路线,就是要使全党和全国人民建立起一个信心,即革命一定要胜利。首先要使先锋队觉悟,下定决心,不怕牺牲,排除万难,去争取胜利。但这还不够,还必须使全国广大人民群众觉悟,甘心情愿和我们一起奋斗,去争取胜利。要使全国人民有这样的信心:中国是中国人民的,不是反动派的。"②

中华人民共和国成立后,中国共产党上升为执掌全国政权的党,其中心任务由领导新民主主义革命转变为领导新社会秩序的建立与巩固。在领导中国人民巩固人民政权和建立社会主义制度的过程中,党的宣传工作的任务和重心也发生了变化。毛泽东指出:"同阶级敌人作斗争,这是过去政治的基本内容。但是,在人民有了自己的政权以后,这个政权同人民的关系,就基本上是人民内部的关系了,采用的方法不是压服而是说服。这是一种新的政治关系。这个政权只对人民中破坏正常社会秩序的犯法分子采取暂时的程度不同的压服手段,作为说服的辅助手段。"③1951 年 5 月,刘少奇在中共中央第一次全国宣传工作会议上指出:"现在的情况和过去根本不同了。中国革命胜利了,我们有了更好的宣传马列主义的条件。"④在当前形势下,党的宣传工作任务就是"要向社会主义、共产主义前进,首先就要在思想上打底子,用马列主义的立场、观点和方法来教育自己和全国的人民"⑤。中国共产党在开展宣传思想工作过程中,始终将马克思主义理论的宣传教育与中心工作的宣传密切配合,不断推动社会

① 《张闻天文集》第 3 卷,中共党史出版社 1994 年版,第 150 页。
② 《毛泽东选集》第 3 卷,人民出版社 1991 年版,第 1101—1102 页。
③ 《毛泽东文集》第 7 卷,人民出版社 1999 年版,第 351 页。
④ 《刘少奇选集》下卷,人民出版社 1985 年版,第 80 页。
⑤ 《刘少奇选集》下卷,人民出版社 1985 年版,第 82 页。

主义建设和社会主义的改造。"我们的宣传工作是不能离开当前的中心工作的,并且是为了保证各项中心工作的完成的。宣传工作必须与各级党委所定下来的中心工作密切配合,离开了党的中心工作,宣传工作就会失败。"①因此,"实际的中心工作与宣传的中心工作应该是一致的,宣传部门应该动员一切宣传工具来为中心工作服务,保障实际工作的完成"②,并在此过程中不断提高人们的社会主义思想觉悟。此外,马克思主义理论的宣传教育还必须与具体实际紧密结合,例如为了深入地宣传总路线,党中央提出必须结合党在每个时期的重大任务和具体政策来进行,"光讲社会主义、共产主义几个字,不能解决问题,必须联系到当前的具体任务和具体政策,否则就会重复过去在土地改革转入生产那段时期的缺点,在宣传社会主义远景时同当前实际生活和实际斗争缺乏联系,因而陷于一般化、抽象化,空喊政治口号,不着实际,不能解决群众中的具体思想问题"③。

从1921年建党至1949年中华人民共和国成立,中国共产党处于武装夺取政权阶段,大力进行马克思主义的"革命宣传",团结带领全国各族人民进行不懈斗争,最终取得新民主主义革命的胜利。因此,这一阶段党的宣传思想工作,在整个新民主主义革命时期被赋予了鲜明的"革命"特征。中华人民共和国成立至改革开放前,以毛泽东同志为主要代表的中国共产党人面对新形势新任务,不断推动社会主义革命和建设事业的发展,明确宣传思想工作的作用、定位、基本原则和方式方法,激发和调动全党全国各族人民建设社会主义的积极性和创造性,形成了这一时期主要以"建设"为特征的宣传思想工作。改革开放后,随着党的工作重心的转移和社会历史条件的变化,中国共产党始终立足于国情,与时俱进,不断对宣传思想工作进行战略性调整和适应性转换。

---

① 《刘少奇选集》下卷,人民出版社1985年版,第86页。
② 《刘少奇选集》下卷,人民出版社1985年版,第86页。
③ 中央宣传部办公厅编:《党的宣传工作会议概况和文献(1951—1992)》,中共中央党校出版社1994年版,第61页。

二、改革开放至新时代前宣传思想工作主线

改革开放以来,在新的历史条件下,以邓小平同志为主要代表的中国共产党人继承和发展了马克思主义创始人和毛泽东的宣传思想,通过吸取和总结建国以来宣传思想发展的历史经验教训,形成了具有中国特色的社会主义宣传思想,这一时期的宣传思想工作的主线是"以经济建设为中心"。

1978年12月,党的十一届三中全会胜利召开,中国共产党重新确立解放思想、实事求是的思想路线,抛弃了"以阶级斗争为纲"的口号,作出了把党和国家的工作重心转移到经济建设上来、实行改革开放的历史性决策,吹响了走自己的路、建设中国特色社会主义的号角。"随着党的工作着重点的转移,宣传工作的重点也必须转移到经济建设上来"①"要很好地研究如何加强四个现代化和社会主义建设的宣传,这是摆在全党宣传部门面前的一个最大的课题。宣传工作前几年着重谈政治、谈两条路线斗争。从明年起,我们要以很大的比重谈经济工作,谈四个现代化。"②

邓小平同志在不同时期、不同场合反复强调经济工作的重要性。1979年10月,他在中共省、市、自治区委员会第一书记座谈会上强调:"经济工作是当前最大的政治,经济问题是压倒一切的政治问题。不只是当前,恐怕今后长期的工作重点都要放在经济工作上面。"③1984年10月,他在会见参加中外经济合作问题讨论会全体中外代表时谈道:"我们确定了一个政治目标:发展经济,到本世纪末翻两番,国民生产总值按人口平均达到八百美元,人民生活达到小康水平。"④他

---

① 中央宣传部办公厅编:《党的宣传工作会议概况和文献(1951—1992)》,中共中央党校出版社1994年版,第380页。
② 中央宣传部办公厅编:《党的宣传工作会议概况和文献(1951—1992)》,中共中央党校出版社1994年版,第209页。
③ 《邓小平文选》第2卷,人民出版社1994年版,第194页。
④ 《邓小平文选》第3卷,人民出版社1993年版,第77页。

还指出这个目标对中国来说是一个宏伟的目标,非一朝一夕完成,"在这个基础上,再发展三十年到五十年"①。1990 年 3 月,他同几位中央负责同志谈话时再次强调了经济发展的重要性,"只靠我们现在已经取得的稳定的政治环境还不够。加强思想政治工作,讲艰苦奋斗,都很必要,但只靠这些也还是不够。最根本的因素,还是经济增长速度,而且要体现在人民的生活逐步地好起来"②。因此,党的宣传思想工作也必须服务和服从于"以经济建设为中心"这个工作大局。面对新形势新任务新要求,党的宣传思想工作从理念、任务到传播媒介和体制机制都在进行改革,及时、有效、深入地宣传党的各项方针政策,凝聚了社会主义现代化建设的意志和力量。

党的十四大确立了建立社会主义市场经济体制的战略目标,宣传思想工作继续坚持"以经济建设为中心",进入了从适应计划经济体制向适应社会主义市场经济体制转变的阶段。以江泽民同志为主要代表的中国共产党人高举邓小平理论伟大旗帜,坚持改革开放、与时俱进,带领全党全国各族人民把改革开放伟大事业胜利推向 21 世纪。江泽民同志反复强调经济建设的重要性,指出宣传思想工作要为其提供有力的保证。1990 年 9 月,他同金日成会谈时指出:"只有社会主义才能解决当代世界的根本矛盾。只要社会主义国家集中精力加快经济发展,增强实力,充分显示出社会主义制度的优越性,最终一定能够取得胜利。"③1996 年 1 月,他在全国宣传部长会议上强调:"我们要集中精力把经济建设搞上去,促进社会全面进步,需要宣传思想工作提供有力的保证"④,实行改革开放政策以后,出现了一些新情况,宣传思想战线负有特别重要的责任,"要以科学的理论武装人,以正确的舆论引导人,以高尚的精神塑造人,以优秀的作品鼓舞人"⑤。2000 年 6 月,他在中央思想政治工作会议上谈道:"我们加强和改进

① 《邓小平文选》第 3 卷,人民出版社 1993 年版,第 77 页。
② 《邓小平文选》第 3 卷,人民出版社 1993 年版,第 355 页。
③ 《江泽民文选》第 1 卷,人民出版社 2006 年版,第 136 页。
④ 《江泽民文选》第 1 卷,人民出版社 2006 年版,第 496 页。
⑤ 《江泽民文选》第 1 卷,人民出版社 2006 年版,第 497 页。

思想政治工作,归根到底是为社会主义经济基础服务的。要防止和纠正思想政治工作与经济工作脱节的'两张皮'现象,一定要紧密结合经济工作和各项业务工作一道去做,把工作做到人民群众物质生产和精神生产的实际活动中去。"①

党的十六大以来,以胡锦涛同志为主要代表的中国共产党人高举中国特色社会主义伟大旗帜,以邓小平理论和"三个代表"重要思想为指导,立足社会主义初级阶段基本国情,总结中国发展实践,借鉴国外发展经验,适应中国发展要求,提出了科学发展观这一重大战略思想。"科学发展观,第一要义是发展,核心是以人为本,基本要求是全面协调可持续,根本方法是统筹兼顾。"②科学发展观总结了二十多年来我国改革开放和现代化建设的成功经验,吸取了世界上其他国家在发展进程中的经验教训,揭示了经济社会发展的客观规律,反映了我们党对发展问题的新认识。面对新形势新任务,如何进一步贯彻落实科学发展观、围绕中央提出的经济、政治、文化、社会建设"四位一体"的战略布局开展工作,是这一阶段宣传思想工作面临的最主要、最突出的问题。2004 年 3 月,胡锦涛同志在中央人口资源环境工作座谈会上指出:"树立和落实科学发展观,必须始终坚持以经济建设为中心,聚精会神搞建设,一心一意谋发展"③。发展首先要抓好经济发展,我国正处于并将长期处于社会主义初级阶段,在国际综合国力竞争日益激烈的形势下,必须"坚持以经济建设为中心,紧紧抓住和切实用好重要战略机遇期,大力解放和发展社会生产力,对我们这样一个发展中大国加快实现现代化具有重大战略意义"④。只有坚持以经济建设为中心,不断增强综合国力,才能为全面协调可持续发展打下坚实物质基础,才能更好解决前进道路上的矛盾和问题,顺利实现全面建设小康社会和社会主义现代化宏伟目标。

① 《江泽民文选》第 3 卷,人民出版社 2006 年版,第 95 页。
② 《中国共产党第十七次全国代表大会文件汇编》,人民出版社 2007 年版,第 14 页。
③ 《胡锦涛文选》第 2 卷,人民出版社 2016 年版,第 167 页。
④ 《胡锦涛文选》第 2 卷,人民出版社 2016 年版,第 167 页。

　　改革开放以来,党的宣传思想工作积累了十分丰富的经验,为
"以经济建设为中心"的社会主义现代化建设贡献了巨大力量,宣传
思想工作也经历了不同的发展阶段。但同时我们也发现,改革开放
和社会主义市场经济的深入推进、互联网等新的传播渠道的迅速发
展,在促进社会发展进步的同时,也给社会思想文化领域带来复杂影
响。境内外敌对势力加大对意识形态渗透力度,同我争夺阵地的斗
争日趋激烈,给宣传思想工作带来了巨大的挑战。如何凝聚人心,加
强社会主义意识形态领域的建设,成为接下来宣传思想工作需要努
力的方向和目标。

三、新时代宣传思想工作战略任务

　　党的十八大以来,以习近平同志为核心的党中央,团结带领全党
全国各族人民,紧紧围绕实现"两个一百年"奋斗目标和中华民族伟
大复兴的中国梦,坚持和发展中国特色社会主义,统筹推进"五位
一体"总体布局,协调推进"四个全面"战略布局,积极应对前进道
路上的困难和挑战,不断开拓进取,取得了改革开放和社会主义现
代化建设的历史性成就,解决了许多长期想解决而没有解决的难
题,办成了许多过去想办而没有办成的大事,推动党和国家事业取
得了历史性的成就、发生了历史性变革,中国特色社会主义进入新
时代。

　　在治国理政的实践过程中,以习近平同志为代表的中国共产党
人,顺应时代发展,从理论和实践结合上系统回答新时代坚持和发展
什么样的中国特色社会主义、怎样坚持和发展中国特色社会主义这
一重大时代课题,创立了习近平新时代中国特色社会主义思想,为决
胜全面建成小康社会、夺取新时代中国特色社会主义伟大胜利、实现
中华民族伟大复兴的中国梦、实现人民对美好生活的向往提供了行
动指南。为了更好地坚持和发展中国特色社会主义,新时代宣传思
想工作战略任务就是应该"建设具有强大凝聚力和引领力的社会主
义意识形态""要做好做强马克思主义宣传教育工作,特别是要在学

懂弄通做实新时代中国特色社会主义思想上下功夫"①。

习近平总书记特别重视社会主义意识形态建设。2013 年 8 月,他在全国宣传思想工作会议上指出:"意识形态工作是党的一项极端重要的工作""宣传思想工作就是要巩固马克思主义在意识形态领域的指导地位,巩固全党全国人民团结奋斗的共同思想基础。"②他强调:"要深入开展中国特色社会主义宣传教育,把全国各族人民团结和凝聚在中国特色社会主义伟大旗帜之下。"③如何来团结和凝聚全国各族人民? 2014年 2 月,他在主持十八届中央政治局第十三次集体学习时,提出要加强社会主义核心价值体系建设,积极培育和践行社会主义核心价值观,切实将社会主义核心价值观贯穿到社会的各个方面,"通过教育引导、舆论宣传、文化熏陶、实践养成、制度保障等,使社会主义核心价值观内化为人们的精神追求,外化为人们的自觉行动"④,并在落细、落小、落实上下功夫。接下来的几个月,他在很多场合集中强调了培育和践行社会主义核心价值观问题。五四青年节期间,他在北京大学对大学师生讲了这个问题。五月底,在上海考察工作时,他对领导干部弘扬和践行社会主义核心价值观提了要求。六一儿童节前夕,他同北京海淀区民族小学师生座谈时讲了这个问题。六月上旬,他在两院院士大会上对院士们提了这方面要求。九月教师节前一天,他同北京师范大学师生座谈时再次强调了这个问题。十月中旬,他在文艺工作座谈会上也提出了这方面的要求。在如此短的时间内密集谈论培育和践行社会主义核心价值观问题,其重要性可见一斑。2017 年 10 月,他在党的十九大报告中明确提出:"建设具有强大凝聚力和引领力的社会主义意识形态,使全体人民在理想信念、价值理念、道德理念上紧紧团结在一起。"⑤

① 习近平:《举旗帜聚民心育新人兴文化展形象　更好完成新形势下宣传思想工作使命任务》,《人民日报》2018 年 8 月 23 日。

② 《习近平谈治国理政》,外文出版社 2014 年版,第 153 页。

③ 《习近平谈治国理政》,外文出版社 2014 年版,第 154 页。

④ 《习近平谈治国理政》,外文出版社 2014 年版,第 164 页。

⑤ 习近平:《决胜全面建成小康社会　夺取新时代中国特色社会主义伟大胜利——在中国共产党第十九次全国代表大会上的报告》,人民出版社 2017 年版,第 41 页。

2018 年 9 月，他在全国宣传思想工作会议上强调："坚持以立为本、立破并举，不断增强社会主义意识形态的凝聚力和引领力。"①

意识形态工作涉及各个阵地、各个领域，且随着时代的发展而千变万化，我们在各个方面都需要做好做大做强。国内外各种敌对势力总是企图让我们丢掉对马克思主义的信仰，丢掉对社会主义、共产主义的信念，而我们有些人甚至党内有的同志却没有看清玄机，认同西方的"普世价值"，借用西方的理论和西方的政治话语体系，"不知不觉成了西方资本主义意识形态的吹鼓手"②。针对这些现象，2015 年 12 月，习近平总书记在全国党校工作会议上提出要求，党校姓党，要"在党的思想理论研究方面有所作为，为坚持和巩固党对意识形态工作的领导、巩固马克思主义在意识形态领域的指导地位作出积极贡献"③。在坚持以马克思主义为指导问题上，社会上还存在一些模糊甚至错误的认识。有的认为马克思主义已经过时，有的认为马克思主义只是一种意识形态说教等等。在实际工作中，在有的领域马克思主义被边缘化、空泛化、标签化，甚至在一些学科中"失语"、教材中"失踪"、论坛上"失声"。对此，2016 年 5 月，他在哲学社会科学工作座谈会上强调，马克思主义依然具有重要影响力，广大哲学社会科学工作者应该"自觉坚持以马克思主义为指导，自觉把中国特色社会主义理论体系贯穿研究和教学全过程，转化为清醒的理论自觉、坚定的政治信念、科学的思维方法"④。随着互联网的快速发展，习近平总书记意识到加强网络意识形态阵地管理的重要性。他指出，互联网已经成为"当前宣传思想工作的主阵地"⑤，要去占领这个阵地，否则会被别人占领。2020 年 1 月，他在主持中共中央政治局第十二次集体学习时强调："党报党刊要加强传播手段建设和创新，发展网站、

① 习近平：《举旗帜聚民心育新人兴文化展形象　更好完成新形势下宣传思想工作使命任务》，《人民日报》2018 年 8 月 23 日。
② 《习近平谈治国理政》第 2 卷，外文出版社 2017 年版，第 327 页。
③ 《习近平谈治国理政》第 2 卷，外文出版社 2017 年版，第 328 页。
④ 《习近平谈治国理政》第 2 卷，外文出版社 2017 年版，第 329 页。
⑤ 《习近平谈治国理政》第 2 卷，外文出版社 2017 年版，第 325 页。

微博、微信、电子阅报栏、手机报、网络电视等各类新媒体，积极发展各种互动式、服务式、体验式新闻信息服务，实现新闻传播的全方位覆盖、全天候延伸、多领域拓展，推动党的声音直接进入各类用户终端，努力占领新的舆论场。"①

做好意识形态工作，要弘扬主旋律，传播正能量。党的新闻舆论工作处在意识形态斗争最前沿，是党的一项重要工作。针对当时国际环境不确定性和复杂性对我国发展的不利影响，2014 年 10 月，习近平总书记在中共十八届四中全会第二次全体会议上提出，要因时而动、顺势而为，做好思想舆论工作。"在西方和国内一些人鼓噪下，不少群众受到蒙蔽，一些党员、干部的认识也发生了偏差。有的以偏概全，把形势说的一片漆黑；有的妄自菲薄，总觉得中国什么都不好、外国什么都好；有的盲目跟风，对我国发生的事情用西方价值观来评判"②，各种敌对势力制造种种负面舆论，想搞乱我们的思想，因此，我们要有清醒的认识，高度重视，切实加强思想舆论工作和斗争。在做好思想舆论斗争的同时，他还强调要讲好中国故事，发出中国声音。党的十八大以来的两年里，他每次出访，"不论是会谈、交流还是演讲，都要讲中国道路的历史渊源和现实基础，讲中国梦的背景和内涵，讲中国和平发展的理念和主张，还在不少国家主流媒体发表署名文章"③。他强调做好舆论工作是全党的事情，"讲好中国故事，不仅中央的同志要讲；不仅宣传部门要讲、媒体要讲，而且实际工作部门都要讲、各条战线都要讲……推动内宣外宣一体发展，奏响交响乐、大合唱，把中国故事讲得愈来愈精彩，让中国声音愈来愈洪亮"④。做好党的新闻舆论工作，营造良好舆论环境，是治国理政、定国安邦

① 习近平：《推动媒体融合向纵深发展 巩固全党全国人民共同思想基础》，《人民日报》2019 年 1 月 26 日。

② 中共中央文献出版社编：《习近平总书记重要讲话文章选编》，中央文献出版社、党建读物出版社 2016 年版，第 226—227 页。

③ 中共中央文献出版社编：《习近平总书记重要讲话文章选编》，中央文献出版社、党建读物出版社 2016 年版，第 228 页。

④ 中共中央文献出版社编：《习近平总书记重要讲话文章选编》，中央文献出版社、党建读物出版社 2016 年版，第 229 页。

中国共产党宣传思想工作发展历程探究

的大事。近年来,面对媒体格局、舆论生态的深刻变化,新闻舆论工作适应的步伐还跟不上,一些主流媒体受众规模缩小、影响力下降,新闻舆论工作理念、方式、手段还跟不上新媒体带来的深刻变化,管好用好新媒体的能力还不够强,有必要采取有力措施加以解决。2016 年 2 月,他在党的新闻舆论工作座谈会上指出,要坚持党的新闻舆论工作的正确政治方向,坚持党管宣传、党管意识形态、党管媒体,党的新闻舆论媒体的所有工作都要体现党的意志,反映党的主张。同时,要增强国际话语权,"要花大气力加强国际传播能力建设,加快提升中国话语的国际影响力,让全世界都能听到并听清中国声音"①,要"用中国理论阐述中国实践,用中国实践升华中国理论,更加鲜明地展现中国思想,更加响亮地提出中国主张"②。

　　进入新时代,面对国内国际新形势、意识形态领域新态势、信息化发展新趋势,党的宣传思想工作也面临新的挑战。统一思想、凝聚力量的任务,建设具有强大凝聚力和引领力的社会主义意识形态的任务,改进创新宣传思想工作的任务,增强国际话语权、提升国家文化软实力的任务,面临的压力都是前所未有的。在当前时代背景下,如何坚持以习近平新时代中国特色社会主义思想和党的十九大精神为指导,增强"四个意识",坚定"四个自信",做到"两个维护",自觉承担起举旗帜、聚民心、育新人、兴文化、展形象的使命任务,为服务党和国家事业全局作出更大贡献,是接下来党的宣传思想工作的目标和任务。

　　① 中共中央文献出版社编:《习近平总书记重要讲话文章选编》,中央文献出版社、党建读物出版社 2016 年版,第 432 页。
　　② 中共中央文献出版社编:《习近平总书记重要讲话文章选编》,中央文献出版社、党建读物出版社 2016 年版,第 433 页。

■胡于凝　刘金盼①

"四史"学习：从理论自觉走向实践自觉

（上海师范大学　上海　200234）

【摘　要】深入学习"四史"，是对以往事实的理性梳理，从中感受党和国家在艰难困苦中砥砺前行的勇气、智慧和毅力。通过"四史"学习，尤其是对"四史"核心思想的深度把握，有利于我们从中汲取伟大的精神力量，从而指引我们从理论自觉走向实践自觉，不忘初心、牢记使命、勇往直前。

【关键词】四史学习　中国共产党　新中国　精神力量

　　党的十八大以来，习近平总书记高度重视对历史的研究学习，习总书记指出"世界的今天是从世界的昨天发展而来的。今天世界遇到的很多事情可以在历史上找到影子，历史上发生的很多事情也可以作为今天的镜鉴。"我们要明白历史、现实、未来是相通的，进入新时代，习近平总书记再次向全党发出"一定要善于学习，善于重新学习"的号召，正如苏格拉底所说的"没有经过反省的生命，是不值得活下去的。"有迷才有悟，过去的"迷"，正好是今日"悟"的契机。这也就是说我们要重视过去，从中吸取经验教训，为现在及未来打好基础作

---

　　① 作者简介：胡于凝，女，博士，上海师范大学哲学与法政学院讲师；刘金盼，女，上海师范大学哲学与法政学院劳动社会保障系学生。上海市徐汇区桂林路 100 号，200234。

用。党史、新中国史、改革开放史、社会主义发展史,简称"四史",记录了中国近百年的发展历程,是经验、是总结、是中国共产党在艰难困苦中不断学习、砥砺前行的生动写照。学习"四史",有利于我们深入认识当代中国马克思主义在建党百年历史上的重要地位、在中华人民共和国成立七十多年历史上的重要地位、在改革开放四十多年历史上的重要地位、在社会主义发展史上的重要地位,进一步把全党的思想、意志、行动统一到习近平新时代中国特色社会主义思想上来,具有着非常重要的意义。

一、"四史"学习的核心思想

(一)中国共产党是以民为本的先进政党

"革命声传画舫中,诞生共党庆工农。"1921 年中共一大的召开,标志着中国共产党正式成立,犹如一轮红日在东方冉冉升起,照亮了中国革命的前程。中国共产党始终全心全意为人民服务、将人民的利益放在首位。从学习党史中我们可以深切体会到这种以人民为中心、全心全意为人民服务的感召力,毛泽东的"为人民服务"——邓小平的"三个有利于"——习近平总书记的"为人民谋幸福,是中国共产党人的初心"。我们要时刻不忘这个初心,永远把人民对美好生活的向往作为奋斗目标",可见中国共产党成立初期的艰难时期、初步发展时期到不断壮大成熟的历程中,始终将人民群众的利益放在首位、为人民群众谋福利,不断带领人民"站起来"——"富起来"——"强起来"!

(二)新中国是在艰难困苦中成长起来的

新中国的成立,使中国人民"站起来"了,也意味着我国进入了社会主义革命和建设的伟大实践,汉学家费正清在《伟大的中国革命》中有过这样的描述:新中国初期的中国城市里,"胜利的农家子弟兵,严守纪律,礼貌待人,同过去军阀部队到处奸淫掳掠和刚刚离去的国民党军队比起来,真有天渊之别。现在的政府认真尽责,真正把一切肮脏的东西清理得干干净净——不但是街道和水沟,连乞丐、娼妓、小偷小摸都集中起来加以改造。现在的新中国是一个人人感觉自豪的国家——控制了通货膨胀，废除了外国人的特权，铲除了腐化，公民们都参加各种有益的社会活动，如修理公共设施，开展扫盲运动，防止疾病，跟做粗活的交朋友，以及学习《新民主主义论》和毛泽东思想，等等。所有这些活动都为理想主义的和有雄心的青年开辟了新的道路。"

习近平总书记在吉林考察期间，参观了四平战役纪念馆。他强调："创业难，守业更难。广大党员、干部和人民群众要很好学习了解党史、新中国史，守住党领导人民创立的社会主义伟大事业，世世代代传承下去。"新中国成立以来，土地革命、一五计划、三大改造等等一系列重大举措，一步步促进我国的发展，战后重建、经济复苏、文化发展等取得了惊人的成绩. 当然，探索道路上不可避免的会走上弯路、岔路。"文化大革命"的出现对当时我国的发展产生了一定的负面影响，但这也进一步证明了走社会主义道路的正确性，同时也对之后的一系列举措有一定的促进、警醒作用，明史而知责，了解我国发展史上所面临过的重要举措、重大转折点、重要事件等，知史爱国，坚定理想信念。

（三）改革创新是国家发展的力量之源

没有改革开放就没有中国的现代化，不讲改革开放史，就很难知道中国共产党具有何等的进行自我革命、自觉纠偏的能力，就很难真切感知中国现代化的关键一招是怎么产生的。

改革开放以来，我国所取得的成就令世界所瞩目。"实事求是、一切从实际出发、实践是检验真理的唯一标准"等等更是成为党员干部们及广大人民群众的"信仰"，这也促使我国不断从"富起来"到"强起来"的不断发展，社会主义市场经济体制的确立——总体小康水平目标的实现——经济特区的建立等全面对外开放——加入世贸组织等等，科技、教育、文化、经济等各领域取得了骄傲的成绩，走出了一条符合中国国情的特色社会主义道路。在实践中不断总结经验教训，在实践中不断成长，正是我国不断发展的真实写照。

（四）中国特色社会主义道路是历史必然

中国的快速发展，社会主义的不断发展完善，与时俱进的历史格局充分体现了社会主义的重要作用，二者在相互促进着共同发展，正如习近平总书记在纪念马克思诞辰 200 周年大会上说的："可以告慰马克思的是，马克思主义指引中国成功走上了全面建设社会主义现代化强国的康庄大道，中国共产党人作为马克思主义的忠诚信奉者、坚定实践者，正在为坚持和发展马克思主义而执着努力！"

回望中国共产党成立至今的百年时间里，不断为实现中国共产的初心而不断努力奋斗着，可以说，中国特色社会主义道路充满考验，复杂的国内外环境、意识形态领域斗争错综复杂……中国共产党紧紧依靠人民，坚定道路自信，凭借坚定地政治定力和强大的综合国力，不断推动着中国特色社会主义事业的发展。战胜洪灾、疫情、地震等自然灾害，亚洲金融危机等国际风险，世界第二大经济体的实力，外汇储备连续多年位居世界第一，制造业、货物贸易等第一大国，建立了全世界最完整的现代工业体系……向国人、向世界展现了中国实力、中国速度、中国奇迹；中国特色社会主义代表的是最广大人民群众的根本利益，在这条道路上，为实现人民的美好生活在不断努力着。世界上最大的社会保障体系的建立、生态文明制度体系不断建设、扶贫事业的不断推进、道路等基础设施建设的不断完善等等；不断加强中国共产党自身的建设，"苍蝇、老虎"一起打，"猎狐"等反腐败行动取得重大胜利，严格要求党员干部们的自身作风等问题……

中国特色社会主义道路是在改革开放四十多年伟大实践中走出来的，是在新中国成立七十多年持续探索中走出来的，是对近代以来中华民族发展历程的深刻总结中走出来的，更是在中华民族五千多年悠久文明的传承中走出来的，这些令人瞩目的成就充分证明了取得这一切成就的原因在于，在党的领导下，开辟、探索与发展了中国特色社会主义道路，只有坚持中国特色社会主义发展道路，才能实现中华民族的伟大复兴。

二、"四史"学习的精神感悟

不论是在"四史"上，还是现如今社会的发展中，践行中国共产党的理念、全心全意为人民服务、舍"小家"为"大家"等优秀品质的时代楷模数不胜数,他们将中国革命四部史中所体现的精神实践着、传承着,为社会主义事业贡献着自己的一份力量。

"天地之大,黎元为先"。中国共产党的宗旨是全心全意为人民服务,建党以来,在为新中国建立及发展历程中涌现出了无数党的优秀儿女:江姐、刘胡兰、董存瑞、黄继光、雷锋、焦裕禄……这众多的我们所熟悉的人物,甚至是那些我们不曾熟知的优秀的中华儿女,他们在为祖国的伟大事业在不断奋斗着,奉献着自身的一份力量。在他们身上,体现的是无私的奉献精神,对于他们来说,人民群众的利益高于一切,始终铭记着并时刻履行着中国共产党人的责任与使命。在他们的感召下,中国人民团结一心、众志成城,全国上下齐努力,一次又一次克服了阻碍,促进我国的社会主义事业不断地发展。

(一)拼搏精神

中国工农红军革命史上一次次战胜挫折的经历向我们展现了中国共产党人的热血精神,不怕牺牲、奋勇拼搏;不畏艰险,不屈不挠是他们的真实写照。

在井冈山革命时期,红色工农革命根据地面临着众多的挑战。然而,即使在井冈山革命根据地内外交困的时期,中国共产党人仍然坚定"革命理想高于天"的信念,用行动诠释了"共产主义者,不畏难,不怕死,不爱钱,为主义牺牲"的革命信念,探索出工农武装割据的革命道路,铸就井冈山精神之魂。在两万五千里的艰苦卓绝的长征路上,中国工农红军不怕牺牲、不畏艰险、不屈不挠、积极进取、自力更生、艰苦奋斗,谱写了中国工农红军伟大的长征精神。

坚定信念、不畏艰险、实事求是、团结一心、同人民群众患难与共……这些精神信仰为我们坚定不移地走中国特色社会主义道路,不断提升新时代党的组织力提供了深刻启示和精神动力。新时代条件下,竞争力日益激增,在众多的条件下,坚定理想信念、脚踏实地、实事求是显然极为重要,"树立远大的理想"更意味着我们要为之而努力奋斗,困难不可避免,要坚守自己的初心,迎难而上!

坚定的理想信念,不仅体现在对我国社会主义事业的高度自信上,也体现在我们生活中的方方面面,比如对一份工作的热爱、对所研究领域的不懈探索、朝着自己的梦想不断努力前行、为自己的梦想不懈奋斗等等,不忘初心,牢记使命与担当。努力拼搏、奋勇争先,更是对自身理想的追求。"重症病人在哪,我就在哪",作为一名重症医学专家,邱海波临危受命赴武汉,在湖北一线抗疫 99 天,之后又转战黑龙江 17 天、吉林 23 天,从寒冬到盛夏,从湖北到东北,连续奋战 139 天,用生命守护生命,谱写了"最早的出征,最久的坚守"在民族大义面前,人民群众的利益永远大于自身利益,为守护"大家"而不断努力着,体现着小家就是大家,大家更是小家!

(二)创新精神

"自主创新、开放融合、万众一心、追求卓越"——这是中国航天人在建设科技强国征程上立起的又一座精神丰碑,具有鲜明的时代特质。

北斗全球卫星导航系统的建成开通,是我国攀登科技高峰、迈向航天强国的重要里程碑,是我国为全球公共服务基础设施建设作出的重大贡献,是中国特色社会主义进入新时代取得的重大标志性战略成果,凝结着一代代航天人接续奋斗的心血,饱含着中华民族自强不息的本色,对推进我国社会主义现代化建设和推动构建人类命运共同体具有重大而深远的意义。新冠疫情期间火神山、雷神山医院的修建,是北斗为复杂地形地貌实现高精度定位、精确标绘;今年 5 月,中国登山健儿们再登珠穆朗玛峰峰顶,同样以北斗数据为主;不仅如此,北斗的创新应用还体现在工业互联网、物联网、车联网等众多新兴领域中。

自主创新是新时代下所不可或缺的,对于北斗系统,中国始终坚持自主建设、发展和运行。研制团队首创星间链路网络协议、自主定轨、时间同步等系统方案,填补了国内空白;同时,部分元器件的国产化率达到了 100%。总书记多次谆谆告诫:"自主创新是我们攀登世界科技高峰的必由之路""不能总是用别人的昨天来装扮自己的明天"。我们要以奋发有为的精神状态、不负韶华的时代担当、实干兴邦的决心意志,奋力开创新时代中国特色社会主义事业新局面。

(三)团结精神

中国共产党成立百年的时间里,党领导全国人民不懈努力,充分展现了一个大国、强国的形象。从长征、抗日战争、解放战争……全国一心齐力抗击非典、助力唐山大地震救援、抗击新冠肺炎疫情等等,团结一心、众志成城是其鲜明的写照,一次次的渡过危机,向人民、向世界交出了一份满意的答卷。灾难面前,党员干部们投身一线,从上至下,时刻以人民群众的利益为先。

团结一心,不仅是国内人民众志成城,也体现在国际社会的相处之中,在国内防控疫情的同时,中国积极主动同世卫组织和国际社会开展合作和信息交流,并筹措抗疫物资、派遣专家奔赴有关国家共同抗疫,展现了负责任的大国形象,得到了国际社会的高度赞誉。

三、"四史"学习的实践启示

新时代,青年一代的力量正在不断崛起,他们用实际行动证明着自身的能力,用理论指导实践,用实践来丰富理论,青年一代坚定自己的理想信念,在祖国、在人民有需要的时候毅然挺身而出,献出自己的一份力量。中国的年轻一代并非那样羸弱不堪,在生活面前,他们坚韧不拔,不怕苦和累;在灾难面前,他们不慌乱不躲避,献血、捐款、志愿行动、奔赴疆场,他们干得太漂亮了!有理想,有本领,有担当的青年是"圆梦新一代",奉献人民、热爱祖国、不惧风雨、勇挑重担、奉献一切可以贡献的力量,是青年一代奋斗报国的青春故事。一代青年有一代青年的历史际遇,青年一代用行动证明他们的家国情怀与赤子之心。

(一)心有所向、志存高远

当代青年们拼搏奋斗,成为了新时代的追梦者,众多的有志青年在努力发挥着自己的特长,为国家不断做出贡献。孙中山先生曾在演讲中表达了对青年的殷切期望:"惟愿诸君将振兴中国之责任,置之于自身之肩上。"百余年后的今日,青年一代仍当不忘先辈教诲,砥砺前行。

在学习中增长知识、锤炼品格,在工作中增长才干、练就本领,以新时代的青年力量诠释新时代的五四精神,迎难而上、搏击奋进、逐梦追梦,为中华民族的伟大复兴注入新鲜活力、鼓足发展后劲!新时代的青年们正努力探索学科前沿,志愿服务社会,在各行各业中发光发热,奋力投入到实现中华民族伟大复兴的事业当中。

（二）知行合一、脚踏实地

"纸上得来终觉浅,绝知此事要躬行。""知"与"行"相辅相成,丰富到位的知识、坚定有力的行动,这两者是促使我们实现理想所不可或缺的。三思而不行者在我们生活中并不少见,有了想法,就要为之去努力,不要永远停留在思想过程中,要敢于通过自身的行动去将自己的思想现实化、具体化,脚踏实地地去做好每一件事。

在如今的社会中,人们往往会比较喜欢有计划地做事。可以说,做计划表很容易,做出近乎完美的计划表也不难,但难的是,是否会按照计划表中的那样按时完成,不要做"思想上的巨人,行动上的矮人"。对于我们要做的事情,就要尽可能的去完成它,脚踏实地地一件件地去完成,而不是每一件都那样马马虎虎。

新时代条件下,对于青少年来说,有着众多的发展领域,对于自己的未来发展有着很多的选择,而这些对于青少年的理想可能会有一定的影响,可能会根据时代的发展而改变自身的看法等,当然,思想的与时俱进很重要,但是行动上的与时俱进、脚踏实地更为重要,要结合自身的能力去制定合适的目标与计划,踏踏实实地走好每一步,不要仅仅去追求思想上的进步!

（三）不忘初心、牢记使命

对于青年一代来说,正处于人生中一个重要的做选择时期、理清自己理想的时期,应该从自己的初心开始,认真聆听来自内心的声音,不断充实自己的梦想、努力找准自己真正所喜爱的事情、找准人生的方向、做自己想明白了的事情。

"在当今这个快速发展、选择多元、日益浮躁的时代,我们每个人在匆匆前行的路上都应留点时间,安静下来叩问自己的初心,不要因为走得太快而忘记了信仰、丢掉了灵魂、迷失了前行的方向。"理想更应该是自己内心所期望的,青年一代,有理想、有信念,要明白理想与担当的重要含义。可以说,要有敢为人先的理想信念,更要有敢为人先的行动力! 相信这样一定能够获取不断前行的力量!

——郭亚雄①

浅谈"四史"学习的重要意义

（上海师范大学　上海　200234）

【摘　要】加强党史、新中国史、改革开放史和社会主义发展史教育，是我党思想建党、理论强党的优良传统，也是党的思想政治工作的成功经验。深入学习"四史"是厘清历史脉络，研判当下国情，设定未来发展目标的根本基础；是批判错误思潮，树立正确的历史观、大局观、角色观的必要准备；是推动高校思政教育创新，掌握学习研究的主动权、话语权的必要保证。

【关键词】党史　新中国史　改革开放史　社会主义发展史　思政教育

　　2020 年 1 月 8 日，在"不忘初心、牢记使命"主题教育总结大会上，习近平总书记指出："要把学习贯彻党的创新理论作为思想武装的重中之重，同学习马克思主义基本原理贯通起来，同学习党史、新中国史、改革开放史、社会主义发展史结合起来，同新时代我们进行伟大斗争、建设伟大工程、推进伟大事业、实现伟大梦想的丰富实践联系起来，在学懂弄通做实上下苦功夫。"②学习"四史"是中国共产党

---

　　① 作者简介：郭亚雄，男，博士，上海师范大学人文学院中文系副教授、硕士生导师，主要研究方向为中西方文论、美学。上海市徐汇区桂林路 100 号，200234。

　　② 习近平：《在"不忘初心、牢记使命"主题教育总结大会上的讲话》，《人民日报》2020 年 1 月 9 日。

在新的形势下继续发扬重视学习、"不忘初心"的具体体现,是提升党员思想认识与理论水平的重要举措,是将历史经验与未来战略相结合的重要政治任务。对于高校文科教师而言,深入学习"四史"对于做好教学与科研工作具有重要而深远的意义。

一

深入学习"四史"是厘清历史脉络,研判当下国情,设定未来发展目标的根本基础。就个体的直接经验而言,我们面对的是一个非历史化的既定世界;就人类社会发展的连续性而言,"生产的条件同时也就是再生产的条件。"①马克思在《德意志意识形态》中指出:"周围的感性世界决不是某种开天辟地以来就直接存在的、始终如一的东西,而是工业和社会状况的产物,是历史的产物,是世世代代活动的结果,其中每一代都立足于前一代所奠定的基础上,继续发展前一代的工业和交往,并随着需要的改变而改变他们的社会制度。"②历史与现实的复杂关系催生出两种思潮:一是过于强调历史经验的决定意义,否定现实的能动创造以及发展的"突变"特征,亦即,让"一切已死的先辈们的传统,像梦魇一样纠缠着活人的头脑";③二是否定历史与现实的联系,否定社会发展的过程性与连续性,认为现实具备"自所从来"的必然合理性。第一种观念以前现代思维模式为典型代表。例如,中国古代哲学虽在各个历史时期呈现出不同的思想倾向,但从问题框架、概念命题以及著述形式等角度看,④其对先贤思想的

① 《马克思恩格斯文集》第5卷,人民出版社2009年版,第653页。
② 《马克思恩格斯文集》第1卷,人民出版社2009年版,第528页。
③ 《马克思恩格斯文集》第2卷,人民出版社2009年版,第471页。
④ 古代学者的思想往往以注疏经典的方式呈现。在编纂体例上,汉初的经传各自成编,不相混合。此种体例保证了"经"的独立性;嗣后,经与传虽然混编,但经文的字号总大于注文,显示出经高于传的权威性。在注疏体例上,学者强调"注不驳经,疏不驳注;不取异义,专宗一家"(清)皮锡瑞:《经学历史》,北京:中华书局2008年版,第201页)的诠释原则,将维护前人之说作为研究的前提。

推崇与维护显而易见。"经,元一以统始"①在钳制思想发展,稳定意识形态等方面始终发挥效力。中国共产党的早期革命实践片面强调苏联经验,将马列著作中的某些局部、具体论述抽象化,犯了"教条主义"与"本本主义"的错误,致使革命事业遭受重大损失。第二种思潮以二十世纪前半期,西方学术主流话语"结构主义"为代表。② 结构主义割裂共时与历时的同一关系,在解释社会形态、概念范畴的生成时赋予共时态优先性,其结果往往是以"功能"取代"历史",其理论亦成为历史虚无主义的思想渊源之一。值得特别指出的是,上述观念在各类"历史研究"著述中亦有所体现。研究者在探索历史现象成因时不得不站在后设的立场上,从结果倒推其起因。如同马克思所指出的那样:"对人类生活形式的思索,从而对这些形式的科学分析,总是采取同实际发展相反的道路。这种思索是从事后开始的,就是说,是从发展过程的完成的结果开始的。"③但是,此种"反思"往往忽略了历史发展的诸多因素与突变特征,将历史简化为某几个主导因素的演进历程,掩盖了发展的多重面向,其结果将使"教条"阻挠鲜活历史经验的"当下化"。要避免上述几种错误的思想倾向就必须切实地学好历史,把既往经验与当下现实结合起来,根据具体的历史情境体验历史,总结历史。透过历史思考我们当下的处境,筹划未来的发展方向。

二

深入学习"四史"是批判错误思潮,树立正确的历史观、大局观、角色观的必要准备。在众声喧哗的信息时代,作为教育工作者,在树

---

① 刘歆:《三统历》,严可均:《全上古三代秦汉三国六朝文·全汉文》,中华书局 1958 年版,第 350 页。

② 有关结构主义的定义颇多分歧,其流派也各有特色。本文所讨论的"结构主义"系指上世纪初,以索绪尔语言学思想为基本指导原则的人文与社会科学学派,包括结构人类学、社会学、叙事学等。

③《马克思恩格斯文集》第 5 卷,人民出版社 2009 年版,第 93 页。

立自身正气的前提下,引导学生树立正确的人生观、价值观等便显得尤为重要。近期,某些高校教师散布的不正当言论引起了较大争议,这些现象值得每一位教育工作者警觉与深刻反思。归根结底,不当言论的产生是错误历史观造成的。作为认知与理解的一般规律,人类在审视自身,反思历史时总是带有各色的"视角"(viewpoint)。18世纪德国哲学家拉登尼乌斯(Johann Martin Chladenius 1710 - 1759)指出:"不同的人以同种视角观察事物,则必然获得相同的概念,而以相异视角观察事物,则必然持存不同的观念。"①当代哲学家伽达默尔针对"前见"(preview)的研究则表明,启蒙主义将"前见"一概视为"偏见"是偏颇的,在诠释活动中彻底清除"前见"是不可能的。强调"不带任何观念"地审视历史本身即是否定历史的行为。质言之,问题不再是如何"消除"前见,而转变成如何恰切地把握"前见"。对于共产党员来说,坚持以历史唯物主义看待历史是必然的选择。例如,在评价历史事件与人物时,不仅要考虑到当时的时代背景、社会形势,也要考虑到事件与人物的主观动机与客观影响。习近平总书记在评价毛泽东同志时曾指出,评价历史人物应该放在其所处时代和社会的历史条件下去分析,做到"六个不能",即:不能离开对历史条件、历史过程的全面认识和对历史规律的科学把握,不能忽略历史必然性和历史偶然性的关系;不能把历史顺境中的成功简单归功于个人,也不能把历史逆境中的挫折简单归咎于个人;不能用今天的时代条件、发展水平、认识水平去衡量和要求前人,不能苛求前人干出只有后人才能干出的业绩来。② 上述思想根据辩证唯物主义和历史唯物主义的基本原理,从哲学和历史的高度进行阐述,充分体现了马克思主义的立场、观点、方法,体现了实事求是的精神,是在今天的认识基础上阐述中国共产党自己的历史观。作为中国共产党员,我

① *The Hermeneutics Reader* [M], ed. and trans. Kurt Mueller-Vollmer, New York: The Continuum Publishing Company, 1985, pp. 66 - 67.

② 中共中央文献研究室编.《十八大以来重要文献选编》(上册),中央文献出版社 2014 年版,第 693 页。

们应该在学习、领会习近平总书记讲话精神的前提下，努力践履新时期党的历史观，思考与解决现实中的问题。尤其是在当下众声鼓噪、学统四起的信息爆炸时代，坚守与阐发党的历史观，自觉做好新形势下的思想宣传工作，批判错误的思想意识，是高校教师的重要职责。习近平总书记指出，宣传思想阵地，我们不去占领，人家就会去占领。高校教师应当与学生一起学习党史、新中国史、改革开放史、社会主义发展史的重大事件、重要会议、重要文件，深刻体验我们党领导人民进行艰苦卓绝的斗争历程，总结我党的光荣传统、宝贵经验和伟大成就。在"疑义相与析"中，引导学生形成正确的历史观。

三

深入学习"四史"，是推动高校思政教育创新，掌握学习研究的主动权、话语权的必要保证。无须讳言，中国学术的现代转型是参照欧美与苏联的学科与研究模式进行的。此种参照对中国学术无疑产生了巨大的推动作用，弥补了中国与世界的学术差距。但是，异域文化在思维模式与制度建设方面毕竟与中国存在显著差异，如若"言必称希腊"势必会造成理论主导权、话语权的丧失，不仅不利于"用中国话语讲好中国故事"，而且会遮蔽中国学术研究自身的特色与可能的创新点。中国共产党在斗争与建设的历史进程中积累了宝贵的经验，形成了毛泽东思想、邓小平理论、"三个代表"重要思想、科学发展观以及习近平新时代中国特色社会主义思想等中国特色社会主义理论。这些理论与其相应的历史时期紧密相联，是中国共产党从历史经验中总结的理论精华。从历史中体验这些理论的创生历程，以理论指导当下的实践，在实践中不断完善与创造新的理论是中国共产党人一贯遵循的原则。[1] 上述理论不仅是中国的原创理论，曾成功地指导了中国的革命实践，而且日益显示出对人类命运共同体的价值。第一，中国共产党的斗争与建设史、理论史对于其他社会主义国

---

[1]《毛泽东选集》第1卷，人民出版社1991年版，第283页。

家具有重大的参考价值。自东欧剧变、苏联解体以来,国际共产主义运动陷入低潮。在充分总结本国与他国的社会主义建设经验之后,党的十一届三中全会以来,我们党团结带领全国各族人民开辟了中国特色社会主义道路,丰富了社会主义理论与实践。中国特色社会主义理论体系与成功经验对于其他社会主义国家建设具有重要的启发和借鉴作用。第二,对于欠发达国家根据自己的国情发展经济具有重要参考价值。不少发展中国家唯西方马首是瞻,认为必须复制西方的发展与制度模式才能走向繁荣,但西方模式与本国国情的矛盾致使相当多的欠发达国家建设至今仍然举步维艰。比较而言,不发达国家与中国有着相似的历史,面临着类似的发展困境,中国模式的成功对其他不发达国家有着更好的借鉴意义,中国坚持独立自主的发展道路,努力建设一个富强民主文明和谐的现代化国家,对其更具示范意义。第三,对于资本主义国家也有相当的借鉴意义。不可逆转的全球化趋势致使不同体制与意识形态的国家由对抗走向联合。中国以开放的姿态借鉴资本主义国家的先进技术、管理策略,并根据自己的国情加以改造,形成了一套中国特色社会主义的发展模式与理论体系。中国在新时期所取得的巨大成就已经证明,坚持自身优良传统与不断借鉴其他国家的先进经验能够有效、快速地促进经济发展与生产力水平提高,能够更好地促进全球化的良性运转,为人类命运共同体建设贡献自己的力量。今天,一些老牌资本主义国家或多或少地陷入经济停滞、低速增长、种族问题、民粹主义泛滥等困境,而中国共产党的经济发展理念与模式解决民族问题的方式正可以为其提供走出困境的道路。

简言之,通过对"四史"的学习,党员应该坚定道路自信、理论自信、制度自信和文化自信,深刻认识显著优势,做中国特色社会主义制度的忠实信仰者,充分发挥职能作用,做中国特色社会主义制度的坚定捍卫者,严格遵守自觉执行,做中国特色社会主义制度的模范践行者。作为高校教师,我们应该将"四史"以及由此引发的"四个自信"融入课程当中,使青少年学子在心悦诚服的基础上坚定自己的政治信仰,真正将自己的命运和国家的发展结合在一起,为成为新时代中国特色社会主义的接班人和建设者奠定基础。同时,在科研工作中，我们也应努力宣传中国特色社会主义制度，力图用中国的理论讲好中国的故事，创造具有中国特色的哲学社会科学话语体系。通过学习"四史"，我们可以厘清历史脉络，准确地研判当下国情，设定未来发展目标，我们可以批判错误思潮，树立正确的历史观、大局观和角色观；我们可以推动高校思政教育创新，掌握学习研究的主动权和话语权。学好"四史"，树立正确的历史观、民族观、国家观、文化观，增强励精图治、奋发图强的历史使命感和责任感。

秦　文　彭廷虎①

汲取"四史"思想精华　全面建设社会主义现代化国家

（上海师范大学,马克思主义学院　上海　200234）

　　【摘　要】学好党史、新中国史、改革开放史、社会主义发展史,以史鉴今,汲取"四史"思想精华,传承"四史"伟大力量,从唯物史观和社会主义实践角度梳理"四史"知识谱系,探寻"四史"中蕴含的精神动力,增强"四个自信",在"四史"中寻找历史经验、获取法宝,坚持党的领导,坚持以人民为中心,坚持深化改革开放,为开启全面建设社会主义现代化国家新征程助力。

　　【关键词】"四史"　全面　社会主义　现代化

　　中国共产党继承了中华民族源远流长的存史、学史、治史、用史的优秀传统,从历史中汲取力量。习近平总书记曾鲜明地指出"历史是最好的教科书"。学好党史、新中国史、改革开放史、社会主义发展史,以史鉴今,砥砺前行,汲取"四史"思想精华,传承"四史"磅礴力量。新时期有新任务,新使命呼唤新理论。实现新时代党的历史使命,决胜全面建成小康社会,开启全面建设社会主义现代化国家新征程,进一步实现社会主义现代化远景目标,夺取新时代中国特色社会主义伟大胜利,要求我们继往开来,不断汲取历史思想精髓,坚定爱党爱国的理想信念。

---

　　① 作者简介：秦文,女,法学博士,上海师范大学马克思主义学院马克思主义中国化研究系副教授、硕士生导师,主要研究方向为中国特色社会主义法治文化建设;彭廷虎,男,上海师范大学马克思主义学院马克思主义中国化专业硕士研究生。

一、"四史"的知识谱系

"四史"虽然各有其特色、有其各自所属的"知识",但它们在理论归属、实践逻辑上相互贯通并紧密联系。

理论上,"四史"统一于唯物史观。研究历史的目的在于探索历史本质和历史规律,而非历史过程的碎片和细节,从而真正"把历史的内容还给历史"。① "四史"的时间跨度各有长短,社会主义史前后跨越五百多年,党史跨越百余年,新中国史七十余年,改革开放四十余年;叙事主体各有侧重,既有相互包含的大体背景,也有彼此补充的具体细节,如果没有科学的理论指引,在学习"四史"时,就不能把握正确的方向,就会错过重点,就没有办法汲取思想精华。只有在唯物史观的科学指引下,才能学会区分历史现象和历史本质,分清主要矛盾和次要矛盾,才能深刻理解并掌握历史运行的规律。

具体内容上的差异并不阻碍理论实质的统一,"四史"在历史本质和历史规律上都高度统一于唯物史观。唯物史观在科学的实践观基础上揭示人类社会发展的一般规律,也就是社会基本矛盾运动规律。回顾"四史"之间的联系,可以很明显地体会到唯物史观在"四史"中一以贯之。只有运用唯物史观理解"四史",才能达到理论与实践的统一、历史与逻辑的统一。社会主义史起源于社会基本矛盾在资本主义社会逐渐凸显的时代,"资产阶级的生产关系和交换关系,资产阶级的所有制关系,这个曾经仿佛用法术创造了如此庞大的生产资料和交换手段的现代资产阶级社会,现在像一个魔法师一样不能再支配自己用法术呼唤出来的魔鬼了。"②资本主义无法处理因自身无法解决的矛盾而产生的危机,于是"它还产生了将要运用这种武器的人——现代的工人,即无产者"③,无产阶级解放全人类的历史

① 《马克思恩格斯全集》第 1 卷,人民出版社 1956 年版,第 670 页。
② 《共产党宣言》,人民出版社 2014 年版,第 33 页。
③ 《共产党宣言》,人民出版社 2014 年版,第 34 页。

汲取「四史」思想精华　全面建设社会主义现代化国家

从此拉开了大幕。在中国共产党党史和新中国史中，唯物史观也体现得淋漓尽致。中国共产党的诞生是社会基本矛盾在半封建半殖民的旧中国时代下的成果，也是中国人民选择的解决方案，新中国的建立是新民主主义革命推翻"三座大山"的收获和成就。进入社会主义建设阶段后，人民内部矛盾成为主要矛盾，为了解决这个矛盾，中国共产党领导人民进行了艰苦卓绝的探索，做出了改革开放的伟大决定。随着我国主要矛盾的变化，中国特色社会主义建设进入新时代。随着全面小康进入决胜阶段，"四史"也即将进入开启建设社会主义现代化国家新征程的阶段，这体现了中国共产党对唯物史观的坚持。

实践上，"四史"统一于社会主义建设。回顾"四史"中所有的历史实践过程，都能找到相同的主题，就是将科学社会主义由理论变为现实。社会主义史从最宏观的视角出发，叙述了从古到今整个世界的社会主义实践过程；新中国史和党史关注社会主义在中国范围内的实现与中国特色社会主义的发展；改革开放史则体现了四十多年来中国特色社会主义道路新实践。从古到今的世界社会主义运动，以及未来的中国特色社会主义建设都是一脉相承的，"既不能用改革开放后的历史否定改革开放前的历史，也不能用苏联社会主义实践的挫折否定整个科学社会主义的科学性"。[①] 中国特色社会主义实践的伟大历程，是对世界社会主义实践的极具意义的探索。习近平总书记说过，"当代中国的伟大社会变革，不是简单延续我国历史文化的母版，不是简单套用马克思主义经典作家设想的模板，不是其他国家社会主义实践的再版，也不是国外现代化发展的翻版。社会主义并没有定于一尊、一成不变的套路，只有把科学社会主义基本原则同本国具体实际、历史文化传统、时代要求紧密结合起来，在实践中不断探索总结，才能把蓝图变为美好现实。"[②]

[①] 中共中央党史研究室：《正确看待改革开放前后两个历史时期——学习习近平总书记关于"两个不能否定"的重要论述》，载《中共党史研究》，中共党史研究编辑部，2013 年第 11 期，第 5—11 页。

[②]《习近平：在纪念马克思诞辰 200 周年大会上的讲话》，新华社，2018 年 5 月 4 日。

从"四史"的具体内容看,可以发现它们的时间顺序与逻辑顺序具有连贯性和一致性。资本主义的发展使得资产阶级与无产阶级矛盾尖锐化,《乌托邦》标志着空想社会主义的起点,但是无产阶级急需科学理论的指导;科学社会主义理论的诞生,让社会主义从精神力量日益变为物质力量,俄国十月革命的胜利催生了第一个社会主义国家;十月革命给中国送来了马克思列宁主义,激发中国无产阶级觉醒,从而建立了中国共产党;中国共产党领导人民进行革命,建立中华人民共和国;中华人民共和国以社会主义为目标建立新社会、新国家;而新中国史也同时是党领导中华民族建设社会主义、追求民族复兴的历史,是探索中国特色社会主义,为社会主义建设提供多种解答思路的历史;改革开放史是社会主义充分结合中国风格、中国气派的历史,即马克思主义中国化在理论与实践上有所突破的历史。"四史"通过社会主义建设这个实践主题,能完美地联系并且贯通。通过梳理"四史"的知识谱系,我们更能深刻地体会到社会主义的来之不易、中国共产党的难能可贵、新中国的成之唯艰、改革开放的艰苦之处,更进一步明白我们是谁、从哪里来、往哪里去。

二、以史铸魂,坚定"四个自信"

认真学习历史,善于总结历史经验,弘扬民族精神和时代精神,为推进全面建设社会主义国家提供重要精神动力。只有透过历史的表象,探寻历史长河中的规律性认识,才能真正解释中华民族能够从站起来、富起来到强起来的伟大飞跃的根本原因,才能使"四个自信"具有深厚根基。"四史"学习过程中,我们积累了丰富的经验,这是我们增强"四个自信"的有力保障。坚持"四个自信",是不断把中国特色社会主义伟大事业推向前进的内在动力,也是全面建成小康社会和继续全面建设社会主义现代化国家新征程的动力保障。"四史"凝结着中国共产党在长期革命、建设和改革中积攒的珍贵经验,承载着中华民族救亡图存、矢志复兴的民族精神。我们应当在不断学习"四史"中汲取理论智慧和精神能量,厚植爱党爱国的"四个自信"。

在中国共产党对道路抉择的智慧中坚定"四个自信"。毛泽东同志曾经讲过"主义譬如一面旗子,旗子立起来了大家才有所指望,才知所趋赴。"①中国共产党从无到有,从小到大,不断发展壮大的根本原因,就是选择了马克思主义,并且将马克思主义基本原理与中国具体实际相结合,走出了具有中国特色的社会主义革命、建设和改革道路。中国近代史的长河里,无数历史群星和有志之士进行了艰苦探索,其中出现过的各种主义和思潮均以失败结束。马克思主义与中国实际结合,诞生出了正确的革命道路。这是马克思主义与中国革命实践结合的必然结果,也是马克思主义中国化的伟大成果。在中国特色社会主义伟大实践中,我们从未改变自己的路,在世界的东方,科学社会主义焕发出了新的活力光彩。学习"四史",我们就会深切感受到我们党在什么历史条件下,怎样经过反复比较和总结,最后选择了马克思主义,选择了社会主义道路,就会进一步坚定"四个自信"。

在中国共产党面对重大转折时的勇气中坚定"四个自信"。回顾中国共产党的伟大斗争史、新中国的伟大成就史,可以清楚看到:中国共产党在每一个重大历史节点都能保持自觉和清醒、化险为夷、转危为机。比如在第一次大革命形势突然不利时,尚未成熟的中国共产党立刻召开了"八七会议",及时清算了右倾错误,确定了土地革命和武装反抗国民党反动派的策略,给思维混乱和组织涣散的中国共产党指明了出路。比如在苏区反"围剿"败军之际,在中国共产党生死存亡之秋,党及时召开遵义会议,果断纠正了军事上的"左"倾错误,确立了毛泽东同志的领导地位,保存了中国革命的火种。又比如在党的十一届三中全会之前,党和国家长期处在"左"倾错误影响下,但是中国共产党以坚定的理论勇气和实践勇气重新确立了马克思主义思想路线、政治路线、组织路线,做出了改革开放的决策,开启了中国特色社会主义建设的新阶段。学习"四史",才能深切感受到中华民族伟大复兴的艰难之重与成果之巨,在重大历史转折点上,中国共产党总能睥睨群山,拨开思维的迷雾,让中国号巨轮沿着正确的方向

---

① 中共中央文献研究室、中共湖南省委《毛泽东早期文稿》编辑组编:《毛泽东早期文稿(1912.6—1920.11)》,湖南出版社 1990 年版,第 554 页。

航行,进而理解中国特色社会主义道路才是人间正道。

在中国共产党直面伟大斗争的豪气中坚定"四个自信"。矛盾运动推动社会发展,有矛盾就有斗争,斗争才会胜利。回顾历史,当"九·一八"事变爆发时,民族存亡与反抗日本帝国主义上升为主要矛盾,刚刚站稳脚跟的中国共产党以国家和民族为重,以豪气冲天的姿态团结一切可以团结的力量,建立了无产阶级、城市小资产阶级、农民阶级和民族资产阶级的统一战线,最终取得了与日本帝国主义斗争、与法西斯斗争的胜利。中国特色社会主义已经进入新时代,马上将要开启新征程,我们比历史上任何时候都更有自信、有能力、有实力实现和捍卫中华民族伟大复兴的中国梦。面对极不平凡的成就,中国共产党没有在喝彩声、赞美声中丧失革命意志和革命精神,而是秉持"船到中流浪更急,人到半山路更陡"的精神,继续坚持伟大斗争。学习"四史",我们才能深刻认识到,中国共产党所坚持的斗争,不是为了增加自己利益而进行的庸俗斗争,而是作为代表中国最广大人民的根本利益的党,为了实现共产主义而进行的斗争。正因为存在对矛盾斗争的科学认识和广阔视野,中国共产党才创造了载入史册的奇迹。

三、以史为鉴,开启建设新征程

十九届五中全会提出了到二〇三五年基本实现社会主义现代化的远景目标,内容翔实丰富,明确了中国特色社会主义建设开启全面建设社会主义现代化国家新征程。面对新的历史起点,更需要汲取"四史"的思想精华。"四史"是对共产党执政规律、社会主义建设规律和人类社会发展规律的高度提炼和理性表达,是集历史连贯性、逻辑整体性、实践统一性于一体的有机整体。习近平总书记强调,"只有真正弄懂了马克思主义,才能在揭示共产党执政规律、社会主义建设规律、人类社会发展规律上不断有所发现、有所创造。"[1]在新的征

---

[1] 习近平:《在哲学社会科学工作座谈会上的讲话》,人民出版社 2016 年版,第 11 页。

程上,我们不仅需要强大的精神动力和磅礴的自信,也需要方法论上的指引,"批判的武器当然不能代替武器的批判,物质力量只能用物质力量来摧毁。"①"四史"中蕴藏着十分强大的武器。

新的征程需要坚持党的全面领导。"四史"证明了,只有在中国共产党的领导下,中国才能摆脱落后的半殖民地半封建社会,才能推翻三座大山完成民主革命,"没有共产党就没有新中国"是中华民族由衷的心声。习近平总书记指出,"中国有了中国共产党执政,是中国、中国人民、中华民族的一大幸事。只要我们深入了解中国近代史、中国现代史、中国革命史,就不难发现,如果没有中国共产党领导,我们的国家、我们的民族不可能取得今天这样的成就,也不可能具有今天这样的国际地位。在坚持党的领导这个重大原则问题上,我们脑子要特别清醒、眼睛要特别明亮、立场要特别坚定,绝不能有任何含糊和动摇。"②在全面建设社会主义现代化国家的新征程中,要充分发挥中国特色社会主义制度的最大优势,要体现中国特色社会主义最本质特征,就要坚持中国共产党的领导。坚持党的领导不是抽象的,而是具体的。"改革开放史"同样表明,在全面建设社会主义现代化国家的过程中,重要的是坚持和完善党领导经济社会发展的体制机制,坚持和完善中国特色社会主义制度,不断提高贯彻新发展理念、构建新发展格局能力和水平,为实现高质量发展提供根本保证。

新的征程需要坚持以人民为中心。"人民是历史的创造者,人民是真正的英雄。"③"四史"是人民奋斗的历史,在全面建设社会主义现代化国家的新征程上,离不开人民的奋斗。人民群众是历史的主体,是社会物质财富和精神财富的创造者,是社会变革的决定力量。唯物史观要求我们坚持马克思主义群众观点,贯彻党的群众路线,一切为了群众,一切依靠群众,从群众中来,到群众中去。我们从党史

① 《马克思恩格斯选集(第1卷)》,人民出版社2012年版,第9页。
② 《求是》,中国共产党中央委员会,2020年,第14期。
③ 《求是》,中国共产党中央委员会,2020年,第10期。

中能够汲取到党以人民为中心的思想精华,党的宗旨是全心全意为人民服务,党的初心是为人民服务、为民族谋复兴。当前,人民对美好生活的要求不断提高,各方面的诉求和期盼多样化,坚持以人民为中心,既是认识问题,也是实践问题,要把以人民为中心落到实处,就要从具体方面入手。坚持人民主体地位,坚持共同富裕方向,在全国人民的努力下,脱贫攻坚成果显著,九千多万贫困人口脱离贫困。始终做到发展为了人民、发展依靠人民、发展成果由人民共享,维护人民根本利益,激发全体人民积极性、主动性、创造性,促进社会公平,增进民生福祉,不断实现人民对美好生活的向往。这次新冠肺炎疫情防控,一方面体现出社会主义制度的优越性,彰显了大国风采与风范;另一方面也提醒我们,必须不断完善共建共治社会治理制度,保障人民生命安全。

新的征程需要坚持深化改革开放。"四史",尤其是改革开放史,思想精华之一就是建设社会主义国家必须坚持深化改革开放。改革开放是党和人民大踏步赶上时代的重要法宝,是坚持和发展中国特色社会主义的必由之路,是决定当代中国命运的关键一招,没有当年做出改革开放的决定,就没有今天社会主义中国的"两个奇迹",中国人民就谈不上从站起来到富起来,更谈不上从富起来到强起来。改革是解放和发展我国社会生产力的关键。进入全面建设社会主义国家时期后,改革也面临新的任务。我们要继续用好用足改革开放这个关键一招,推动深层次改革,守正创新,在战略上布好局,在关键处落好子,大胆探索国家未来发展之路。扩大开放是推动高质量发展的必由之路。"四史"表明,我国经济持续快速发展的一个重要动力就是对外开放。我国的"双循环"发展格局,决不是封闭的国内循环,而是开放的国内国际双循环。在全面建设社会主义现代化国家的征程中,我们要建设更高水平开放型经济体制,继续放宽市场准入,同一切愿意与我们合作的国家、地区和企业积极展开合作,形成全方位、多层次、多元化的开放合作格局。坚定不移推进改革,坚定不移扩大开放,加强国家治理体系和治理能力现代化建设,破除制约高质量发展的体制机制障碍,强化有利于提高资源配置效率、有利于调动全社会积极性的重大改革开放举措,持续增强发展动力和活力。

小结

　　观察波谲云诡的世界，我们需要从历史中汲取智慧。今年全世界都不同寻常，乱象丛生，暗流涌动。经济、政治、文化和军事领域出现了错综复杂的新情况新问题，外部发展环境的不稳定性和不确定性大大提高。我国仍处于重要战略机遇期，如果我们能够站在新时代的鸟瞰点上，汲取历史的精华，看透现实的本质，"仰以观于天文，俯以察于地理，是故知幽明之故"①，切实做到认清大势，就能够"验在近而求在远"，未雨绸缪，防患于未然，在百年未有之大变局中占得先手，应对从容。

　　"四史"是理论与实践的统一，其蕴含的思想精华是全体中国人民、整个中华民族的宝贵文化财富，有着鲜明的时代性、科学性、民族性和传承性。在即将开启全面建设社会主义现代化国家新征程的历史时期，深刻学习"四史"，汲取思想精华，以史铸魂、以史为鉴、以史资政、以史育人、以史聚力，坚持马克思主义唯物史观，增强"四个自信"，坚持党的全面领导，坚持以人民为中心，坚持全面深化改革开放，才能不断夺取中国特色社会主义建设伟大胜利。

①《周易·系辞》。

杨　年① 　黄红平②

《共产党宣言》与 21 世纪的中国

（上海师范大学非洲研究中心　上海　200234
南通大学马克思主义学院　南通　226019）

【摘　要】1848 年 2 月，马克思与恩格斯合作编著的《共产党宣言》诞生了。《共产党宣言》不仅拉开了科学社会主义的帷幕，也是世界科学社会主义进入全新时期的纲领性著作。《共产党宣言》为中国共产党、中国革命道路、中国社会发展都提供了宝贵的历史财富和智慧之源。从这个特定的意义上看，《共产党宣言》不仅是马克思对 19 世纪欧洲社会所做出的"宏观分析"，也是对中国的艰难发展道路之"总规划"。在 21 世纪，中国面临着比任何时期都更加复杂、更加严峻的"时代考验"。中国要解决这些新问题就必须回归"经典涵义"。深入剖析《共产党宣言》中的"经典内涵"，有助于中国共产党带领全体中国人民"完胜"伟大的中国梦。这也是 21 世纪的新中国，在新的历史时期、新的历史环境、新的历史起点所担负的政治义务与民族责任。

【关键词】《共产党宣言》　马克思主义　中国当代社会　中国共产党　科学社会主义

① 本文为教育部人文社会科学研究规划基金项目"新时代坚决防止党内形成利益集团研究(18YJA710046)"阶段性成果。
杨年，男，博士，上海师范大学人文学院博士研究生，主要研究方向为中非关系、中共党史。上海市徐汇区桂林路 100 号，200234。
② 黄红平，男，博士，南通大学马克思主义学院副教授，博士研究生，主要研究方向为执政党建设。江苏省南通市啬园路 9 号，226019。

　　回顾世界历史的内涵式发展进程，经典作品层出不穷。在古代，中国人民和世界人民一道曾创作出许多文化经典；到了近代，中国在逐步沦为半殖民地半封建社会的路途中一度迷茫，但《共产党宣言》一经问世，就为中国应该如何发展、如何摆脱殖民命运提供了时代的契机。中国凭借着"马克思主义的光辉"赢得了最终的胜利，由此，中国的"全新面貌"——中华人民共和国伟大诞生了。从《共产党宣言》诞生至今，时过一百七十多年的风雨历程，它之所以依然顽强的坚守在"科学社会主义理论"中，这是因为："《共产党宣言》揭示了人类会发展的必由之路，体现了海纳百川的博大胸怀。社会主义事业以及整个人类的解放事业，离不开《共产党宣言》所阐述的唯物主义历史观和方法论的科学指导。"[①]

　　重读《共产党宣言》这部经典的"科学社会主义"教材可谓是振奋人心。全文流畅有力、逻辑紧密，突显出极强的时代号召力。以往学者的相关研究与传统解释认为：《共产党宣言》运用了辩证唯物主义和历史唯物主义来分析生产力与生产关系、经济基础与上层建筑之间的矛盾关系问题；《共产党宣言》也分析了阶级和阶级斗争的相关问题，特别是资本主义社会阶级斗争产生、发展的历史过程，由此论证了资本主义必然灭亡和社会主义必然胜利的客观规律。

　　但在习近平新时代中国特色社会主义思想的理论史视角下，《共产党宣言》的理性内涵超越了上述所分析的内容框架。《共产党宣言》更加鲜活、更加真实的指证了在当前中国发展道路上，中国共产党和中国人民只有始终不渝地坚持共产主义信仰，才能在国家繁荣发展上少走弯路，少受挫折。也就是说，"共产主义理想、信念是建立在对人类社会发展规律的科学认识基础之上的。正因为共产主义者具有这种科学的信念，所以无论斗争环境多么残酷而又艰苦，斗争道路多么漫长而且曲折，暂时的挫折以至于失败多么严重，他们都能够始终怀着革命乐观主义精神，坚定不移向着既定目标奋发向前。这

---

　　① 冯静：《共产党宣言的当代价值——"共产党宣言与中国特色社会主义"理论研讨会述要》，《人民日报》2008年9月9日，第009版，学术动态。

个事实,是由我们党的全部历史证明了的。"①

《共产党宣言》的永恒价值不仅体现在宏观布局上,其重大意义还体现于它正确的帮助了中国共产党和人民群众重新识读了社会主义的本质特征及核心要素。社会主义本质特征就是要"解放生产力,发展生产力……最终达到共同富裕";社会主义的核心要素就是要"一切为了人民,一切依靠人民……最终实现共产主义社会"。这两大基本点不仅贯穿于中国特色社会主义的发展之路,而且在中国40多年改革开放的历史经验中也再一次佐证了:"中国共产党人是马克思主义最忠实的学生。他们完全使用贯穿《宣言》的唯物史观观察社会历史发展,完全遵循《宣言》所指出的无产阶级革命道路推动中国社会前进,即:首先使无产阶级上升为统治阶级,然后利用自己的统治实行生产资料的所有制改造,大力发展社会生产力,逐步创造消灭阶级和阶级差别的条件,坚定地向着共产主义理想前进。……今天,虽然距离《宣言》发表已经过去了一百七十多年,中国共产党人仍然强调要不忘初心,牢记使命,强调走得再远、走到再光辉的未来,也不能忘记走过的过去,不能忘记为什么出发。"②

从这个具体层面来看,中国共产党及其领导下的人民群众一直在秉承《共产党宣言》的信仰道路上奋勇前进,无论遇到何种苦难,他们严于律己,不忘记复兴伟大中国的本心,牢记肩上所担负的国家使命。"光辉的未来"是历史的经验与实践的真知共同铺就的。"不能忘记过去"就表示光辉的未来就是"脚下的足迹"。这些足迹中含有毛泽东思想、邓小平理论、三个代表重要思想、科学发展观和习近平新时代中国特色社会主义思想的全部思想精华。正是这些"精华的遗传因子"造就了当代中国开放、包容、和谐、文明的国家属性。在《共产党宣言》指引下,习近平新时代中国特色社会主义思想再次彰

---

① 谢毅:《不忘初心,牢记使命,坚持和发展中国特色社会主义——纪念共产党宣言发表17周年》,《红旗文摘》2018年第3期,第5页。

② 林振义:《从共产党宣言到新时代中国特色社会主义》,《学习时报》2018年2月26日,第001版。

显出科学性、发展性、实践性并存的特质。这又一次强有力的证实了中国特色社会主义的基本属性就是"社会主义"。换句话讲，中国没有丢掉科学社会主义的合理内核，中国依然坚持走科学社会主义的发展道路，中国不会并始终不会抛弃科学社会主义。这也就坚定了中国始终如一的发展方向，即"中国特色社会主义是社会主义，而不是什么别的主义，不是什么中国特色资本主义，或者国家资本主义，就是因为我们始终坚持科学社会主义基本原则，始终坚持四项基本原则，把它当作立国之本。从本质上讲，我们始终坚持了社会主义。"①

在21世纪的中国，《共产党宣言》是马克思主义中国化的最强时代音符，《共产党宣言》对当下中国的理论思想、发展道路、历史实践都做了新时代的"主题演讲"。从这种特定的时代背景来看，深入理解《共产党宣言》的经典内涵，也就强化解读了马克思主义中国化的"最新成果"。此次的"最新成果"集中体现在了：自"党的十八大以来，以习近平同志为核心的党中央，把马克思主义基本原理结合中国社会主义全面深化改革的实践，坚持解放思想、实事求是、与时俱进、求真务实，坚持辩证唯物主义和历史唯物主义，紧密结合新的时代条件和实践要求，以全新的视野深化对共产党执政规律、社会主义建设规律、人类社会发展规律的认识，形成了马克思主义中国化的最新成果习近平新时代中国特色社会主义思想，正指导和团结带领人民决胜全面建成小康社会，进而开启全面建设社会主义现代化国家新征程，实现中华民族走向强起来的伟大飞跃。"②该成果积极而又充分地展示了《共产党宣言》与中国当代社会的存在范式、中国共产党的巨大作用、科学社会主义之间辩证的、有机的、动态的逻辑关联。

---

① 周新城：《坚持科学社会主义基本原则是一以贯之坚持和发展中国特色社会主义的前提——纪念共产党宣言发表170周年》，《文化软实力》2018年第1期，第34页。

② 欧黎明：《共产党宣言的真理光芒与中国特色社会主义新时代——纪念共产党宣言发表170周年三题》，《云南日报》2018年3月8日，第012版，理论纵横。

一、《共产党宣言》与当代中国社会的存在范式

依照马克思的观点，"至今一切社会的历史都是阶级斗争的历史。"①马克思在《共产党宣言》第一章"资产者和无产者"的第一行写下这经典名句。从本质上来说，马克思的言论实际上表达了人类社会最根本、最稳固、最持久的存在形式——阶级斗争。之所以阶级斗争问题是马克思最为看重的，是因为无论人类历史如何发展，阶级斗争始终在伴随着人类的发展而发展、演变甚至在某一特定历史时期不断被强化、被巩固。

在马克思看来，虽然阶级斗争始终贯穿于人类社会历史的发展，但在其各个不同的历史阶段，却又有着复杂多样的表现形式。但最终，阶级斗争的形式被固定化，这也就是马克思在《共产党宣言》中所说的："但是，我们的时代，资产阶级时代，却有一个特点：它使阶级对立简单化了。整个社会日益分裂为两大敌对的阵营，分裂为两大相互直接对立的阶级：资产阶级和无产阶级"②。

如果单从字面意思来解释，马克思将前资本主义时代错综复杂的各个阶级之间的斗争形式整合为资本主义时代下资产阶级与无产阶级之间的对抗斗争似乎有"以偏概全"之嫌。但如果结合资本主义全球化的发展概况，这种从本质特性上经过"高度抽象"而来的两大阶级的斗争，不但符合 1848 年的欧洲时代，也符合当今中国的现状。特别是，马克思对于资产阶级打破了人与人之间赤裸裸利益关系之上"最后的遮羞布"（马克思所言的"情感的神圣发作"）一节的论述尤其具有洞察力和预见性。马克思在《共产党宣言》继而谈到："资产阶级在它已经取得了统治的地方把一切封建的、宗法的和田园诗般的

---

① 马克思、恩格斯：《共产党宣言》，中共中央马克思恩格斯列宁斯大林著作编译局译，人民出版社 1997 年版，第 27 页。

② 马克思、恩格斯：《共产党宣言》，中共中央马克思恩格斯列宁斯大林著作编译局译，人民出版社 1997 年版，第 28 页。

关系都破坏了。它无情地斩断了把人们束缚于天然尊长的形形色色的封建羁绊，它使人和人之间除了赤裸裸的利害关系，除了冷酷无情的'现金交易'，就再也没有任何别的联系了。它把宗教虔诚、骑士热忱、小市民伤感这些情感的神圣发作，淹没在利己主义打算的冰水之中。它把人的尊严变成了交换价值，用一种没有良心的贸易自由代替了无数特许的和自力挣得的自由。总而言之，它用公开的、无耻的、直接的、露骨的剥削代替了由宗教幻想和政治幻想掩盖着的剥削。资产阶级抹去了一切向来受人尊崇和令人敬畏的职业的神圣光环。它把医生、律师、教士、诗人和学者变成了它出钱招雇的雇佣劳动者。资产阶级撕下了罩在家庭关系上的温情脉脉的面纱，把这种关系变成了纯粹的金钱关系。"①

由此反观当今中国社会。马克思所说"资产阶级"的核心就在于"金钱资本的交换"。依照该核心观点窥探当今的中国社会，诸多社会问题、社会矛盾都是因"金钱资本的交换"而爆发。出身底层之人想方设法地向上层"流动"，其根本目的无疑就是在通过争取更多的金钱资本从而实现彻底地改变人生命运；特定阶层内部的"强强联合"；上层对下层的"强力控制"，这些无疑也都是通过"金钱资本的交换"而实现。在这个过程中，虽然伦理、道德、爱情、友情、精神、信仰等等马克思所言的"情感的神圣发作"没有像 19 世纪那样彻底被撕破，但依然遮不住"纯粹金钱交易"的惯性本质。

这些现象并非只出现于中国，从更加全面的角度来讲，每一个国家都会出现这样类似的问题，它们归根结底都是由"阶级不平等、贫富差距大"造成的。习近平总书记成为党和国家领导人后，力求从严治党，要求每一位党员同志保持思想的先进性、政治的纯洁性、实践的科学性。这其实就是要求党员同志要学习、贯彻、领悟马克思主义的精神实质；坚定不移地走社会主义道路；用中国特色社会主义模式来处理中国问题。从根本上讲，习近平的要求就是"必须坚持马克思

---

① 马克思、恩格斯：《共产党宣言》，中共中央马克思恩格斯列宁斯大林著作编译局译，人民出版社 1997 年版，第 30 页。

主义在意识形态领域的指导地位,牢牢把握社会主义先进文化的前进方向。"①中共中央在发展人权、民生、医疗、教育、科技等方面也在力求做到公平、公正、公开。中国人民的"幸福生活指数"日益攀升,并不断向前发展。正如党的十八大报告中所强调的:"为人民服务是党的根本宗旨,以人为本,执政为民是检验党一切执政活动的最高标准,任何时候都要把人民利益放在第一位,始终与人民心连心,同呼吸,共命运,始终依靠人民推动历史前进,坚持以人为本,执政为民,始终保持党同人民群众的血肉联系。"②

二、《共产党宣言》与中国共产党的巨大作用

《共产党宣言》的第二部分名为"无产者与共产党人"。马克思通过共产党人与其他无产阶级政党的区别(理论上和实践上)、共产党人的目的以及共产党人的理论原理等几个角度展开阐述。首先,马克思在谈到共产党人与其他无产阶级政党的区别时曾说道:"一方面,在各国无产者的斗争中,共产党人强调和坚持整个无产阶级共同的不分民族的利益;另一方面,在无产阶级和资产阶级的斗争所经历的各个发展阶段上,共产党人始终代表整个运动的利益。"③马克思此话就是当今中国真实的写照。虽然,马克思所言的"共产党人"与今天中国的"共产党人"有着较大的历史性差异,但共产党人的最终奋斗目标依然从未变更,就是"为了整个无产阶级的利益而奋斗终身。"

在当代中国,这些"共产党人"组合成为强大的执政党——中国

---

① 余昌颖:《共产党宣言的全球化思想及其现实反思——兼论在全球化浪潮中坚持中国特色社会主义》,《福建论坛(人文社会科学版)》2014 年第 3 期,第 74 页。

② 赵满仓、王翱:《共产党宣言对我党和中国特色社主义建设的几点启示》,《南方论刊》2014 年第 3 期,第 52 页。

③ 马克思、恩格斯:《共产党宣言》,中共中央马克思恩格斯列宁斯大林著作编译局译,人民出版社 1997 年版,第 40 页。

共产党,它不仅代表人民的意愿和利益,而且还要坚决走人民群众的道路。这是中国共产党紧密联系群众、不脱离人民群众的政治风骨。这也表明了中国共产党的政治态度,即"执政党要始终走在时代的前列,对世情、国情、党情,要有正确的把握,懂得如何确定自己所处的历史方位,按照历史方位提出现阶段的治国方略,以带领人民不断前进,这是一个执政党立于不败之地的关键所在"①。

诚然,中国共产党在组织建设、政治发展中也有"腐败分子"破坏了党的光辉形象。他们之中有的忘记了初心,甚至转而向商业家资本家献媚,进而勾结,破坏了正常的经济秩序;他们之中也有的因为职位之高对下级官员颐指气使,对人民群众的呼声置若罔闻,在人民群众中作威作福;他们之中还有的在人民群众受到迫害、威胁甚至生命危险时,为了一己之私,对人民群众迫切需要解决的问题视而不见、忽略不谈、极力掩盖、美化粉饰。习近平总书记严打"政治贪污与腐败",多少"猛虎"被"打入谷底",这充分显示了以习近平为核心的党中央领导小组坚定整治"政治腐败",就是为了还给人民群众一个廉洁、奉公、守法、为民的政府。当然,打击"贪腐"的政治成果远远不止这些。从这些强有力的打击措施中可以看出,中国共产党始终坚持"一切为了群众,一切依靠群众,从群众中来,到群众中去的"群众路线。

中国共产党"在中国特色社会主义建设中,坚持以人为本就是坚持以人民为本。人民群众是历史的创造者,是社会物质财富的创造者,是社会精神财富的创造者,是社会变革的决定力量。中国特色社会主义要坚持以人为本,做到发展为了人民、发展依靠人民、发展成果由人民共享,实现好、维护好、发展好最广大人民的根本利益。"②中国共产党牢记自身的使命,"诞生于中下层,服务于中下

---

① 杨广平:《共产党宣言对中国特色社会主义建设的现实意义》,《企业导报》2014年第22期,第160页。

② 唐冬梅:《共产党宣言对中国特色社会主义建设的意义》,《求知》2017年第4期,第58页。

层"，这也使得他们与人民群众具有天然的血脉相连。中国共产党只有"靡不有初，鲜克有终"，才能"不忘初心，方得始终"。

中国共产党承认"阶级是历史的客观存在，必须通过社会关系、过程把握。但阶级意识的成熟程度，影响特定阶级的历史作用的实现。运用阶级斗争理论分析现实，应该看到，在我国阶级矛盾已不是社会主要矛盾，但阶级和阶级斗争还将在一定范围内长期存在，……要强化工人阶级的领导地位及其阶级意识，在不断扩大中国共产党的群众基础的同时，不断强化其作为中国工人阶级先锋队的阶级基础，在重大社会矛盾上始终不放弃马克思主义的阶级分析方法。"①由此可见，中国共产党只有始终代表人民的利益，才能将各项惠民政策落实到位，才能把各项惠民措施用之于民，才能把各项惠民福利施以长效。中国共产党与人民群众本为"命运共同体"，只要多想着人民的需求，多为着人民做实事，方能永葆其政治先进性，方能强化其执政之地位，方能彰显其成果之丰厚。

三、《共产党宣言》与科学社会主义

《共产党宣言》的第三部分"社会主义的和共产主义的文献"中主要谈及了在马克思的视野下，不同阶级、不同地域、不同时代的人对社会主义的"理解"。马克思客观地分析了小资产阶级社会主义对现代社会的影响。马克思说："它揭穿了经济学家的虚伪的粉饰。它确凿地证明了机器和分工的破坏作用、资本和地产的积聚、生产过剩、危机、小资产者和小农的必然没落、无产阶级的贫困、生产的无政府状态、财富分配的极不平均、各民族之间的毁灭性的工业战争，以及旧风尚、旧家庭关系和旧民族性的解体。"②这段言论看似表明了小

---

① 李孝阳：《共产党宣言与坚持和发展中国特色社会主义》，《中共云南省省委党校学报》2015 年第 1 期，第 33 页。

② 马克思、恩格斯：《共产党宣言》，中共中央马克思恩格斯列宁斯大林著作编译局译，人民出版社 1997 年版，第 53 页。

资产阶级社会主义的进步性,但实则是在其背后,暗藏无限危机。果不其然,马克思笔锋一转,真实的揭露了小资产阶级社会主义打着"社会主义的旗号"谋私、反动之本质,马克思如是说:"但是,这种社会主义按其实际内容来说,或者是企图恢复旧的生产资料和交换手段,从而恢复旧的所有制关系和旧的社会,或者是企图重新把现代的生产资料和交换手段硬塞到已被它们突破而且必然被突破的旧的所有制关系的框子里去。它在这两种场合都是反动的,同时又是空想的。"①

马克思的话语无疑在警示中国当今社会的"小资产阶级社会主义者"。从逻辑层面讲,"社会主义"是一套有着科学、严肃逻辑的复杂体系,绝不是一个简单的、无所不装的"筐子"。不是任何个人英雄主义的美谈、任何未经实践检验的理论、任何加以粉饰的官方执政理念都可以一并纳入社会主义的"筐子"中。"社会主义"反而是一个严谨有度、充满生机、必行实践、怀揣希望的"筐子"。以新时代中国特色社会主义为例,它必然是科学社会主义与中国历史发展实践相结合的"高端产物",它意味着科学社会主义在"21 世纪的中国焕发出强大的活力"。具体而言,包含四点内容,即"第一,新时代中国特色社会主义的伟大斗争是《共产党宣言》关于'两个必然'的思想的客观要求;第二,新时代中国特色社会主义的伟大事业是《共产党宣言》关于无产阶级和人类解放思想的生动实践;第三,新时代中国特色社会主义的伟大梦想是《共产党宣言》关于共产主义社会设想的阶段性要求;第四,新时代中国特色社会主义的伟大工程是《共产党宣言》关于无产阶级政党建设思想具体的中国化要求。"②

在讲"社会主义"时,必须要认真地、严肃地、科学地理解科学社会主义的理论内涵,牢牢的占领科学社会主义理论内涵的话语高地。

---

① 马克思、恩格斯:《共产党宣言》,中共中央马克思恩格斯列宁斯大林著作编译局译,人民出版社 1997 年版,第 53 页。

② 任晓伟:《共产党宣言与新时代中国特色社会主义》,《福州大学学报(哲学社会科学版)》2018 年第 1 期,第 7—8 页。

这也是中国发展、壮大乃至于实现伟大中国梦所必需的理论支持。在当今中国,《共产党宣言》依旧是中国共产党和人民群众的指路明灯。《共产党宣言》历经 170 多年而不衰,其永恒的价值理念昭示着社会主义的蓬勃发展,中国的独立自强,世界的光明未来。《共产党宣言》也着力表达了"21 世纪社会主义的最大自信"。在新时代的世界历史中,《共产党宣言》谱写着一曲又一曲的"马克思主义式的胜利"。

陈泽环①

试论中华文明、大文化观与公民道德

——基于当代"中华文明"研究成果的阐发

（上海师范大学 上海 200234）

【摘 要】近年来，我国学术界关于"文明指具有特定文化精神传统的大社会共同体"的研究，以及"中华文明根柢与经脉论"的提出，启示着伦理学界在当今文明互鉴的时代，深入理解中华文明孕育了中华民族的宝贵精神品格，培育了中国人民的崇高价值追求，以作为中华文明精髓的传统美德为根基加强公民道德建设，在伦理学研究的学术思想和研究方法上实现相应的转变：以文明观为重点，把文明观与社会形态观、大文化观与小文化观、大伦理观与小伦理观结合起来。

【关键词】中华文明 大文化观 伦理学研究 公民道德

近年来，在我国的伦理学研究中，许多学者日益基于"文明"即"大文化"的视角探讨道德建设和伦理学的基础理论问题。例如，李建华等认为，由于在"整体文化"（大文化）的物态、制度、行为、心态四个文化层中，心态文化层（社会心理和社会意识形态）是其核心部分，因此"就道德文化理念在文化结构中的地位而言，如果从人类文化的

---

① 作者简介：陈泽环，男，上海师范大学哲学与法政学院教授、博士生导师，现任中国伦理学会理事、上海市哲学学会理事。上海市徐汇区桂林路 100 号 200234。

宏观角度看,道德文化理念在各民族文化中都居于纲常性地位,它是民族文化精神的核心要素,是国民的精神支柱,也是社会共同理想信念的核心要素";王泽应等的《中华民族道德生活简史》更是自觉地以"再造中华伦理文明"为抱负。但是,对于人们从"文明"即"大文化"视角面对现实道德生活和从事伦理学研究来说,振聋发聩的启示则来自《新时代公民道德建设实施纲要》的第一句话:"中华文明源远流长,孕育了中华民族的宝贵精神品格,培育了中国人民的崇高价值追求。"那么,为什么道德建设和伦理学研究的"文明"即"大文化"视角现在变得如此重要呢? 为澄清这一问题,显然有必要分析"文明"即"大文化"的定义,并探讨这一视角的社会背景、思想意义和落实措施。有鉴于此,本文拟基于当代中国学术界关于"中华文明"的研究成果,从三个方面对道德建设和伦理学研究的"文明"即"大文化"视角问题,作一初步探讨。

一、文明指特定文化精神传统的大社会共同体

范正宇认为,文明与广义文化同义,广义文化即"大文化",包括物质文化、精神文化、行为文化或物态文化、制度文化、心态文化,而区别于主要指"精神文化"的狭义文化或小文化。对于这一定义,当然有不同意见,但可以作为本文考察的起点。袁行霈等主编的《中华文明史》指出,人类的出现,特别是人类文明的出现,是宇宙间的一大奇迹。文明可以分解为物质文明、政治文明、精神文明三个方面,这三方面对应着人类和自然的关系、人类的社会组织方式以及人类的心灵世界(思想的、道德的、美感的)。前两个方面是具体可感的人类生存方式,是文明的外部现实。第三个方面是文明的另一种现实,即无涯无涘的思维的想象的空间。当然,精神文明也常常外化为物质的或政治的现实。作为一部主要以"史学"为专业的著作,《中华文明史》对"文明"给出了一个形态和构成明确,基础性、内涵丰富的定义:文明包括物质文明、政治文明、精神文明三个方面;同时,相对于经济、政治与文化的通常区分,作者突出了"文明"的总体性。在历史学的一般叙述中,通史的常规写法往往偏重于政治史,特别是社会形态

发展史,但文明包括物质文明、政治文明和精神文明,因此,文明史的写法应当有别于社会形态史,必须总体考察文明各个方面的状况。正是基于对"文明"的这种理解,《中华文明史》启示我们合理地理解和把握"文明"特别是"中华文明"中那些能够反映其总体面貌的标志性成果,中华文明在世界文明进程中的地位,中华文明的思想内涵、演进和分期以及未来。

方汉文在探讨了"文明是精神与物质创造的总和"、线性进化的"文明启蒙观念"和"文明作为民族的独特创造"等流行观点之后,提出了自己的定义:"文明是一种人类与自然和社会关系的作用模式,是这种关系的形态化。不同民族与社会团体有不同的自然环境、有不同的人类社会特性,这就规定了它会形成不同的作用模式体系,这就是文明体系。"就其结构而言,他认为文明基本上可以区分为或者说包含着三个大的层次和五个主要项目,即各国与各民族人民的衣食住行等物质生活条件及其风俗习惯,社会生产类型,国家和法律制度及机构,语言文字、科学技术,文明的精神取向:宗教信仰、思想观念、文明逻辑与民族精神等。与袁行霈相比,方汉文的文明定义在"比较文明学"的意义上是明显深化了。除了在一般理解以及结构规定上的"所见略同"之外,他不仅坚持了"文明体系"的民族特性,而且强调了文明与自然之间的辩证关系,人为自然立法与自然已经为人类立了法的相辅相成。在国内学术界,这种具有"生态性"理念的文明观还是少见的。这样,方汉文就可以基于更宽广的视野从整体上把握人类文明的过去、现在和未来:"人类文明的历史周期不是由人类单方面决定的,文明的总体发展趋势取决于这种文明类型与地球环境之间的和谐程度……未来文明的模式……应当是一种以人文精神为指导的,以科学技术为社会动力的文明,可以称之为人文科学文明……中国的儒学人文对于未来文明的精神支持会高于西方一神教或是其他一神教……而从社会生产与科学技术来看,西方科学将会是社会动力的主要来源"。

从笔者探讨道德建设和伦理学研究的"文明"即"大文化"视角问题的要求来看,如果说以上袁行霈、方汉文的文明观还只是理论基础的话,那么赵轶峰的相关探讨则进了一步。不同于其他一般性的阐述,他明确地从区分"单数"或"复数"的文明概念展开其论证:在18世纪中后期的西方语言中,"文明"作为一种价值尺度是单数的,但是从20世纪20年代前后开始,复数的文明观被逐渐得到承认。"20世纪中叶以来,人们普遍使用文明这个概念的时候,实际上有18世纪以来逐渐形成的双重含义,一重是表示与野蛮相对的进步、发达、开化的属性,另一重是指在历史上曾经有持续性表现并实现了自具特色的物质和精神创造同时构成大范围群体认同的人类社会共同体。后者就是将文明看作具有较大规模、复杂分工和管理体系并展现出复杂精神生活的具有持续性的人类社会共同体及其传统。"文明指具有独到精神特质或特定文化精神传统的大社会共同体,并强调"只有在这种意义上,才可能讨论不同文明之间的交往、互动、冲突、融合之类的问题"。显而易见,这一文明观具有两种基本含义。第一,同"文化"有"一元与多元"之争一样,"文明"也有"单数与复数"即"共同性与多样性"之辨。作为对人类思想史历史性成就的继承与发展,当今时代在处理文明之"共同性与多样性"的辩证关系时,应该把重点放在多样性上。只有这样,人们才可能合理地理解和妥善地处理不同文明之间的交往、互动、冲突、融合。第二,作为把握文明多样性的基准,虽然要总体性地考虑人类各大社会共同体之自具特色的物质和精神创造,但主要应基于其独到的精神特质或特定的文化精神传统,特别是在当代"经济全球化"(各文明的经济生产方式和物质生活方式的技术条件等日益一体化)的世界中。

综上所述,文明和文化是个极为复杂的大概念,每一学科均有不同的定义,各学科中各学派的定义也不相同,人们按照实践需要对其重点的强调则更有差别。如果说,在18世纪后期到20世纪初期单数的文明观占据主导地位,那么,自第一次世界大战之后,复数文明观的影响越来越大。例如,斯宾格勒之比较文化形态学的文明观;汤因比论文明作为历史研究的基本单位;特别是亨廷顿的"文明冲突论":文明和文化都涉及一个民族全面的生活方式,文明是放大了的文化,包括哲学假定、基本价值、社会结构以及习俗、祖先、宗教、语言、历史等,其中最重要的是宗教,作为最广泛的文化实体,文明是对人最高的文化归类,是人们文化认同的最广范围;还有许倬云关于文明是人类史上重要的文化系统,包括社会制度、价值观念、经济发展、国家形态等要素的文明论;同样也包括上述赵轶峰论文明是一种独具特色的文化、社会、制度类型,是人类总的生存和发展中一种值得专门了解的大共同体存续传统,其基本特征体现在这种文明的生产和生活方式、信仰和价值取向、制度设置中独有的文化精神、语言艺术的特征等方面。这一切,都为我们把文明理解为"具有特定文化精神传统的大社会共同体"和处理包括伦理道德在内的文明多样性提供了思想资源。当然,对于具有共同性与多样性两种特性的文明来说,正如庞朴所指出的那样:"文化阶段说与文化模式说,文化一元论与文化多元论,是关于文化的两类最基本的理论,它们分别强调了作为社会现象的文化的两大不同基本属性——时代性与民族性,因而各自具有一定的真理性",我们在坚持"复数"的文明观、强调其多样性的同时,也要避免把它绝对化,忽略其共同性的另一方面。

二、中华文明根柢与经脉论的背景与方法

在以上概括分析的基础上,笔者认为,鉴于"经济全球化"等现实,当前我们在理解和处理文明的一元与多元、单数与复数、共同性与多样性的辩证关系时,应该把重点放在多样性上。至于作为把握文明多样性的基准,主要应考虑其包括伦理道德在内的独到精神特质或特定文化精神传统。这些论述已经基本从学理上回答了本文开头提出的"为什么道德建设和伦理学研究的'文明'即'大文化'视角现在变得如此重要"的问题:面对世界百年未有之大变局,不同于其他着重文明或文化之共同性(时代性)的理论框架,例如相对于经济、政治领域的小文化领域范式,突出文明或文化之多样性(民族性)的理论框架,把握人类创造成果之总体性的文明或大文化范式,对于当代中国的公民道德建设和伦理学研究来说,在国内更有利于通过提高最广大公民包括伦理道德在内的文明或文化认同以增强其国家和民族等政治认同,更有利于加快构建中国特色伦理学的话语体系,在国际上则更有利于我国通过文明交流互鉴,避免各国之间的意识形态对抗和文明冲突,构建人类命运共同体。同样,有了上述学理基

础,再来看这些重要的思想和命题,如中华文明孕育了中华民族的宝贵精神品格,培育了中国人民的崇高价值追求;中华文明绵延数千年,有其独特的价值体系;中华文明历来把人的精神生活纳入人生和社会理想之中;对绵延五千多年的中华文明,我们应该多一份尊重,多一份思考;推动中华文明创造性转化和创新性发展;要尊重世界文明的多样性,以文明交流超越文明隔阂,以文明互鉴超越文明冲突,以文明共存超越文明优越,就觉得好理解多了。

对于上述问题的回答与对这些重要思想和命题的理解,人们还可以从姜义华关于"中华文明的三大根柢与五个经脉"的研究中获得理论与现实的启示。在《中华文明的根柢——民族复兴的核心价值》一书中,姜义华指出,由于不仅能够自觉地立足自己文明的根柢,而且能够对这一文明根柢进行创造性转化和创新性发展,中华民族正在实现伟大复兴:"中国由大乱重新走向大治,是依靠了传统的政治大一统国家在新形势下的变革和重建。……中国传统的家国共同体有其黑暗与残酷的一面,但更有其有效化解社会冲突、凝聚全体社会成员为一体的积极功能。……以天下国家为己任、自强不息的民族精神,是中华文明几千年一直生生不息的强大精神支柱。"此外,他还提炼了"中华文明的经脉"概念,认为中华文明是一个有机的整体,包括知识体系、价值体系、政治经济和社会实践体系、话语体系等,即以人为中心重历史联系、重社会实践的知识谱系,以责任伦理为核心的价值谱系,大一统国家选贤任能的国家治理,互助互惠型社会自组织的自我管理等,构成这个整体的主要经脉。这里,姜义华基于文明包括物质文明、制度文明、精神文明,包含人们的生产方式与生活方式的一般理念,把扎实的学理基础与强烈的现实关怀有机结合起来,从经济、政治、社会、文化(道德和学术)方面,对中华文明的基本特征、历史命运、当下发展、未来前景等提出了自己独特的看法,不仅有助于人们深入地理解中华文明作为一个具有特定文化精神传统的大社会共同体的特殊结构与核心价值,而且有助于伦理学界从"文明"即"大文化"的视角面对现实道德生活和从事伦理学研究。

在后"冷战"时代的世界中,西方现代性往往用经济发展程度与"竞争性民主"与否来解释全球范围内东西方或南北两半球的矛盾。

但是由于不同的国家和地区有不同的文明基础,导致其现代性的人文内涵差异极大,在实现现代化时必须选择真正符合自己实际的道路;因此,与这种单一的现代性范式相比,坚持"复数"的、多样性的文明范式显然有利于尊重和保护各国人民不同的生活方式、情感、信仰、价值追求以及选择自身发展道路的权利。由此,鉴于汤因比对必须研究世界多元文明之构成的阐发,亨廷顿关于后"冷战"时代多元文明在国际关系中重要地位的强调,姜义华指出,文明问题之所以在当今时代凸显,原因在于"知识、文化、科技、信息的霸权及鸿沟正深刻改变着全球竞争、全球控制、全球治理的态势与方式。在这个问题上,我们如果缺乏足够的自省、自觉和自信,势必难以避免成为某些西方文化霸权主义、文化帝国主义的精神俘虏或屈从者。……这反过来告诉我们,文明的自省、自觉和自信,绝非是可有可无、可以掉以轻心的事情。"应该说,这就是他高度重视当今世界上不同文明之间的关系,对中华文明的根柢和经脉作出特殊解释的社会背景即实践要求,包括对强化国内公民的文明与文化认同重要性的强调,以及对在国际上各国在文明问题上交流互鉴必要性的阐发,特别是对一些人对中国发展成就视而不见、对中国道路不屑一顾之错误的揭示,在国内思想界、理论界、学术界的相关研究中具有十分积极的意义。

关于其"中华文明的根柢和经脉论"的学术思想和研究方法,基于中华文明几千年来一直在走自己的路,具有自己的特殊性,姜义华也有这样的提示:"回顾近代以来中国史学的发展历程,我们会发现史学界曾经激烈争论的一些重大问题最终几乎都以无解而搁置。原因何在? 一个重要原因就是百年来我们对中国历史做出的解释,一些基本根据、基本前提、基本框架起初大多是从西方来的,是经过日本阐发转输而来的;后来我们的马克思主义的解释,好多也是经苏联诠释转输而来的。"虽然这些新的观念和分析框架推动了中国新史学的形成和发展,推动了中国革命、建设、改革事业的发展,但同时也妨碍了人们对中国历史的全面认识,当然也使我们在中华民族的复兴进程中付出了代价。为此就有必要认真审视我国史学理论框架与话语体系的不足,以马克思主义为指导超越欧洲中心主义的线性和平面历史观,在深化研究中推进史学理论框架与话语体系的创新,建立一种合乎中国历史实际的历史观和文明观。至于其"中华文明的根柢和经脉论"之目的就是要寻找一种能够比较客观地说明中国历史、中华文明的新框架,还中国历史以本来面目,还中华文明以本来面目。这可以说是姜义华"中华文明"观的学术思想和研究方法的实质所在,它强调要有一种新的"大历史观"即一个宏大的文明观:立足现实,从扎实了解中国的基层开始,努力达到对中国自身历史和现实的深刻、全面、系统了解,认真研究世界和其他不同的文明和国家,并在对中国和世界的过去深刻了解之基础上,进行再创造,以实现历史学的思想、理念、表达形式、传播路径等的创新。总之,这是一种整体化的历史意识,它把回顾往昔、立足现在与开创未来作为一个整体,把立足中国、环顾世界与纵观古今有机结合起来。

三、传承作为中华文明精髓的传统美德

姜义华关于"中华文明的根柢和经脉论"的基本规定、社会背景和学术思想的阐发,显然也十分适合当前伦理学界面对现实道德生活或从事伦理学研究的挑战与要求。建设社会主义现代化强国,实现中华民族的伟大复兴,是在近代以来的世界历史进程中展开的,由于现代化首先在西方出现,作为后发的中国现代化一开始需要更重视文明和文化的共同性(时代性),但在现代化达到一定程度之后,则必然要更强调文明和文化的多样性(民族性)。按照文扬的观点,对于中国现代化的进程来说,现在"西方化所能提供的现代化动力即将枯竭,必须越来越多地转向本土化的现代化"。因此,从社会背景即实践要求的角度来看,当前伦理学界确实应该主要从"文明"即"大文化"视角关注公民道德建设和从事伦理学研究。我们有必要在学术思想和研究方法之重点上实现相应的转变:从社会形态观转向文明观,从小文化观转向大文化观,从小伦理观转向大伦理观。一般来说,我国的伦理学研究原先主要是依据社会形态理论(五种经济社会形态;农业社会、工业社会、信息社会等)进行的,它把包括伦理道德在内的文化作为外在于经济与政治的一个社会子系统,受经济与政治制约又反作用于经济与政治,因此是一种小文化和小伦理观。这

种小文化和小伦理观重点强调文化和伦理的共同性(时代性),主要适用于后发现代化国家的"起步"阶段引进先行现代化国家积极成果的要求;而在后发现代化国家的"完成"阶段则要求更多地立足自身文明、文化和伦理道德的根基,因此它更需要突出具有特定文化精神传统的大社会共同体的文明观,即强调文明、文化和伦理之多样性(民族性)的大文化观和大伦理观。

在论证了道德建设和伦理学研究的"文明"即"大文化"视角的实践必要与学理基础之后,人们就更容易理解《新时代公民道德建设实施纲要》对"传承中华传统美德"的要求;或者反过来说,意识到了"传承中华传统美德"的重要性,人们就会更自觉地基于大文化观和大伦理观去加强公民道德建设和伦理学研究。如果放眼中华文明五千多年的发展史,那么就可以说 21 世纪上半叶是一个值得大书特书的时代,中华民族将最终告别近代以来在现代化上的落后状态,实现伟大复兴。自 2001 年 9 月中共中央印发《公民道德建设实施纲要》到 2019 年 10 月中共中央、国务院印发《新时代公民道德建设实施纲要》,中国的公民道德建设取得了巨大的进步:"中国特色社会主义和中国梦深入人心,践行社会主义核心价值观、传承中华优秀传统文化的自觉性不断提升,爱国主义、集体主义、社会主义思想广为弘扬,崇尚英雄、尊重模范、学习先进成为风尚,民族自信心、自豪感大大增强,人民思想觉悟、道德水准、文明素养不断提高,道德领域呈现积极健康向上的良好态势。"当然,当前中国社会的道德领域仍然存在着不少问题,特别是 2020 年初的新冠肺炎疫情表明我们在生命理念、社会公德和治理伦理等方面还需不断努力进步。但是,我们必须看到,新世纪的道德进步毕竟为把全民道德素质和社会文明程度推进到一个新高度创造了必要的前提。对于这一点,我们应该有全面的认识并保持充分的信心。

基于文明和文化问题在当今世界的重要性,鉴于文明和文化自信是更基础、更广泛、更深厚的自信,笔者认为特别有必要通过对两个"纲要"文本的简略比较,进一步认识"自觉传承中华传统美德"的重要性。在此应该承认,2001 年的《公民道德建设实施纲要》已经倡导要继承中华民族的传统美德,反映在其文本中主要有三处:"中华民族的传统美德与体现时代要求的新的道德观念相融合";"要继承中华民族几千年形成的传统美德";"要积极开发优秀民族道德教育资源"。总之,《公民道德建设实施纲要》中的直接相关文字虽然不到一百,但其"继承中华民族传统美德"的思想理念和行动要求已经是十分明确的。而不同于《公民道德建设实施纲要》,《新时代公民道德建设实施纲要》直接涉及基于"中华文明"倡导"传承中华优秀传统文化和中华传统美德"的论述共计约 540 字。也许有人觉得,这样统计和比较两个"纲要"的相关字数太机械外在了,并没有什么思想、理论和学术意义。但笔者认为,人们不应该这么简单地否定它,其实字数的增加变动正是现实道德生活变化发展的反映。这就是说,《新时代公民道德建设实施纲要》关于"中华文明源远流长"的文本变化不仅展示了时代道德的进步,而且也体现着伦理思想的深化,其蕴含的学理基础反映了"文明"即"大文化"视角或范式在当前加强公民道德建设和深化伦理学研究中的重要性大为提高,一种相关学术思想和研究方法的转变也正在实现:以文明观为重点,把文明观与社会形态观、大文化观与小文化观、大伦理观与小伦理观结合起来。

有了这样的认识,我们就能够充分理解中华文明始终是中华民族生生不息源头活水的"根柢与经脉"地位。新中国成立 70 年以来在实现民族复兴进程中所不断取得的辉煌成就,不仅凝结着当代中国人民的辛勤汗水,而且也凝结着中华文明的智慧精华。至于就基本理念与核心价值的传承发展而言,可以说中国特色社会主义的历史根基就在于中华文明的"小康""大同""天下为公"等社会观念和理想;"为人民服务""以人民为中心"传承发扬了中华文明"重民""安民"的民本传统;家国情怀、责任担当、爱国敬业、诚信友善是中华文明以天下为己任的民族精神和"仁义礼智信"德性的现代升级版;交流互鉴、推动构建人类命运共同体则体现了中华文明推崇的"和而不同""天下太平"思想的升华光大。基于这样的认识,为提升公民道德素质,在坚持马克思主义道德观、坚持以社会主义核心价值观为引领的同时,我们要特别重视"引导人们了解中华民族的悠久历史和灿烂文化,从历史中汲取营养和智慧,自觉延续文化基因,增强民族自尊心、自信心和自豪感"。这就是说,我们必须把善于从中华民族传统美德中汲取道德滋养作为加强新时代公民道德建设的重点任务之一。应该深入理解"中华传统美德是中华文化精髓,是道德建设的不竭源泉。要以礼敬自豪的态度对待中华优秀传统文化"的要求,继承发扬讲仁爱、重民本、守诚信、崇正义、尚和合、求大同和自强不息、敬业乐群、扶正扬善、扶危济困、见义勇为、孝老爱亲等思想理念和传统美德;弘扬中华民族传统家庭美德,自觉传承中华孝道;研究制定继承中华优秀传统、适应现代文明要求的社会礼仪、服装服饰、文明用语规范,引导人们重礼节、讲礼貌。

—刘　畅①

都市的革命文艺：上海文化与中国
左翼电影运动的发生

（上海师范大学　上海　200234）

【摘　要】20 世纪 30 年代的中国左翼电影运动是在复杂的社会政治环境下发生、发展起来的。近现代上海独特的政治文化语境为革命文艺提供了得天独厚的土壤；"大革命"失败后中国文艺界所发生的新变化，特别是左翼革命文化在各个领域的蓬勃发展，也为左翼电影运动的兴盛创造了条件。在"九·一八""一·二八"事变的直接冲击下，革命和救亡逐渐成为中国电影的聚焦点，因而在进步电影人和电影市场的共同推动下，中国左翼电影运动发展起来，造就了 30 年代中国电影的一个黄金时代。

【关键词】都市　革命文艺　左翼电影运动

一

　　就社会历史的宏观视野而言，政治化是 20 世纪中国社会无法回避的历史选择。李泽厚在剖析现代中国社会的思想文化时，将"启蒙"与"救亡"视为自"五四"运动以来社会思潮的两重变奏，他的这一

---

　　① 作者简介：刘畅，男，博士，上海师范大学人文学院副教授，主要研究方向为中国现当代文学与都市文化。上海市徐汇区桂林路 100 号，200234。

著名论断准确地把握了 20 世纪上半叶中国社会的突出矛盾和知识分子的主要关注点,也使我们认识到这一历史时期中国社会存在着普遍性的政治焦虑。无需赘述,鸦片战争之后的民族危机和社会危机就如同达摩克利斯之剑一样,无时不在威胁着民族、国家的生死存亡,因此 20 世纪的中国社会呈现出高度政治化的社会氛围,尤其是对于知识分子来说,强烈的社会责任感和历史使命感促使他们不断地探求着救亡图存的政治方案。关于现代国家的历史想象成为一种群体性的社会期待,因此从清末的改良运动到 30 年代的左翼运动,政治话语构成了中国现代化处境中极为重要的历史维度。

正因为如此,对上海都市文化语境的审视离不开政治文化视野的观照。自近代以来,上海一直是各种政治力量进行话语博弈的权力场。所以,张仲礼在《近代上海城市研究》一书中称之为"中国政治大舞台",并由此梳理了晚清维新运动之后活跃于这座城市的各种政治派别及其活动情况。他指出,之所以上海成为现代政治生活的重要场域,主要原因在于以下几点:一是租界为政治活动提供了相对自由、安全的空间,二是上海的国际地位凸显出它在中国政治版图中的重要性,三是现代化的通讯网络、传播渠道、出版媒介、交通设施和公共活动场所等是政治活动得以进行的重要条件。①

据史而论,上海在 20 世纪上半叶中国的政治格局中具有极为突出的作用,这种作用具体表现为:第一,它是现代政治文化思潮的主要策源地,1915 年群益书店创办的《青年杂志》(1916 年更名为《新青年》)成为"五四"启蒙运动的先声,此后陈独秀等人在很长一段时期都是立足于上海向全国传送思想启蒙的历史诉求,30 年代的左翼运动更是以上海为中心形成了具有都市特质的革命文化;第二,上海是现代政党的活动中心之一,自近代以来,包括国共两党在内的各种政

---

① 张仲礼:《近代上海城市研究》,上海人民出版社 1990 年版,第 674—677 页。

党和政治团体均利用上海特殊的社会环境开展政治活动,而孙中山、陈独秀等政治领袖也都曾长期居留于上海,使之成为不同治国理念、政治纲领汇聚碰撞的文化场域;第三,现代上海社会形成了多元的文化空间,尤其是在 1927 年"大革命"失败之后,左翼文艺运动的开展与国民党政权的白色恐怖交织在一起,并混杂了自由主义、民族主义等不同层面的话语诉求,使都市文化语境呈现出纷繁复杂的历史面貌。

由此可见,20 世纪中国的政治文化思潮与上海的不解之缘确实关乎现代上海的历史处境:首先,城市的现代化进程为思想观念的更新创造了有利的外部环境,并且在很大程度上带动了社会观念的现代化,尤其是工业文明的侵袭和外来文化的传播向知识分子提供了构建现代国家的历史参照系和思想资源;其次,现代知识分子的集聚带来了多元的价值取向和政治诉求,构筑了现代都市新的政治文化格局;最后,租界对于现代中国的政治运动具有关键性的作用,它的独立性和自由度使异质化的思想观念得以彰行于世,但也让人们切身感受到殖民主义的现实压迫,从而促进了民族意识的提升。

有学者在讨论 20 世纪文学时,提出这样的观点:"近代以来,中国社会政治变革带给文学的巨大影响,使得文学难以与政治剥离。文学自觉与不自觉之间走进了政治系统,并寻求着生路。当然'政治'进入'文学创作'活动乃至最终影响文学作品等等,并非文学与政治的对接,而是通过'政治文化'这个信道来完成的。"[1] 这个观点不仅可以说明文学与政治的内在联系,而且能够为我们理解都市文化语境的政治化向度提供一种思路。这也就是说,现代社会的政治文化语境影响着社会文化心理的深层机制及其表现形态,由此产生的结果是知识分子的文化行为自觉或不自觉地显现出政治化的时代张力,于是政治文化成为二三十年代上海都市文化语境的构成要素之一。所以,人们认识到,"20 世纪二三十年代上海的文化,包括商业文化、一般意

---

① 朱晓进:《非文学的世纪——20 世纪中国文学与政治文化关系史论》,南京师范大学出版社 2004 年版,第 15 页。

义上的新文化、革命和左翼文化等,相互渗透、影响,很难截然分开"①。这意味着,二三十年代上海的都市文化是在多元文化形态的互动与整合中展现出丰富的内涵。

二

研究者通常以"大革命"的失败和国民党训政统治的建立作为 30年代政治文化语境的开端,由此形成了具有泛政治化特征的社会文化格局。一方面,国共两党的军事斗争和政治对峙构成了这一时期社会文化思潮得以发生、发展的特殊历史时态,国民党政权的文化政策和共产党主导的左翼文艺运动也成为政治斗争在思想文化领域的延续,在很大程度上改变了社会组织、群体或个人的价值理念与思想诉求,并催生出由意识形态组织起来的文化阵营,从而将文化实践纳入权力话语的运作机制中,形成了高度政治化的态势。另一方面,30 年代的中国社会处于内外交困的历史窘境中,社会失序、纷乱频仍的国内局势与日益严峻的民族危机激发出社会各阶层尤其是现代知识分子对于民族、国家的政治焦虑和文化想象,"革命"与"救亡"因而成为整个社会普遍关注的现实话题,凸显出政治文化语境得以形成的内在动因。

在此基础上,特殊的文化环境与经济、政治地位使上海成为国共两党在思想文化领域展开话语博弈的阵地。1928 年 10 月 10 日,国民党政权正式在南京成立,从而宣告训政时期的到来——按照孙中山的政治构想,训政意味着由国民党代表民众行使主权即"以党治国"。于是,国民党政权极力推行"党化教育",强调党国合一,并将一党专制的意识形态诉求推向文化领域。第一,自 1928 年开始,国民政府就不断强化文化审查制度,查禁各类宣传马克思主义、阶级斗争以及反对三民主义的左翼出版物、电影等。第二,发动官方文艺运动来对抗左翼文艺,于是潘公展、王平陵等人于 1930 年响应"三民主

---

① 上海百年文化史编纂委员会编:《上海百年文化史》,上海科学技术文献出版社 2002 年版,第 57 页。

文艺"的口号,在上海组织成立"六一社",并发行《前锋周报》《前锋月刊》等刊物,提出了"民族主义文艺运动"的口号,主张以民族主义的中心意识来消除"多型的文艺意识"。① 第三,利用国家机器以暴力手段压制进步人士,如1931年的"左联五烈士"事件和1933年的"艺华"被捣毁事件都体现出当局对左翼势力的打击。

对于国民党政权的文化专制,有研究者提出这样一个观点:"对中国社会实行文化统治和追求思想意识的一致,符合中国的道德价值、社会规范和政治舆论,也适应日常生活举止以及政党活动"②。此种观点是从政治文化传统的角度来解释国民政府的文化政策,认为这一政策的出炉在很大程度上源于中国社会的历史惯性。然而,我们也应当看到,新生的国家政权面对的是共产党、国家主义、无政府主义、地方军阀等政治力量的挑战和威胁,尤其是国共对峙的政治态势危及了国民党的统治基础,同时"济南事变"之后国体动摇的政治焦虑和救亡图存的社会舆论也成为加诸国府衮衮诸公的巨大压力。因此,在内忧外患之下,统治者必然亟待在思想文化上消弭意识形态领域的话语权之争,从而强化自身的统治地位。

与之针锋相对的是,以上海为中心的左翼文艺运动成为这一时期中国社会至关重要的文化思潮,左翼文化也逐渐成为20世纪30年代上海都市文化的主流形态。1929年,中共在上海成立中央文化工作委员会,在"文委"的领导下,左翼知识分子于1930年先后成立了中国左翼作家联盟、中国社会科学家联盟、左翼美术家联盟、中国左翼剧团联盟(1931年改称中国左翼戏剧家联盟)。毫无疑问,左翼文艺运动深入地影响着上海的文学、戏剧、电影等领域,造就了左翼文学、左翼话剧、左翼电影等风靡一时的艺术形态,并由此辐射全国。所以,徐懋庸回忆说:"只要带点'赤色'的书刊,却大受欢迎。"③综观

都市的革命文艺:上海文化与中国左翼电影运动的发生

---

① 民族主义文艺运动宣言,《前锋周报》1930年第2期。

② [法]白吉尔:《上海史:走向现代之路》,王菊、赵念国译,上海社会科学院出版社2005年版,第183页。

③ 徐懋庸:《徐懋庸回忆录》,人民文学出版社1982年版,第64页。

左翼文艺运动的兴起，窘困的社会生态、民族危机的凸现和政治环境的恶化是其得以发生、发展的历史前提，而左翼运动的大众化主张和现实主义精神则拉近了左翼知识分子与民众的距离，从而使之塑造出以阶级性、批判性为主导的文化生产机制，并得到了广大民众的认同——左翼文学和左翼电影的市场效应都充分地证明了这一机制的生命力。

构成 30 年代上海政治文化语境的另一个重要维度是抗日救亡运动的兴起。"九·一八""一·二八"事变极大地激发起中国民众的民族意识与抗日情绪，尤其是对于上海各界人士来说，东北难民的涌入和亲历国难的现实处境使他们对民族危机形成了更为直观的认识。所以，白吉尔论述道："在 1930 年代的上海，大规模的群众运动空前高涨。舆论界也以前所未有的规模评论时事和要求政治家满足他们的请求。舆论界所表达的是抗日，所要求的是武力反抗强邻的侵略。救亡运动本身越来越像是一支重要的政治力量，它主宰了上海与中国其他大城市的政治生活。"①在此基础上，抗日救亡的时代呼声广泛地影响着文化生产的各个方面，如在两次事变之后，文学、戏剧、电影等领域都相继出现了大批反映抗日主题的作品，而左翼文艺运动的兴起在很大程度上正是由于积极回应了这一社会热潮。

因此，有学者指出："在这时电影已成为国家管理体制下尽可能宣示意识形态的产品；尽管它还是在商业运行机制下生存，但是在官方意识形态的倡导和约束下，已经开始体现一定的权力意志。左翼电影也是在意识形态层面上针锋相对地展示自己的批判理念，同样努力争取实现对电影的占领。从此，中国电影第一次真正体现了社会政治的属性和现实主义特质。"②这个论断道出了 30 年代中国电影的历史意义，也使我们看到，在深重的民族危机和社会危机之下，政

---

① ［法］白吉尔：《上海史：走向现代之路》，王菊、赵念国译，上海社会科学院出版社 2005 年版，第 172 页。

② 高小健：《新兴电影：一次划时代的运动》，中国电影出版社 2005 年版，第 17 页。

治力量的博弈和民族主义思潮的高涨是中国电影业无法回避的历史处境，从而使国产电影呈现出泛政治化的运作态势。

三

左翼电影运动向来是电影史叙述的重要内容，近年来的左翼电影研究逐渐关注到左翼电影与市场、商业的联系，并对其形成了更为全面的认识。在 30 年代上海社会的政治文化语境中，面对当局的政治高压，左翼电影运动得以发生、发展确实有着多方面的原因，并且体现出上海都市文化的复杂内蕴。

左翼电影运动缘起于左翼知识分子逐步深化的电影观念，如冯乃超、叶沉（沈西苓）就分别在《沙仑》上撰文强调电影是无产阶级革命斗争的文化武器，提出要"使这伟大的具备了文学戏剧绘画诸长点的电影，备受热爱，极易波动到社会层的电影掌握到我们手上来"[1]。于是，"剧盟"在《中国左翼戏剧家联盟最近行动纲领》中将推动左翼电影运动列入其行动纲领，指出"本联盟目前对于中国电影运动实有兼顾的必要。除产生电影剧本供给各制片公司并动员加盟员参加各制片公司活动外，应同时设法筹款自制影片。目前为取得映出底公开性以深入各大小都市各市民层起见，剧本内容暂取暴露性的"，并且他们主张"为准备并发动中国电影界的'普罗·机诺'运动与布尔乔亚及封建的倾向斗争，对于现阶段中国电影运动实有加以批判与清算的必要"[2]。

有学者将这一运动划分为三个阶段：一是左翼电影的形成阶段（1930—1933 年），左翼影人所做的工作主要是从事电影编剧、掌握电影刊物、宣传左翼电影理论；二是左翼电影的发展阶段（1934—1935 年），即在"白色恐怖"高涨之时以更为隐蔽的方式介入电影创

---

① 叶沉：关于电影的几个意见，《沙仑》1930 年第 1 期。
② 中国左翼戏剧家联盟最近行动纲领，《前哨·文学导报》1931 年第 6—7 期。

作,并成立了由中国共产党直接领导的电通公司;三是"国防电影"阶段(1936—1937年),左翼电影运动在抗日救亡的时代呼声和建立"抗日民族统一战线"的政治主张下形成了以救亡主题的创作潮流。① 根据这种划分,从总体上审视左翼电影,它的主要特点是以"三反主义(反帝、反资、反封建)"②为中心的现实主义精神和批判色彩,其创作倾向是:第一,宣传抗日救亡的政治主张,以期唤醒民众的民族意识;第二,以现实主义的手法揭露社会阴暗面,展示贫富分化的社会现状和底层民众的生存困境;第三,以二元对立的阶级伦理来表现阶级压迫,传达阶级斗争的潜在诉求。

1931年的"九·一八"事变和1932年的"一·二八"事变为左翼知识分子进入电影界和电影公司转变生产策略提供了历史契机。首先,在抗日救亡的时代潮流下,市场取向发生了转变,武侠神怪片和鸳鸯蝴蝶派的影片在很大程度上显得不合时宜,反映社会现实、凸显民族意识成为危机之下观众对于电影界的普遍呼求。他们提出:"国产电影界的同志们,请你们训练你们彻底的意识,再不要有模糊的观念潜占你们的作品;要展示真正国难的面幕,不再含有'花''女人'的描写。"③正因为如此,电影公司必然要转换制片方向,以进步、严肃的现实题材来回应时代与市场的双重需要。所以,郑正秋在回顾这段历史时写道:"当此全世界闹着不景气、失业问题尖锐化(苏联除外),而中国正在存亡绝续之交的时期,横在我们面前的只有两条路,一是越走越光明的生路,一是越走越狭窄的死路。走生路是向时代前进的,走死路是背时代后退的,电影负着时代前驱的责任,当然不该再开倒车。"④其次,民族危机对上海电影业造成了极大的打击,"'九·一八'后东北的沦陷,中国电影丧失了很大一部分放映市场;'一·二八'的炮火,更不仅直接毁掉了设在上海虹口、闸北、江

① 周斌、姚国华:中国电影的第一次飞跃——论左翼电影运动的生发和贡献,《当代电影》1993年第2期。

② 郑正秋:如何走上前进之路,《明星月报》1933年第1卷第1期。

③ 奕辰:国难与电影,《电影月刊》1932年第19期。

④ 郑正秋:如何走上前进之路,《明星月报》1933年第1卷第1期。

湾地区的各电影公司,也间接地迫使其他地区不少中小公司停止营业"①。按照何秀君的回忆,"一·二八"之后,"上海有三十家左右的中小电影公司不能营业,有十六家电影院全毁掉了。'明星''联华''天一'三大公司也各有困难,朝不保夕"②,如何摆脱经营困境也就成为各电影公司必须审慎考虑的重要问题。

因此,明星公司率先作出了转变制片方向的决定,于1932年邀请夏衍、钱杏邨、郑伯奇三人加入并担纲编剧,创作了《狂流》《脂粉市场》《春蚕》等左翼影片,并得到观众与评论界的认可,如《狂流》上映之后就被称为"中国电影界的有史以来的最光明的开展"③。正是由于左翼影片契合了民族危机之下社会舆论的主流倾向和观众的认同,从而引发了电影业"向左转"的普遍趋势,据《中国左翼电影运动》的统计,自《狂流》起的左翼影片共有74部之多④,如《三个摩登女性》《新女性》《渔光曲》《桃李劫》《十字街头》《马路天使》等影片更是成为30年代国产电影的代表作。

在这种潮流下,坚持娱乐路线的天一公司也不得不改弦更张,自称"至于天一公司的出品,都是现时代的,追随现代而改良"⑤,不仅摄制了抗战题材的《战地二孤女》和具有反封建色彩的《飞絮》等作品,还推出了《挣扎》这部反映阶级压迫和抗日救亡两重时代主题的影片。艺华公司更是在《民族生存》与《肉搏》的票房刺激下,为了"成为与明星、联华抗衡的力量"⑥而确立了与左翼知识分子合作的经营方针。这一系列现象表明,在抗日救亡的民族共识和政治化的氛围

① 程季华:《中国电影发展史(第一卷)》,中国电影出版社1963年版,第181页。

② 何秀君口述,肖凤记:《张石川和明星影片公司》,中国电影资料馆编,《中国无声电影》,中国电影出版社1996年版,第1533页。

③ 《狂流》特辑,《晨报·每日电影》1933年3月7日。

④ 陈播:《中国左翼电影运动》,中国电影出版社1993年版,第229—345页。

⑤ 沙基:中国电影艺人访问记·(四)《生机》导演邵醉翁,《申报·本埠增刊电影专刊》1933年10月6日。

⑥ 田汉:《影事追怀录》,中国电影出版社1981年版,第24页。

中,左翼思潮的历史脉动体现出社会心理与舆论导向的转变,动荡的社会环境和扭曲的生存压力让处在社会危机下的国人不再满足于《孤儿救祖记》式的伦理亲情或《火烧红莲寺》式的新奇感受,从而促使制片机构以新的生产策略来适应观众的娱乐需要和现实聚焦。

　　考克尔在分析 20 年代好莱坞电影时说:"电影从来没有真正按照哪一个人的想像制作过。在影片制作过程中,融进了太多的文化成分,包括思想、行为、制造物、信仰,以及许多政治、社会因素。它是被经济和所有观众的反应控制调解的。"①换言之,作为大众文化产品的左翼电影必然要受到市场规律的制约,左翼电影运动实质上也体现出政治文化语境中权力话语与文化产业基于商业化机制的利益交换。这是因为,在革命话语的建构过程中,左翼知识分子的劣势在于公共权力的匮乏,这使得他们无法像国民党政权一样运用国家机器的力量来推动意识形态的传播。然而,左翼思潮却较为有力地掌握着消费市场——从某种意义上说,左翼文艺的批判性、现实性映射出 30 年代社会各阶层关于民族、国家的焦虑心态,因而总是能够引起受众的情感共鸣。正因为如此,左翼知识分子与电影公司的联合实际上体现出商业与政治的暂时结合:电影给予左翼知识分子实现政治社会化的历史机缘,而电影公司则借助左翼运动的社会效应来完成它的市场期待。在此基础上,政治性动机和商业化机制在一定程度上达到了相互契合,二者共同构成了左翼电影的创作范式和价值定位。

---

　　① [美]罗伯特·考克尔:《电影的形式与文化》,郭青春译,北京大学出版社 2004 年版,第 204 页。

张会超①

于深化"四史"学习中了解百年档案管理史

（上海师范大学　上海　200234）

【摘　要】档案是人类活动的原始记录,是人们认识和把握客观规律的重要依据,更是"四史"学习的重要素材。档案管理的历史源远流长,回溯百年来档案管理史,可以把握国家档案事业体系建立健全的全过程,坚定为党管档、为国守史和为民服务的信念与原则。

【关键词】档案　档案管理　中央文库

2020年6月20日国家主席习近平签署第四十七号主席令,《中华人民共和国档案法》已由十三届人大常委会第十九次会议修订通过,自2021年元旦起施行。这是《档案法》从1987年颁布以来的第一次修订,将为我国档案事业高质量发展提供法治保障。当下全党正在开展"四史"学习教育活动,不论是党史、新中国史,还是改革开放史和社会主义发展史,都能从档案中获得认识,并且近百年来的档案管理过程也充分证明,只有加强党的领导,才能建立健全完整的档案事业体系,才能带领全国档案人再创佳绩。有鉴于此,本文试从档案管理百年发展历史的角度来深化"四史"学习。

① 作者简介：张会超,男,1978年出生,管理学博士,上海师范大学人文学院副教授、硕士生导师,主要从事档案学专业的教学和研究工作。上海市徐汇区桂林路100号,上海师范大学人文学院,200234。

一、中共一大档案的"失而复得"

众所周知,1921 年中国共产党成立,然而关于党的生日和党成立之初的具体内容,后来却不为人知。今天我们将 7 月 1 日作为党的生日,这是由于延安时期确定下来的结果,而真正的建党日期要到上世纪七十年代末才考证出来。

为什么会确定为 7 月 1 日为党的诞辰纪念日,毛泽东同志于1938 年 5 月在《论持久战》中提出"今年七月一日,是中国共产党建立的十七周年纪念日",当时在延安参加过一大会议的只有毛泽东和董必武,两人均记不清确切的开会日期,加上缺乏档案材料,所以 1941年 8 月中共中央发文,把"七一"作为党的诞生纪念日来纪念,之后便沿用至今了。

那么,中国共产党建党之初的档案呢? 实际上在中共一大召开之时,是有档案产生的。当时毛泽东同志担任书记员,记录下了会议召开的情况和决议内容。而这些档案由于种种原因没有保存下来,其中重要的原因就是党成立之初的国内外形势和人们的档案意识。由于革命斗争的需要,很多文件在革命中散失,或遭到敌人破坏。而今天我们之所以还能见到中共一大的档案文献,这与共产国际有密切的关系。

2011 年,国家档案局杨冬权局长在《党的文献》上发表文章《破解中共一大之谜——中央档案馆馆藏中共一大档案介绍》,该文详细介绍了中共一大档案"失而复得"的过程。1957 年苏共中央把原中共驻共产国际代表团档案移交给中共中央,这批档案存放于中央档案馆。经过整理和翻译,在其中发现了一大会议本身形成的文件,另外还有一大参加者后来的回忆材料。借助这些珍贵的档案材料,可以大致说清一大的主要情况,还原一大的主体面貌,基本解开了一大的历史之谜。这批档案就包括《中国共产党第一个纲领》《中国共产党第一个决议》《中国共产党第一次代表大会》《北京共产主义组织的报告》《董必武给何叔衡的信》和《陈潭秋回忆党的一大》等材料。这批档案在 20 世纪 80 年代公布,成为党史研究的重要材料,至今还不断被提及和引用。①

二、"中央文库"在上海的接力保管

1927 年由于"四·一二"和"七·一五"两场反革命政变，导致中国共产党处于白色恐怖之中，斗争形势严峻。中央秘书处加强了文件和档案的保密和保管，当时的文书科科长张唯一负责文件保管处的工作。这批档案多达 20 多箱，为了确保文件的安全，中央军委书记周恩来请瞿秋白起草一份文件保管办法，于是就有了目前所发现的党中央最早关于档案工作的指导性文件——《文件处置办法》。

按照该办法的设想，"如可能，当然最理想的是每种二份，一份存阅（备调阅，即归还），一份入库，备交将来（我们天下）之党史委员会"，周恩来审阅后批示，"试办下，看可否便当"。1931 年，工作人员根据该规定，对文件保管处的文件和档案进行了分类和整理，还制定了分类方案，并有文件目录和索引功能的《开箱必读》。

1931 年 4 月顾顺章被捕叛变，向国民党交代了党中央机关所在地和领导人住址。幸好这一消息被潜伏在中统的钱壮飞获悉，让其女婿刘杞夫连夜从南京赶到上海火速通知周恩来，周恩来指挥中共中央紧急转移，并要求妥善隐藏和保护中共中央的文件与档案。张唯一赶紧雇了黄包车把重要文件运往自己家中保存。

1933 年中共中央撤离上海，中央秘书处文件保管处继续留在上海保管档案，并为了与中共上海中央执行局秘书处文件保管处区别开来，就称之为"中央文库"。因为张唯一要负责上海执行局秘书处工作，无法继续保管中央文库，组织选派陈为人保管中央文库。陈为人将文件秘密搬运至住处，将文件存放于阁楼之中。

陈为人、韩慧英夫妇为了确保文库安全，不断搬家，以免被敌人发现。1935 年 2 月，张唯一被捕，陈为人妻子韩慧英去接头时也被

于深化「四史」学习中了解百年档案管理史

① 杨冬权：破解中共一大之谜——中央档案馆馆藏中共一大档案介绍，《党的文献》2011(3)：21—28.

捕，陈为人发现妻子没有及时回来，马上转移中央文库，但也和党组织失去了联系。没有经费，又不能出去工作，所以陈为人带着三个孩子生活困难，仅以红薯度日。等重新和党组织恢复联系，陈为人的身体已经拖垮了，党组织就把文库保管工作交于徐强和李云夫妇，而陈为人已经病重不起，于 1937 年 3 月病逝。

从 1937 年开始，中央文库不断变换保管人。1939 年徐强夫妇调至延安工作，刘钊接管中央文库。一年之后，刘钊调离，缪谷稔接受保管使命。1942 年缪去接头，差点被捕，出于安全考虑，缪迅速将文库安全转移，缪也因此病倒，身体越来越差。1942 年夏，党组织决定由陈来生保管中央文库。陈来生动员家人，把文件和档案陆续运至家中，放到阁楼上，并设置了夹壁墙来保护。这时候上海地下党组织和中共中央恢复了联系，党中央多次调用档案，陈来生不顾炎热，努力寻找党中央需要的文件，并抄写成副本，由地下交通员安全送至延安。

1949 年 5 月 27 日上海解放，9 月初陈来生押着一辆胶轮车，将全部档案送到中共上海市委组织部，组织部为陈来生出具了证明："兹收到陈来生同志自 1942 年 7 月起所负责保管的从我党诞生时起至抗战时止的各种文件、资料，计 104 包，共装 16 箱"，这些文件、资料"未受到霉烂、虫蛀、鼠咬等半点的损伤"。9 月 18 日华东局收到中央办公厅发来的由毛泽东等领导人签发的电报："大批党的历史文件，十分宝贵，请你处即指定几个可靠的同志负责清理登记，装箱，并派专人护送，全部送来北平中央秘书处，对保存文件有功的人员，请你处先予奖励。"电报中"有功的人员"最初的表述是"有功的同志"，毛泽东亲笔做了修改，意即对保护文库有功的同志、朋友、家属，都应表彰奖励。1949 年 10 月 13 日，《解放日报》刊登了中共上海市委给陈来生的嘉奖信，市委组织部派人员慰问了陈来生家属。①

1950 年 2 月下旬，华东局将再次清点登记、装箱的中央文库全部

---

① "一号机密"中央文库是如何完好保存下来的，https：//www. thepaper. cn/newsDetail_forward_8389512,2020 年 10 月 28 日检索。

文件运送至北京，上交中共中央秘书处，中央文库的使命就此完成。

三、国家档案事业体系的建立健全

中华民族有八千年的文明史，而且从未中断，这在世界文明史上都有不可替代的重要地位和作用。然而八千年的文明史并非都完全清晰明了，我们目前一般对五千年来的文明了解较多，以良渚文明为例，因为有了考古发现，所以才被世人逐渐认识和接受，而良渚古城遗址也在 2019 年 7 月顺利通过审议，列入了《世界遗产名录》。今天我们对于中国早期文明的了解，有赖于考古发现。然而考古发现并非是万能的，我们今天只能零星地对原始社会时期有所了解。从某种程度上来说，这与文字的使用和记录传承有关。今天我们对商代的历史了解的较多，这与甲骨文的发现有密切的关系，而之前的历史只能是管中窥豹。因此从某种意义上来说，夏商周的断代工程和中国古代文明探源工程的先后启动，说明了我国早期档案的断代和缺失。

根据考古发掘和整理可知，商代有较为成熟的文字和完善的书写系统，因此留下了大量的甲骨档案。从商代开始，中国便产生了档案，并有了相应的档案管理工作。从商代到唐代，档案管理一直是统治阶级的重要工作内容之一，但并不突出，而且只是皇家和官方的众多工作之一，直到宋代架阁库体系的建立，才凸显出了档案工作的深化和专业性，说明档案工作不断规范和发展。我国的档案工作踏着时代的步伐，烙下了历史的脚印，于 20 世纪 90 年代最终形成了一个较为完整、系统的在国际档案界颇具影响的国家档案事业体系。

国家档案局原副局长刘国能认为这个体系来之不易，如果从新中国成立时算起，经历了近半个世纪，如果追溯到档案的产生，便经历了档案——档案工作——档案事业——档案事业体系这样四个阶段；经历了原始社会、奴隶社会、封建社会、半封建半殖民地社会以及社会主义社会这样一个漫长的历史过程。在这个过程中，档案记录着人类文明史，人类文明哺育着档案事业，国家档案事业体系的形

于深化「四史」学习中了解百年档案管理史

成,就是这一历史的印证。①

　　从档案的产生到国家档案事业体系的形成,经历了一个漫长的历史发展过程;从档案事业体系的提出,到这个体系的最后形成和论证,也经历了几十年时间。国家档案事业体系的阐述和论证,其意义犹如对"来源原则"理论上的论证。如果这个理论能被我国档案界所接受,被国际档案界所认同,或成为发展国家档案事业的一种模式,则将在整个档案事业和档案学领域中产生重大的影响。档案学泰斗吴宝康先生在为刘国能《体系论——档案事业体系》一书作序时如此高度评价了"国家档案事业体系"理论的建立。

　　由零星的记录向系统的记录发展,由不自觉记录向自觉的记录发展,并把它刻在龟甲和兽骨上,以便保存和利用是档案新城并有所发展的主要标志和物质基础。所以把档案的形成定在奴隶社会是较为合适的。一般地讲,有了档案就会有档案工作,但完全意义上的有意识的档案工作,应该说从封建社会开始。而我国的档案事业逐步发展,从孕育它的社会形态和社会基础来看,应是半封建半殖民地时期形成和发展的。档案事业体系是从档案事业发展起来的,档案事业及其发展为档案事业体系的形成奠定了基础,准备了条件。档案事业体系的最后建成是新中国成立以后,说得更具体一些是 20 世纪 90 年代,因为这个时期构成国家档案事业体系的基本成分已经形成。

　　然而,刘国能先生在论证国家档案事业体系时也存在着前后不一致的情况,比如在《体系论——国家档案事业体系》第 21 页明确认为国家档案事业体系的基本成分和框架——档案行政管理(包括管理机构、法规等)、机关单位档案工作(档案室)、各级各类档案馆、档案科研、档案教育、档案宣传出版、档案理论研究和档案外事共 8 个方面已经形成;而该书第 171 页却将国家档案事业体系概括为档案事业管理、机关单位档案工作、档案馆、档案教育、档案科学技术研究与推广、档案宣传与出版、档案学术研究和档案学会,以及档案外事工作。前后矛盾说明"国家档案事业体系"理论内容在该书写作时还

① 刘国能:《体系论——中国档案事业体系》,中国档案出版社 2001 年版.

处于初级阶段,所以前后的叙述有不尽一致的地方,更反映出该理论需要不断完善。

2008年全国档案工作会议上,国家档案局正式提出实现"两个转变"、建立"两个体系",即"转变重事轻人、重物轻人、重典型人物轻普通人物的传统观念和认识,重视所有涉及人的档案的价值,建立覆盖人民群众的档案资源体系","转变档案工作中重机关团体利用、轻个人利用,重为机关团体服务、轻为群众服务的传统观念和认识,像重视机关团体利用那样重视人民群众利用,建立方便人民群众的档案利用体系"。"两个体系"建设是对我国档案工作时间新趋势的新总结,也是对以往档案工作薄弱方面的加强。

建立"两个体系",即建立覆盖人民群众的档案资源体系,建立方便人民群众的档案利用体系,是我去年秋天开始提出来的。从那时起,我就开始琢磨,档案的最大价值应该是满足最大多数人的各种需要,档案工作的终极目标应该是为社会中最大多数人提供他们需要的档案服务。这就需要做到两点:第一点,档案资源体系应该覆盖所有被档案记载过的人,否则,有的人在档案资源中就是空白,当他需要利用有关他的档案时,档案工作者就无法满足他的需要;第二点,档案利用体系应该方便所有想利用档案的人,否则,即使档案资源中有他想利用的档案,他的利用愿望也会落空。[①] 从国家档案局局长杨冬权在2008年档案工作者年会上的讲话可见"两个体系"的提出和深化。

而2008年汶川地震的发生,促使档案界反思档案的安全与保护,2010年5月全国档案安全体系建设工作会议在四川召开,部署"建立确保档案安全保密的档案安全体系",之后,国家档案局把"三个体系"建设作为当前和今后档案工作的主要内容和努力方向。[②]

档案资源体系、档案利用体系和档案安全体系的提出和完善是

---

① 贯彻以人为本　建立两个体系——国家档案局局长杨冬权在2008年档案工作者年会上的讲话(摘要),《兰台世界》2009(1):29.

② 邓小军:建立三个体系　促进档案事业发展——全国档案安全体系建设工作会议在成都召开,《中国档案》2010(6):21.

档案工作在新时期贴近民生、走向民生，贯彻"以人为本、服务先行、安全第一"的三大战略思考，也是我国档案工作理论体系的创新。"三个体系"的提出与实践，促使档案工作的思维方式、管理理念和工作方法发生重大转变，会对我国档案事业的发展产生了重大的影响。

由此可见，从二十世纪八九十年代提出国家档案事业体系这一理论，经过几十年的努力，从理论到实践，均实现了这一目标，所以可以把档案事业体系的建立和实现从不同方面来理解和把握，而不是简单地归结到某一时间结点上。

2020 年 2 月 28 日国家统计局发布《2019 年国民经济和社会发展统计公报》，在十一部分"文化旅游、卫生健康和体育"中明确公布："年末全国共有档案馆 4136 个，已开放各类档案 14341 万卷（件）。"国家档案局于 2020 年 9 月 4 日在官方网站上发布了《2019 年度全国档案行政管理部门和档案馆基本情况摘要》，公开了档案事业统计的详细内容和具体数字。从上述数字中可知我国事业发展的成就和具体情况，各种统计数字彰显出我国档案事业建立和健全的程度与成绩。

综上所述，无论是 1954 年国家档案局的成立，还是 1959 年中央档案馆建成，亦或者是 1987 年颁布《档案法》，都是档案事业发展中的巨大成就。今年《档案法》进行了修订，要求加强档案信息化建设，这是新时代对档案工作提出的要求和发展方向，也是档案工作者努力的目标。当下全党开展"四史"学习教育活动，结合档案学专业对近百年来档案管理的重要内容进行回顾与总结，可以更加深刻地认识党史、新中国史、改革开放史和社会主义发展史，坚定档案工作为党管档、为国守史和为民服务的信念与原则，也为以后的教学和科研工作奠定良好基础。

姚 霏①

"初心之地"上海的历史细节和当代呈现

（上海师范大学 上海 200234）

【摘 要】上海是中国共产党的诞生地，也是中国革命红色基因的发源地。优越的地理位置，发达的媒介网络，便利的交通，良好的工业基础和多元行政体系孕育了特点鲜明、内涵丰富的上海红色文化，使得上海红色纪念地建筑呈现独特的石库门里弄特色和特定的空间集聚特征。红色旧址遗址作为承载历史和现实之重要纽带，其作用与价值日益得到体现，对上海红色文化的呈现，不仅有利于建构更为完善的上海红色革命基因和历史图景，也为上海红色旅游提供支撑，使得国家记忆融入民众的日常生活。

【关键词】中国共产党 上海 革命旧址 城市空间 历史建筑

1921 年，中国共产党在上海应运而生。自成立之日起，中国共产党就义无反顾地肩负起实现中华民族伟大复兴之历史使命，高举"人民利益高于一切"的旗帜，把全心全意为人民服务作为根本宗旨而不懈奋斗。中国共产党人从上海出发，经过浴血奋战、筚路蓝缕，领导中国人民取得了新民主主义革命的胜利，并带领全国各族人民走向独立、繁荣和富强。

---

① 作者简介：姚霏，女，博士，上海师范大学人文学院历史系副教授、硕士生导师，主要研究方向为上海城市史。上海市徐汇区桂林路 100 号，200234。

上海是中国共产党的诞生地，也是中国革命红色基因的发源地。红色基因伴随着上海这座城市成长的各个历史阶段，上海城市建设和经济发展的巨大成就正是红色基因传承的最好例证。习近平同志在十九大报告中开宗明义地提到"不忘初心，牢记使命"，中国共产党人的初心和使命是"为中国人民谋幸福，为中华民族谋复兴"，①这个"初心"和"使命"的出发点便是上海。

一、上海何以成为初心之地

上海有着独特的时空坐标。从空间上来看，上海地处长江三角洲的东端，背靠长江三角洲腹地；同时也是长江入海口，并接近中国海岸线的中点。从时间上来看，上海有着 6000 年历史，今天的上海城区于宋代置镇、元代设县，到明清时期，已经成为"东南壮县"。② 1843 年的开埠给上海带来巨大变化。中国第一个 200 万人口的城市，近代中国工业、金融、贸易、商业中心的地位，都是近代上海成为初心之地的背景。而上海成为中国共产党事业的初心之地的直接因素包括以下四点：

1. 发达的印刷业和报刊媒介网络，为新思想、新文化的传播提供便利，同时吸引新兴知识分子聚集上海。

2. 轮船、铁路四通八达，电报、邮政联通内外，为海内外人士进出上海、互相联络提供便利。

3. 发达的工业在缔造"东方的巴黎"的同时，也为工人阶级的壮大奠定了基础。共产主义革命的阶级基础在上海孕育。

4. "治外飞地"的多元自由，为近代中国的进步事业和革命活动创造了沃土。

① 习近平：《决胜全面建成小康社会夺取新时代中国特色社会主义伟大胜利——在中国共产党第十九次全国代表大会上的报告》，共产党员网，2017－10－27.
② 熊月之主编；马学强著：《上海通史第 1 卷导论》，上海人民出版社 1999 年版，第 2 页。

二、上海作为初心之地的具体表现

上海红色文化内涵丰富，"红色源头"特点鲜明。概而言之，上海是中国工人运动的发源地、新文化运动的发祥地、留法勤工俭学运动的启航地、中国共产党的诞生地、远东共产主义运动的中心城、革命书籍报刊的中心出版地、中央领导机构的驻在地、城市暴动的试验场、统一战线和多党合作的策源地、左翼思想文化战线的主阵地、隐蔽战线的主战场、抗日救亡运动的中心地、新四军的后援地、反内战第二条战线的主阵地。

举例来说，上海是留法勤工俭学运动的启航地。1919年3月17日，第一批89名由海路赴法勤工俭学学生乘坐的"因幡丸"（InabaMaru）邮轮在汇山码头起航。① 到1920年12月15日止，两年内先后有1600名中国学生从上海启航，远涉重洋、联袂留法，其中有陈延年、陈乔年、周恩来、邓小平、王若飞、刘伯坚、陈毅、李维汉、李富春、蔡和森、向警予、李立三、聂荣臻等，这就是影响深远的留法勤工俭学运动，培养了一大批中国革命的领导者。

又如，上海是远东共产主义运动的中心城。上海是苏俄和共产国际苦心经营的远东基地。1919年8月，成立不久的共产国际开始积极推动远东地区的革命。1920年5月，共产国际东亚书记处在上海成立，下设中国科、朝鲜科和日本科，由维连斯基任临时执行局主席。中国科的使命之一就是"成立共产主义基层组织，在中国进行党的建设工作"。② 东亚书记处在上海的建立，标志着共产国际已完全将上海作为远东革命的活动中心。8月17日，维经斯基写给东方民族处的信中谈道："我在这里逗留期间的工作成果是在上海成立了革

---

① 刘中国、余俊杰：《刘铸伯传》，花城出版社2017年版，第263页。
② 《维连斯基-西比里亚科夫就国外东亚人民工作给共产国际执委会的报告（摘要）》，中共中央党史研究室第一研究部：《联共（布）、共产国际与中国国民革命运动(1920~1925)》，北京图书馆出版社1997年版，第38—39页。

"初心之地"上海的历史细节和当代呈现

命局"。① 从维经斯基的这封信和东方民族处 12 月给共产国际执委会的工作报告，可知上海"革命局"由 5 人组成，其中 3 人为维经斯基、陈独秀和李汉俊。为了加强理论宣传工作，维经斯基在霞飞路新渔阳里 6 号组建了华俄通讯社。为推动远东地区的革命运动，1920年 8 月，共产国际执委会委员、民族和殖民地问题委员会秘书马林被任命为共产国际驻中国代表，前往上海。1921 年 6 月，马林抵达上海，同期到达的还有共产国际远东书记处代表尼科尔斯基。于是，上海作为远东共产主义运动中心的地位日益确立。此后十多年里，共产国际代表纷纷来到上海。

再者，上海是革命书籍报刊的中心出版地。中共最早建立的第一个出版社——人民出版社就设在上海。在五四前后最早介绍宣传各种社会主义思潮的刊物，主要是陈独秀主编的《新青年》、邵力子主编的《觉悟》、张东荪主持的《时事新报》副刊《学灯》、戴季陶主编的《星期评论》。其中除《新青年》杂志的编辑部一度在北京（发行部则在上海）外，其余三种都是上海的刊物。另外，五四时期上海出版的其他名刊还有《太平洋》（上海）、《新教育》（上海）、《少年中国》（上海）、《解放与改造》（上海）、《科学》（上海）等，也多在上海。根据曹聚仁的回忆，"邵力子主编《觉悟》态度最为积极，和《新青年》桴鼓相应，最为青年学生所爱好。那时上海《民国日报》受了政府干涉，邮寄颇成问题，就靠日本邮局在转送，居然一纸风行。经常替《觉悟》写稿的，如陈望道、刘大白、沈定一、杨贤江、张闻天、瞿秋白，后来都是社会革命的激进者。"与之同时，"张东荪主持上海《时事新报》，其副刊《学灯》创刊于 1918 年 3 月间，研究学术，介绍新知。也是《新青年》的同路人。"②而后人的评价亦认为"宣传新文化运动最早，和最有力的报纸，是上海《时事新报》"。③ 俄共代表费奥多尔在报告上海之行时亦赞誉，"上海是中国社会主义者

---

① 《维经斯基给俄共（布）中央西伯利亚局东方民族处的信（1920 年 8 月 17日）》，中共中央党史研究室第一研究部编：《联共（布）、共产国际与中国国民革命运动（1920～1925）》，北京图书馆出版社 1997 年版，第 31 页。

② 曹聚仁：《文坛五十年》，东方出版中心 2006 年版，第 165—166 页。

③ 曾虚白：《中国新闻史》，台北政治大学新闻研究所 1969 年版，第 324 页。

的活动中心,那里可以公开从事宣传活动。那里有许多社会主义性质的组织,出版300多种出版物(报纸、杂志和书籍),都带有社会主义色彩。"在上海"他们出版一些极其左倾的报纸、杂志和书籍"。① 据此而论,近代上海发达的媒介网络为马克思主义的早期传播提供了便利条件。

同时,上海还是新四军的后援地,是新四军的根城。上海人民与新四军携手战斗的过程中,建立了一种相互支持、互为依托的特殊关系,开创了城市地下斗争与根据地武装斗争相结合的新局面。新四军得到上海地下党和人民的积极支援,上海成为支援新四军和根据地的一个重要基地。据不完全统计,上海人民参加新四军和根据地建设的超过2万人。当大量难民涌进租界和安全区时,上海地下党立即成立党的难民工作委员会,通过周克、朱启銮、赵朴初等对难民进行组织教育,先后动员三批难民中的爱国青年,在汤镛、朱启銮等带领下,到皖南参加新四军,共计1200多人。以后,又分批输送爱国青年到苏南等地参加新四军。据赵朴初回忆,上海地下党组织难民参加新四军的总数约有3000人;王尧山回忆有三四千人之多。据荣健生、张达平回忆,从1941年到1942年,通过新四军上海办事处经手送往新四军苏北根据地人员近2000人,其中由上海地下党动员组织的党员、文化界人士、青年工人、职员、学生约占三分之二以上。这一工作受到了中共中央表扬,中央认为"能从日军包围的情况下,从租界中送出大批难民支援新四军,这是上海地下党成功的壮举"。② 上海人民还在财力、物力上支援新四军。江苏省委通过上海工商界上层人士"星二聚餐会",开展捐献活动,工商界捐献的金额计178500余元,还输送和协助采购印刷、印钞、军工器材,以及西药、医疗设备,支援新四军。

---

① 《刘江给俄共(布)阿穆尔州委的报告》(1920年10月5日),载中共中央党史研究室第一研究部编.《联共(布)共产国际与中国国民革命运动(1920—1925)》,北京图书馆出版社1997年版,第45页。

② 曲青山、高永中:《抗日战争回忆录》,中共党史出版社2015年版,第426页。

三、上海红色纪念地的建筑特色与空间分布特征

上海是中国共产党的诞生地,中共一大、二大、四大都在上海召开。中共成立后,上海因其特殊的历史机缘和城市空间,成为中共中央长时间驻扎的城市。1927 年春,武汉成为中共中央的第二个驻扎地。不过,"八七"会议后,鉴于武汉地区形势的险峻,中共中央领导机关于 1927 年 9 月底至 10 月初陆续迁回上海,直到 1933 年。中共中央前后有 12 年在上海指导中国革命,留下了不少机关、开会地和领袖住处。

这一时期,无论是中共中央机关、开会地还是领袖住处,大多位于石库门里弄住宅中。

渔阳里。环龙路老渔阳里建于 1912 年,坐北朝南两层砖木结构,共 8 幢。1920 年 1 月 29 日,陈独秀再返上海。4 月,入住老渔阳里 2 号"柏公馆"(今南昌路 100 弄 2 号)。[①] 6 月,陈独秀同李汉俊、俞秀松、施存统、陈公培等人开会商议,决定成立共产党组织,并初步定名为社会共产党,还起草了党的纲领。党纲草案共有 10 条,其中包括运用劳工专政、生产合作等手段达到社会革命的目的。[②] 此后不久,陈独秀征求李大钊的意见。李大钊主张定名为"共产党",陈独秀表示完全同意。在陈独秀主持下,上海的共产党早期组织于 1920 年 8 月在上海法租界老渔阳里 2 号正式成立。当时取名为"中国共产党"。这是中国的第一个共产党组织,其成员主要是马克思主义研究会的骨干,陈独秀为书记。老渔阳里 2 号在中共革命史上具有崇高的历史地位。它是毛泽东等慕名来访的陈独秀旧居,是改变一代青年世界观的《新青年》编辑部,是共产国际代表与陈独秀商议建党

[①] 张静如编:《中国共产党全国代表大会史丛书从一大到十七大第 1 册图文版》,万卷出版公司 2012 年版,第 195 页。

[②] 中共"一大"会址纪念馆.上海革命历史博物馆筹备处编.《上海革命史资料与研究(第 11 辑)》,上海古籍出版社 2011 年版,第 271 页。

的首议地,也是上海共产党发起组的成立地。它是筹建各地共产党组织的"临时中央",是第一本中译本《共产党宣言》的校对地,是中共第一份党刊《共产党》的编辑部,是中共一大的筹备地(发起、筹备地和会务组织、报到场所),也是中共一大后"中央局"的办公地。老渔阳里2号是中国共产党人建党精神的发源地。

新渔阳里。霞飞路新渔阳里建成于1916年,有住宅33幢,1921年称铭德里,1957年恢复原名。1920年前后,杨明斋租赁了弄内6号。入住于此的,还有俞秀松、陈望道、施存统等近10人,参与中国共产党早期工作。① 1920年8月22日,中共上海发起组决定建立社会主义青年团。陈独秀指派了中共上海发起组中最年轻的成员俞秀松担任上海社会主义青年团书记。之后全国各地纷纷组建起青年团组织。团的组织机构,早期就设在新渔阳里6号内。1920年9月,上海共产党早期组织创办了第一所培养革命干部的学校——外国语学社,校长杨明斋。② 当时共产主义思潮刚刚传入中国,陈独秀等人均感觉缺乏有力专业的革命干部,希望在青年中选拔一些人才赴俄学习。同时因为当时新渔阳里处于热闹地界,里弄里常常有人进进出出。为了隐蔽,于是就办了一个"外国语学社"。此外,共产国际工作组在中国后第一个工作机构"华俄通讯社"也设在此。③

树德里。1920年秋,法租界望志路树德里房屋建成。当时望志路的北侧是一排新建石库门建筑,而马路对面的南侧当时还只是一片菜地,菜地旁仅有一所庵堂,路口向西也仅有一些平房和几家小手工业工场。树德里建筑有2排,共9幢楼房,坐北朝南,砖木结构,属于典型的上海石库门式样。外墙青红砖交错,镶嵌白色粉线,门楣有矾红色雕花,黑漆大门上配铜环,门框围以米黄色石条。第一排5幢楼房沿着望志路而建,房屋落成不久,沿街的106号、108号(今兴业

① 吴殿尧主编:《亲历者说建党纪事》,解放军出版社2011年版,第34页。
② 朱少伟:《渐宜斋札记》,上海三联书店2010年版,第86页。
③ 马光仁主编:《上海新闻史 1850—1949》,复旦大学出版社1996年版,第518页。

「初心之地」上海的历史细节和当代呈现

路的 76 号、78 号）两所房屋就被李书城、李汉俊兄弟租下，中共"一大"就在 106 号内召开。

辅德里。建于 1915 年。1921 年，李达租借辅德里 625 号（今老成都北路 7 弄 30 号）为寓所。中共一大会议后，李达担任中央局宣传委员，负责党的宣传、出版工作，在此秘密编辑、出版了多部革命书籍。1922 年 7 月 16 日至 23 日，在辅德里 625 号召开中共第二次全国代表大会。大会选举了党的中央执行委员会。陈独秀、李大钊、蔡和森、张国焘、高君宇当选为中央委员，邓中夏、向警予当选为候补委员。陈独秀为中央执行委员会委员长。会后发表了《中国共产党第二次全国代表大会宣言》。

甲秀里。毛泽东一生曾五十多次来上海，其中，1927 年之前就曾十次到过上海，在上海不少地方都留下了毛泽东的足迹。[①] 位于威海路 583 弄 5、7、9 号（原慕尔鸣路甲秀里）的一幢二层楼的石库门建筑，是 1924 年 2 月毛泽东第 9 次来上海时的居住地，当时他正在第一次国共合作时期的国民党上海执行部工作。同年 6 月，夫人杨开慧偕同母亲向振熙及儿子毛岸英、毛岸青也来上海同住此地。这里不仅是毛泽东在上海住得最长的一地，也是最富家庭生活气息的地方。1977 年，此处被列为上海市市级文物保护单位。1999 年，毛岸青、邵华夫妇来上海确认了这一处旧居。

此外，上海的红色纪念地还呈现出一定的空间集聚特征。例如中共中央机关和开会地一般位于租界或越界筑路地区，工运地点一般位于黄浦江苏州河沿线，烈士牺牲地一般集中在龙华一带。此外，由于近代虹口的特殊生态，成为左翼文化的聚居地。1930 年 3 月 2 日，鲁迅等 40 多名革命文艺工作者在窦乐安路（今多伦路）中华艺术大学秘密举行中国左翼作家联盟成立大会，标志中国革命文化运动进入新阶段。此后左翼文化延伸至左翼剧作家、左翼电影、左翼音乐。1933 年 3 月，成立了"左翼电影小组"和"左翼音

---

① 中共上海市委党史研究室编：《上海党史知识读本》，上海人民出版社 2011 年版，第 178 页。

乐小组"。① 中共电影小组成员有夏衍、钱杏邨、王尘无、石凌鹤、司徒慧敏，由夏衍任组长。在此基础上，中国左翼文艺总同盟建立。今天，虹口区四川北路附近和左翼文化相关的红色旧址遗址就多达40余处。

习近平总书记说："从石库门到天安门，从兴业路到复兴路，我们党近百年来所付出的一切努力、进行的一切斗争、作出的一切牺牲，都是为了人民幸福和民族复兴。"②2020年5月，由上海师范大学苏智良教授和本人主编的《初心之地：上海红色革命纪念地全纪录》呈现了1000个红色旧址遗址的信息，更加明证了上海作为"红色"之源的历史史实，不仅有利于建构更为完善之上海红色革命基因和历史图景，更为上海红色旅游的红火发展提供了有力支撑，使得国家记忆融入民众的日常生活。红色旧址遗址作为承载历史和现实之重要纽带，其作用与价值日益得到体现。值此"四史"学习教育热火开展之际，希望这本书能开启一场以上海城市为课堂的边走边学的红色之旅。

「初心之地」上海的历史细节和当代呈现

① 夏衍：《懒寻旧梦录》(增补本)，生活·读书·新知三联书店2000年版，第119页。

② 习近平：《在"不忘初心、牢记使命"主题教育总结大会上的讲话》，新华网，2020－01－08.

陈　勇① 吕　强②

我国高校学生资助政策历史沿革研究
——基于建国70年时间跨度

（上海师范大学　上海　200234）

【摘　要】新中国成立以来,高校学生资助政策经过70年的改革和探索,大体经历了四个历史阶段,即形成期、改革期、调整期、成熟期。每个阶段的资助政策都反映了我国当时的治国方略、经济发展与教育体制情况,也无不体现了我国学生资助政策不忘初心、与时俱进的特点,总结高校学生资助改革发展进程,梳理和分析其改革路径,有助于正确认识国家资助政策体系,有助于促进我国现有资助体系的发展和完善,最终全面打赢脱贫攻坚战。

【关键词】建国70年　高校学生资助政策　历史沿革

引言

　　历史是人类实践活动的记录,改天换地、创造辉煌的历史更是包

---

　　① 作者简介:陈勇,男,博士,上海师范大学教育学院教育管理系副教授、硕士生导师,主要研究方向为教育管理及高校学生资助研究,上海市徐汇区桂林路100号200234。

　　② 吕强,男,上海师范大学教育学院硕士研究生,主要研究方向为教育管理及高校学生资助研究,上海市徐汇区桂林路100号,200234。

含着人们认识历史规律、掌握历史规律的过程。① 党的十八大以来，习近平总书记高度重视对历史的研究学习，强调"历史是人类最好的老师"②。2020 年是全面建成小康社会和全面打赢脱贫攻坚战的收官之年，教育扶贫是脱贫攻坚的重要战场，高校学生资助是教育扶贫工作的重要组成部分，我国高等教育资助体系历经七十多年的改革与探索，形成了比较完善、具有中国特色的"奖、贷、助、补、减"及"绿色通道"的现代多元混合资助体系，其大致经历了四个阶段的历史变迁，即免费及人民助学金的形成期；人民助学金与奖、贷学金并存的改革期；初步建立奖、贷、勤、补、免混合资助的调整期；"五位一体"现代资助体系的成熟期。本文基于全面建成小康社会和全面打赢脱贫攻坚战的大背景下，对中国高校学生资助政策的发展进行梳理与概括，以理清其大致的国内高校学生资助政策发展史，以史为鉴，提炼当中的精华，为完善我国现有的大学生资助政策带来有利的启发与参考。

（一）形成期（1949—1983 年）：免费及人民助学金模式

我国是一个具有大学生资助传统的国家，学生资助制度并非现代社会的产物。追本溯源，早在西周时期，就有"学在官府"之说，学生学费和官学的费用由政府出资，此后无论是汉代的中央太学和地方郡国学，还是唐朝的国子监，宋朝的书院，当时的政府大多采取了"教养合一"的办学模式，从未间断过对学校及学生的资助。

根据新中国成立以来人民助学金制度的发展与完善，形成期可细分为以下三个阶段：

（1）免学费资助阶段

中国共产党自诞生起就对教育文化工作十分重视。在抗日和解放战争时期，为了战时人才队伍建设，对革命根据地的学生采取公费制或供给制的资助模式，使大部分贫困学生拥有了接受教育的权利，

① 易化：在学习"四史"中把握历史发展规律——再论学"四史"守"初心"担"使命"，《大江南北》2020 年 08 期。
② 李红岩：历史是最好的教科书——感悟习近平总书记的历史思想，《紫光阁》2016 年 06 期。

有效促进了根据地教育事业的发展。

新中国成立之后,国家大力发展人民教育事业。面对新中国成立初期百废待举的局面,国家在高校学生资助政策上没有明确、系统的政策规定和资助模式,但为了迅速培养大批社会主义建设人才,国家开始实行为工农群众开门的免学费制度,这种资助模式仍然沿袭了解放前的学生资助机制,即公费制或供给制,具有地方性、临时性、革命性和平均性的特点。

1952年,经过三年经济恢复与发展,政府开始制定新的教育制度和资助政策,对全国范围内高等教育资助模式的改革拉开了帷幕。7月,原政务院和教育部连续下发了《政务院关于调整全国高等学校及中等学校学生人民助学金的通知》和《关于调整全国各类学校教职工工资及助学金标准的通知》,明确要求将高等教育免学费制度调整为人民助学金制度;并对人民助学金的享受范围和标准作出统一规定。上述两个通知的颁布,标志着在我国实行较长时间的学生供给制或公费制彻底废止,人民助学金制度在全国范围内真正的确立起来。

(2)以人民助学金为主资助阶段

1952年人民助学金制度确立后,一直延续了30余年。在实行过程中曾做过三次重大调整,涉及学生资助的对象、范围、标准等。

1955年2月进行了第一次调整。为了减少人民助学金的浪费现象,国家出台《关于制发高等学校一般人民助学金分地区标准的通知》,要求以各地经济状况和人民收入为依据,将学生资助标准分为十个类区。随后颁发《全国高等学校一般学生人民助学金实施办法的指示》,规定人民助学金不能为所有学生所享有,进一步缩小补助范围、明确补助对象、规范补助标准,促进了人民助学金的有效利用。

1960年进行了第二次调整。1958年教育事业管理权下放到地方,由于各地区形式和发展状况不同,当地政府根据实际情况自行制定了人民助学金的办法和标准,但是没有统一原则,导致各个地区差异较大。为此,1960年1月,国务院转发了教育部《关于改进工人、农民、干部、学生和研究生人民助学金标准问题的报告》和《关于工人、农民、干部学生人民助学金标准的暂行规定》。这两个文件主要围绕着适当限定地方政府权限,缩小各地人民助学金的差异,进一步规范了其资助范围和标准。

1964 年进行了第三次调整。1959—1961 年正逢中国三年困难时期,学生生活质量有所下降。1964 年,国民经济和人民生活水平开始有所好转。在此情况下,高等教育部建议提高受助学生的比例和资助标准。3 月,中共中央批转了高等教育部《关于提高高等学校学生伙食标准和相应提高助学金补助比例的请示报告》,报告规定从1964 年 4 月份起,凡全部享受人民助学金和半自费的高校学生每人伙食费多补助 3 元;从 5 月份起助学金享受比例从 70%提高到 75%。①

历经三次调整,已形成较为完善、系统的人民助学金制度,其涉及范围比较全面,几乎对高校人民助学金制度的各个方面(包括资助对象、范围、标准等)作出了明确的规定,为后期高校学生资助体系的发展提供了理论基础和实践指南。

(3)恢复高考以及两年徘徊阶段

1966 年,我国爆发"文化大革命",高等教育发展处于停滞状态,高校资助工作在这段时期也基本中断。

1977 年,我国正式恢复高考和高校招生工作,并出台了《普通高等学校、中等专业学校和技工学校实行人民助学金制度的办法》,其是"文革"后第一个高等教育资助办法,规定进入普通高校学习的国家职工,只要工龄满五年,学习期间原单位照发工资,一切费用自理;而其他学生则接受人民助学金资助。此时期的人民助学金制度就其内涵和基本精神来说,与"文革"前的制度差别不大,该办法一直延续到 1982 年。

新中国成立初期所实行的免费及人民助学金制度是计划经济体制下的特殊产物,与当时"教育为国家建设服务,学校向工农兵开门"的教育方针相符合,对国家建设起到了十分积极的作用;国家当时制定并实施这种资助模式,主要受以下四个因素的影响:首先,从国家制度来看,新中国是人民民主专政的社会主义国家,国家的一切权利

---

① 《中国教育年鉴》部:《中国教育年鉴:1949—1981》,中国大百科全书出版社 1984 年版,第 101 页。

属于人民,这就要求保障广大人民群众有接受高等教育的权利,体现社会主义制度的优越性。其次,从现实情况来看,国家经过连年战乱,急需恢复与建设,发展教育和培养人才成为当时社会最紧迫的需求;但由于人民生活水平较低且难以有承担高等教育成本的支付能力,实行该资助模式符合当时的国情,满足了国家建设人才的需要。再次,从国外因素来看,苏联当时为了"国家利益"所采取的教育资助模式为"免学费及助学金"的形式,我国新中国成立初期进行教育资助改革,基本上是模仿苏联的资助模式;最后,从中国教育史来看,我国古代教育一直是由政府办学、资助、掌管,培养认同统治阶级地位,对国家的政治、军事、文化等各方面有所贡献的"官臣"。因此人民已接受并认同这种"免费及人民助学金"资助模式。然而,从模式本身来看,带有"绝对平均主义色彩"的免费及人民助学金制度,其弊端也愈发明显,根本原因在于脱离实际情况的逻辑缺陷:一是国家对高等教育包揽过多,加重了国家的财政负担;①二是这种资助模式缺乏有效的竞争激励机制,容易使学生产生不劳而获的消极思想,无法调动学生的积极性,在制度上难以保证人才素质。该资助模式虽然满足了国家特殊时期的需要,体现了社会主义制度的优越性,但却提高了教育成本,降低了教育资源的利用效率,限制了高等教育规模的扩大。因此,随着社会的发展、教育领域改革的不断深入,免费及助学金资助模式已愈发不合时宜,对该模式的改革已大势所趋。

（二）改革期（1983—1992 年）：人民助学金与奖学金、贷学金并存的资助阶段

根据人民助学金制度的改革与废止,我国资助制度的改革期又可细分以下两个阶段:

（1）人民助学金制度与人民奖学金制度并存阶段

1978 年,十一届三中全会在京召开,会议重新确立了解放思想、实事求是的思想路线,我国进入了改革开放的崭新时代。一方面我

---

① 朱城:新中国高校学生资助制度的梳理与评析,《高等财经教育研究》2014 年 03 期。

国经济体制开始由计划向市场转变,推动着教育领域的改革;另一方面教育规模的扩大使得国家难以继续实施"免费及人民助学金"。因此,1983年后,我国对高校学生资助制度进行新一轮的调整与改革,主要内容为把原来的单一人民助学金制度调整为奖、助学金并存的资助模式,将"平均资助"过渡为"差异资助"。7月,原国家教委和财政部颁布《普通高等学校本、专科学生人民助学金暂行办法》和《人民奖学金试行办法》,规定非师范生人民助学金的发放范围由75%降低到60%;①同时为鼓励学生勤奋学习增设"人民奖学金"。这两个文件的颁布缩小了人民助学金的范围,增加了人民奖学金制度,虽然该模式很大程度上沿袭了人民助学金制度,但打破了国家一刀切的资助惯例,引入了奖学金的导向激励作用,激发学生学习的积极性,形成良好的学习风气。尽管奖学金所占的比例在当时相对较小,但对于我国高等教育资助体系改革却具有极其重要的意义,反映了在改革开放的大背景下,我国的高等教育资助理念开始由公平转向效率。

(2)奖学金与助学贷款并存阶段

随着改革开放的深入和人民生活水平的提高,人们的高等教育费用承受力明显增强,单一的人民助学金模式已不适应时代的潮流,在这种历史背景下,国家决定继续深化改革人民助学金制度,探索高等教育收费制度。1985年,国家开始了试行招生和收费"双轨制"改革,即对一部分高考成绩略低于高校录取分数线、但家庭有支付高等教育成本能力的考生实行缴费上学。5月,中共中央会议通过了《中共中央关于教育体制改革的决定》,该决定指出要对人民助学金制度进行改革,同时肯定了高校招收委培(自费)生后所取得的成绩。高等教育的迅速发展,随之而来的是贫困生的数量也在不断扩大,高校学生资助工作单由政府投入是无法解决的。因此,除了政府要加大资金投入外,国家开始计划在全国范围内开通助学贷款服务。1986年7月,国务院批转了《关于改革现行普通高等学校人民助学金制度

我国高校学生资助政策历史沿革研究

---

① 陈有春、奉艳云:新中国高校学生资助制度的历史嬗变,《湖南农业大学学报(社会科学版)》2006年01期。

的报告》,该报告指出要以奖、贷学金制度替代人民助学金制度,标志着我国实行了 30 多年的人民助学金制度自此结束。1987 年 7 月,原国家教委下发了《普通高等学校本、专科学生实行奖学金制度的办法》和《实行贷款制度的办法》,规定各高校要建立奖学金和学生贷款基金,其来源是从主管部门拨给高校的经费中,按原助学金标准计算的总额的 80%~85%转入;①并对 1987 年入学新生实行奖、贷学金制度。该办法是对取消人民助学金所带来资助缺陷的弥补,至此,我国基本形成了以奖、贷学金制度并存的高校学生资助体系。

1987 年实施的奖、贷学金并存的资助模式是对原有奖、助学金并存资助模式的革新,打破了人民助学金单一的"济困"功能,承担"济困"和"奖优"双重功能。该举措符合我国当时高等教育改革的需要,突显了政府追求效率价值的资助理念,是我国高等教育资助改革历程中一个重大转折点。然而,由于奖贷基金来源单一,企事业单位和个人出资的奖贷学金不多,相关保障政策条款不完善等使这一模式的不足与问题开始逐渐显露。因此,根据我国国情、有步骤的建立一种可操作性强、能够弥补其缺点的高等教育资助体系已势在必行。

（三）调整期（1992—1998 年）：初步建立"奖、贷、勤、补、免混合资助模式

随着我国经济转型基本完成,教育在国家发展战略中的地位愈发重要。国家为了切实保证高等教育机会均等,对资助制度进行局部调整,深化高等教育收费体制改革。

1989 年,原国家教委颁布了《关于普通高等学校收取学杂费和住宿费的规定》,规定向计划内的学生（不包括师范生）收取住宿费及学杂费,并统一收费标准。但我国各个地区的发展水平很不均衡,全国统一制定的高校收费标准和办法逐渐显现出不适应性,高校收费制度需要进一步完善。1992 年 6 月,国家教委等部门联合发布《关于

---

① 《奖贷基金》[EB/OL]. 百度百科：https://baike.baidu.com./item/%E5%A5%96%E8%B4%B7%E5%9F%BA%E9%87%91. 更新日期 2019 - 10 - 28。

进一步完善普通高等学校收费制度的通知》，规定各高校以本地区的经济发展水平、群众收入等为依据来制定合理的收费标准。由此，各地区开始制定了符合本地情况的收费标准，逐渐差异化、地方化。1993 年 2 月，国家出台《中国教育改革和发展纲要》，该纲要明确指出："高等教育是非义务教育，学生上大学原则上均应交费"；[1]肯定了自高校收费制度实施以来缓解高校经费不足、促进高等教育健康发展的积极作用。

1994 年，出于教育公平的考虑，国家出台了《关于核定委属高校办学收费标准的通知》，部分高校招生开始公费与自费合并，采用通用的收费机制。1997 年国家开始取消双轨制，即将国家指定性计划与调节性计划的录取分数合一，统一缴费上学。[2] 截止到 1999 年，我国高校招生并轨和学生收费工作已基本完成。至此，我国高等教育经过 50 多年的发展，受教育者由免费教育到统一缴费上学，教育成本由国家全部承担转变为国家和个人共同承担，打破了"国家投入-国家收益"的原有格局，高等教育的受益者不再只是国家，还有学生个人，因此学生缴纳一定的学费是必要的。然而，在其后几年里，学费不断上涨，学生承担高等教育成本的比重不断增加，特别是从 1995 年以来高校学费就直线上升，有的年份学费比上一年增幅高达 67%，最低增幅也超过了 10%。[3] 高等院校招生规模的扩大，家庭经济困难学生也随之增多，而学费的上涨直接影响贫困学生接受高等教育的公平性。对此，国家采取了一系列措施，在奖、贷学金的基础上，开始实行奖、勤、贷、补、免为一体的混合资助模式。

（1）特困补助制度的确立

1993 年 7 月，由于物价的不断上涨，国家教委颁发了《关于对高

① 李现宗：高校成本费用核算与管理制度的非一致性与协调，《会计之友》2013 年 27 期。

② 朱家德、李自茂：我国高等教育收费制度 60 年的变迁逻辑——基于支持联盟框架的分析，《教书育人》2010 年 18 期。

③ 甄立敏、李凤玲：简论高校招生收费制度改革——各国高校收费制度改革探析，《河北工程大学学报（社会科学版）》2004 年 03 期。

等学校生活特别困难学生进行资助的通知》,要求根据在校生的实际情况设立"特困补助",以解决一些生活特别困难的学生(简称"特困生")的学习和生活问题。

(2)勤工助学制度的完善

勤工助学作为高校收费制度改革中的一项重要配套措施,具有社会实践的性质。[1] 1993 年 8 月,国家教委颁发《关于进一步做好高等学校勤工助学工作意见的通知》,指出"高等学校组织学生开展勤工助学活动,不仅有利于学生德、智、体全面发展,还可以通过参加劳动取得相应报酬"。[2] 1994 年,国家颁布《关于在普通高等学校设立勤工助学基金的通知》,要求各高校建立勤工助学基金,确保该资助项目经费来源稳定。

(3)减免学费制度的确立

1995 年,国家出台了《关于对普通高等学校经济困难学生减免学费有关事项的通知》,规定对家庭较为困难的学生实行学费减免制度,孤残学生、少数民族以及烈士等则实行减收或免收学费。

上述高校学生资助政策的颁布与实施,标志着我国的"奖、贷、勤、补、减"混合资助制度已基本形成。该模式弥补了高校收费体制带来的问题与不足,是我国高校学生资助工作的独立探索,自实施以来,成千上万的学子成为这一模式的受益者,保证了贫困学生不因家庭经济困难而失学。但混合资助模式在具体实施过程中,由于指导思想不够明确、缺乏统筹优化安排,导致资助项目之间缺乏协调等问题不断产生。[3] 因此,面对不足与问题,完善高校学生资助制度仍在路上。

① 沈吉文:高校贫困生资助体系实施现状的思考,《扬州大学学报》高教研究版 2008 年 01 期。

② 国家教育委员会:财政部关于进一步做好高等学校勤工助学工作意见的通知[EB/OL]. 百度百科: https://baike.baidu.com/item. 更新日期:2019 - 10 - 28。

③ 颜彩媛:我国高校资助政策历史演进及启示,《安徽文学》(下半月)2017 年 11 期。

（四）成熟期：（1999—2018 年）："奖、贷、助、勤、补、减"的现代资助体系

1999 年，我国高等教育大众化拉开了序幕，大学生数量迅速增加，据统计，1999 年高等教育本专科在校生达 718.91 万人，比 1998 年增加了 95.82 万人。① 招生规模的扩大意味着贫困学生的比例不断增加，各项资助政策的优化也需要不断跟进。

（1）国家助学贷款为主，奖贷勤补减相结合资助阶段

为了减轻政府和高校的负担，弥补贷款金额少等问题，保证资助资金的稳定性，国家决定助学贷款基金开始由银行提供。1999 年 6 月，国家出台《关于国家助学贷款的管理规定》，对国家助学贷款的管理，发放和回收作了明确的规定。9 月，国家在北京、上海等 8 个城市进行了助学贷款制度试点工作。2000 年 8 月，政府颁布了《关于助学贷款管理的补充意见》，规定国家助学贷款"由八个城市扩大到全国范围，经办银行由中国工商银行扩大到中国农业银行、中国银行和中国建设银行。"②资助对象由全日制本、专科学生扩大到研究生，将担保贷款改为信用贷款。该补充意见标志着我国助学贷款制度正式全面启动，对高校学生资助工作的开展具有重要意义。此后，国家助学贷款成为我国高校学生资助体系的主要部分。2004 年 6 月，国家颁布《关于进一步完善国家助学贷款工作若干意见的通知》，对助学贷款的发放和管理工作作了进一步完善，有效推动助学贷款制度的贯彻落实。2006 年 9 月，教育部、财政部颁发《高等学校毕业生国家助学贷款代偿资助暂行办法》，国家开始初步实行助学贷款代偿政策。截至 2006 年 12 月底，全国累计审批国家助学贷款学生 292 万人，审批金额 253 亿元，取得了突破性的进展。③

① 1999 年全国教育事业发展统计公报，《教育部政报》2000 年 06 期。
② 国务院办公厅转发中国人民银行等部门关于助学贷款管理补充意见的通知[EB/OL]. 百度百科：http://www.moe.gov.cn/jyb_xxgk/moe_1777/moe_1778/201412/t20141211_181391.html。更新日期：2019-10-29。
③ 专访：教育部负责人解读贫困生资助体系相关问题[EB/OL]，学信网：https://www.chsi.com.cn/gjzxdk/news/200703/20070306/756004.html。更新日期：2019-10-29。

　　为了帮助家庭经济困难的学生顺利入学,鼓励在校生勤奋学习,促进其全面发展,其他的高校资助方式也在不断完善。2002 年,国家出台了《国家奖学金实施办法》,加大对品学兼优学生的资助力度。2003 年教育部发布通知,要求各高校从 2003 年新生入学起要建立"绿色通道"制度,对贫困新生先办理手续让其入学,核实情况后再给予相应的资助。2005 年 7 月,国家出台《国家助学奖学金管理办法》,设立了国家助学奖学金。在中央、地方政府、教育主管部门以及各高校的凝心聚力、狠抓落实下,我国高等学校资助体系,俗称为"奖、贷、勤、补、减"的现代意义上的大学生资助政策基本成型。

　　(2) 新资助政策体系建立以来的学生资助(2007—2019 年)("奖、贷、助、勤、补、减"现代资助体系)

　　进入 21 世纪,我国高校学生资助体系愈发系统化、完备化,更加注重公平、效率型为导向,使越来越多的家庭经济困难学生受益。2007 年 5 月,国务院下发了《关于建立健全普通本科高校高等职业学校和中等职业学校家庭经济困难学生资助政策体系的意见》,对我国学生资助体系作出了全面系统的规划设计,在我国完善学生资助政策的道路上具有里程碑意义,为我国学生资助工作的发展开启了新篇章。该意见主要内容包括进步完善和落实国家奖学金、助学金、助学贷款制度;实行师范生免费制度;学校要按照有关规定从事业收入中提取一定比例的经费,用于特殊困难补助、勤工助学、学费减免等;进一步落实、完善鼓励捐资助学的相关优惠政策措施等。①

　　为贯彻落实该意见精神,推进高校学生资助工作顺利进行,同年教育部、财政部连续下发了《普通本科高校、高等职业学校国家奖学金管理暂行办法》《国家助学金管理暂行办法》《高等学校勤工助学管理办法》等多个文件,对国家奖助学金和勤工助学等政策的实施与管理作了相关规定。

---

　　① 教育部:国务院关于建立健全普通本科高校高等职业学校和中等职业学校家庭经济困难学生资助政策体系的意见,《山东省人民政府公报》2007 年第 12 期。

上述一系列政策的出台,进一步完善了高校学生资助政策,标志着我国高校学生资助政策经历了由一元到多元、由只注重"公平"到"公平"与"效益"兼顾的发展,形成了"奖、贷、勤、助、补、减"的现代高校学生资助体系。

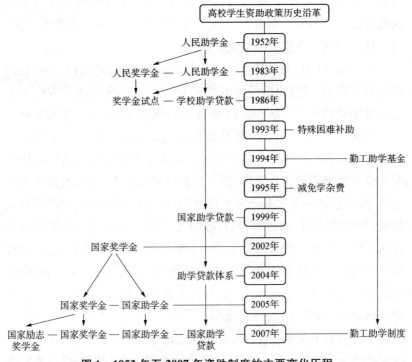

图 1   1952 年至 2007 年资助制度的主要变化历程
数据来源:根据历年中央有关部门资助政策整理。

2007 年—2019 年也是我国新资助体系不断建立健全的时期,各项学生资助工作稳步推进。

2008 年 7 月,教育部发布《关于认真做好 2008 年高等学校新生资助有关工作的通知》,要求各民办普通高校开通"绿色通道"制度,将实施范围进一步扩大。

2009 年 3 月,为引导和鼓励高校毕业生到艰苦边远地区基层单位就业,提高高校学生入伍服役的积极性,国家相继出台《高等学校毕业生学费和国家助学贷款代偿暂行办法》和《应征入伍服义务兵役高等学校毕业生学费补偿国家助学贷款代偿暂行办法》，对到基层就业和应征入伍的高校毕业生实行相应的学费和助学贷款代偿政策。

2010年7月，为响应党的十七大关于"优先发展教育，建设人力资源强国"的战略部署，国务院印发了《国家中长期教育改革和发展规划纲要（2010—2020年）》，其把"促进公平"作为今后一段时期我国教育改革发展的一项重大工作方针，将"家庭经济困难学生资助"列入教育领域十个重大项目之一。

2012年11月，党的十八大召开，指出要大力促进教育公平，合理配置教育资源，提高家庭经济困难学生资助水平，积极推动农民工子女平等接受教育。[①] 为了落实《教育规划纲要》的有关要求和贯彻十八大精神，5月，国家出台《普通高校家庭经济困难新生入学资助项目暂行管理办法》，设立了高校贫困新生入学资助项目。同时解决研究生培养经费供需矛盾突出、成本分担机制不健全、奖助政策体系不完善等问题，进一步提高研究生培养质量，促进研究生教育持续健康发展，2012年9月，财政部、教育部印发《研究生国家奖学金管理暂行办法》，增加研究生国家奖学金；2013年3月，国家印发了《关于完善研究生教育投入机制的意见》，要求按照"新生新办法、老生老办法"的原则，[②]对2014年秋季入学的研究生新生收取学杂费；该意见宣告我国研究生"公费"时代的彻底结束。面对研究生教育收费的情况，奖励和支持研究生勤奋学习、更好地完成学业，国家出台了《研究生国家助学金管理暂行办法》和《研究生学业奖学金管理暂行办法》，决定设立研究生国家助学金和学业奖学金，资助计划内的所有全日制研究生；对助学金、学业奖学金的资金来源、奖励比例、标准与申请条件、评审组织与程序、资金管理等作出规定。新的研究生资助体系既有帮扶困难学生的助学金，又有鼓励学生积极进取的奖学金，承担

---

① 王嘉毅：以党的十八大精神为指引着力推进均衡发展大力促进教育公平，《甘肃教育》2013年01期。

② 2014年我国研究生教育将实行全面收费政策，《学位与研究生教育》2013年04期。

"奖优济困"的双重功能，比以往的研究生奖助体系更加错落有致，结构上更加合理。

为了更好地解决收费带来的突出问题和体现教育公平，解决目前我国助学贷款的贷款上限已经无法满足家庭经济贫困学生的需求、全国助学贷款资助比例一刀切和院校之间的分布需求差异等诸多问题，国家有针对性地出台了相关政策来调整助学贷款资助标准，进一步细化国家助学贷款资助比例。2014 年 7 月，国家出台《关于调整完善国家助学贷款相关政策措施的通知》，加大了国家助学贷款的贷款额度，调整学费补偿、贷款代偿的相关标准。2015 年 7 月出台《关于完善国家助学贷款政策的若干意见》，决定延长贷款和学生还款期限并实施还款救助机制等，进一步减轻了贷款学生的压力和负担。2016 年，教育部印发了《教育部办公厅关于进一步加强和规范高校家庭经济困难学生认定工作的通知》，要求加强对家庭经济困难学生的精准认定工作，重视政策宣传和教育引导，由保障型资助向发展型资助转变，促进受助学生的全面发展。2017 年 4 月，国家出台《关于进一步落实高等教育学生资助政策的通知》，要求确保研究生奖助政策和民办高校同等资助政策全面落实，不留死角；将预科生纳入高等教育资助范围；进一步推动国家助学贷款全覆盖。[1]

习总书记在党的十九大后明确指出，要保障贫困地区的办学经费，健全家庭困难学生资助体系。[2] 充分体现了党和国家对教育扶贫的重视，对人民的关怀，而"精准扶贫"思想延伸下的"精准资助"理念为新时代高校学生资助工作指明了方向，提出了更高的要求。2018 年，在中央、各地政府及各类高校的共同努力下，资助投资和管理方面进一步提档升级。9 月，《高等学校勤工助学管理办法》出台，进一步提高了勤工助学的酬金标准，强调要通过勤工助学来培养学生的自立自强能力、团队意识和创新创业精神。10 月，国家出台《关于做好家庭经济困难学生认定工作的指导意见》，对家庭经济困难学

① 2007—2016 年中国学生资助大事记，《教育财会研究》2017 年第 05 期。
② 陈宝生：进一步加强学生资助工作，《中国高等教育》2018 年第 6 期。

生认定的原则、依据、程序等作出了明确规定,该意见也是贯彻"精准资助"理念的切实体现。

从 2007 年至 2018 年,在党中央、国务院的高度重视和领导下,有关部门、各高校的共同努力下,我国的高校学生资助体系不断完善;在资助政策方面,高校学生资助政策文件出台累计达 30 余件(表1);在资助力度方面,资助总额稳步提升(图 2);在资助广度方面,受助人数在经历了 2012 年和 2013 年的大幅下跌后,近几年也在稳定增加(图 3)。2019 年 2 月,根据教育部发布的《中国学生资助发展报告(2018)》显示,2018 年高校学生资助政策全面落实,资助普通高校学生 4387.89 万人次,资助金额 1150.30 亿元,比上年增加 99.56 亿元,增幅 9.48%。[①]

表1　新资助政策体系建立以来中央有关部门各类资助政策发文情况统计

资助项目 / 年份	综合类	助学贷款	奖学金	助学金	学费减免	勤工助学
2007 年	3	1	2	1		1
2008 年	1	1	1			
2009 年		2			2	
2011 年		1		1	2	
2012 年	1	1				
2013 年	1			1	1	
2014 年		1	1			
2015 年		1				
2016 年	1					
2017 年	1					
2018 年	1	1				1

数据来源:根据历年《中国学生资助发展报告》整理

① 全国学生资助管理中心:2018 年中国学生资助发展报告,《人民政协报》2019 年 3 月 7 日第 18 版。

图2 2007—2018 年普通高等教育资助总额情况

数据来源：根据历年《中国学生资助发展报告》整理

图3 2011—2018 年普通高等教育资助总人数情况

数据来源：根据历年《中国学生资助发展报告》整理

　　我国高校资助政策经过七十多年的发展,资助项目由少到多,资助面从窄到宽,实现了"三个全覆盖",即所有学段(从学前教育到研究生教育)全覆盖、所有学校(包括公办与民办)全覆盖、所有家庭经济困难学生全覆盖。[1] 高等教育阶段实现了"三不愁",即:入学前不用愁、入学时不用愁、入学后不用愁。[2] 从制度上确保了"不让一个

　　① 全国学生资助中心:中国学生资助 70 年[EB/OL]. http://www. xszz. cee. edu. cn/index. php/shows/68/3766. html. 更新日期:2019 - 11 - 05。
　　② 教育部:2017 年全国学生资助惠及近 9600 万学子[EB/OL]. http:// mini. eastday. com/mobile/180301154836175. html. 更新日期:2019 - 11 - 05。

我国高校学生资助政策历史沿革研究

学生因家庭经济困难而失学"①，"因学致贫、因学返贫"②现象大大减少，切实有效的减轻了贫困家庭的负担，增强了人民群众的获得感。七十年来我国高校资助工作取得的重大成就，既是我国教育公平的重大成就，也是我国教育事业的重大成就，助力打赢脱贫攻坚战，促进我国社会公平。

结束语

纵览我国七十多年来高等教育资助制度嬗变的四个阶段可知，我国高等教育资助体系是随着国家的治国方略、经济发展、教育体制的变化而不断完善的。呈现出从具有"平均主义"的免费及人民助学金制度，到由公平向效率转变的人民助学金与奖、贷学金并存的资助模式，兼顾公平与效率的混合资助模式，到今天经济保障和资助育人相结合的现代高校资助体系，充分体现了党和国家不忘初心、与时俱进的鲜明特征。

（一）现行高校学生资助政策的初心不变

"不忘初心、方得始终"，初心是一个民族、一个国家不断前进的根本动力。尽管现行高等教育资助政策在 70 多年的发展中充满了艰难与曲折，但在脱贫攻坚、民生事业和教育公平等方面初心不忘且取得了重大成就，并将后续取得更大的胜利。一是现行高校资助政策"以人为本"初心不变，保障了经济困难学生顺利入学和完成学业，体现了我国 70 多年来"以人为本、执政为民"的执政理念，体现了党和国家对人才的重视；二是现行资助政策服务教育的初心不变，相比新中国成立初期，资助模式更加丰富多元，资助经费投入不断增大，既体现了党和政府对高等教育事业的重视，也体现了新中国成立以

---

① 雷雨、王红松、徐晶：不让一个学生因家庭经济困难失学，《南方日报》2012 年 10 月 30 日第 A08 版。

② 教育部：学生资助杜绝了因学致贫、因学返贫［EB/OL］，http：//news. eastday. com/eastday/13news/auto/news/china/20170303/u7ai6557667. html。更新日期：2019‐11‐07。

来高等教育领域改革的巨大成效;三是现行的资助政策"育人"初心不变,以习近平新时代中国特色社会主义思想为指导,以立德树人、精准资助理念为引领,通过多种互补的资助方式,推进保障型资助向发展型资助的转变,保障受助学生全面发展。

(二)党和国家与时俱进理论品格的鲜明体现

与时俱进是中国共产党思想路线的重要组成部分,是指导我们国家繁荣发展的普遍真理。与时俱进先进理念在不同的历史时期都发挥着重要作用,七十多年来我国高校学生资助制度历史嬗变的每一步进程都透射出这一理论品质的鲜明特征,即不同时期具有不同的资助模式。新中国成立之初,由于常年战乱导致经济发展和人民生活水平落后,使得人民群众难以接受高等教育,因此,国家实行了免费及人民助学金制度,解决了学生伙食和学费方面的问题,保障了工农及子女的受教育权。进入改革开放新时期,高等教育领域和高等教育资助都进行了改革与调整,人民助学金制度逐渐被取代,奖优并举、兼顾公平与效率并存的混合资助模式逐步形成,进入新时代,"不让一个学生因家庭经济困难而失学"的目标已基本实现,而精准资助、资助育人是新时代高等教育资助工作的首要任务。习近平精准扶贫思想是指导高校资助工作的战略方针和行动指南,构建符合新时代的高校学生资助育人体系,助力打赢破贫攻坚,实现中华民族伟大复兴的宏伟目标。

我国高校学生资助政策历史沿革研究

刘金松①

习近平"立德树人"教育思想的内涵与价值研究

（上海师范大学　上海　200234）

【摘　要】新中国成立以来历代领导人都非常重视通过教育来"立德树人"，其理论内涵和实践指向也经历了不同阶段的发展和变革。习近平总书记在传承这一理念的基础上进行了再创新，"立德树人"作为教育根本任务的价值和意义再次被提升与巩固；对教育中如何实现"立德树人"进行了系统探索，其"立德树人"教育思想具有重要的理论、历史和实践价值。

【关键词】习近平　新时代　立德树人　教育改革

一、新中国成立以来"立德树人"教育思想演变

重视立德树人是我国的历史传统，"立德"在《左传·襄公二十四年》解释为："太上有立德，其次有立功，虽久不废，此之谓不朽"，指的是人生的最高境界首先是立德有德，实现道德理想；其次是事业追求，建功立业；再次是有知识有思想，著书立说。这三者都是人生不朽的表现，而"立德"居于首位。"树人"在《管子·权修》中解释为：

① 作者简介：刘金松，男，博士，上海师范大教育学院讲师，主要研究方向为德育与基础教育改革。上海市徐汇区桂林路 100 号，200234。

年之计,莫如树谷;十年之计,莫如树木;终身之计,莫如树人。"强调人才培养是长远之计。"立德树人"指立德作为树人之要,是人才成长的长远之计。

新中国成立后,在党的教育方针表述中,始终强调受教育全面发展中的德育为先。1957年,毛泽东指出:"我们的教育方针,应该使受教育者在德育、智育、体育几方面都得到发展,成为有社会主义觉悟的有文化的劳动者"①,把德育放在首位,彰显了党对人才之德的重视,这在高考人才选拔标准中的显现尤为明显,在1965年之前,学生道德情况是高校招生的首要标准②,虽然之后人才之德的重要性有所反复,但以德为重的原则一直延续至今。1978年,邓小平在全国教育工作会议上重申了党和国家的教育方针,并多次论述了培养"有理想、有道德、有文化、有纪律"的"四有"新人,这更奠定了改革开放后人才培养的基调。1999年,在全国第三次教育会议上,江泽民把"美育"也纳入"培养社会主义建设者和接班人"的要求之中③,美育的加入丰富了德育的内容和体系。2002年,党的十六大报告对新世纪的教育方针做了进一步表述,提出"坚持教育为社会主义现代化建设服务,为人民服务,与生产劳动和社会实践相结合,培养德智体美全面发展的社会主义建设者和接班人"④。党的十七大报告提出,"要坚持育人为本、德育为先,把立德树人作为教育的根本任务,加强爱国主义教育,深入开展理想信念教育……努力培养德智体美全面发展的社会主义建设者和接班人"⑤,第一次明确提出"育人为本、德育为先"的教育指导思想。2012年,胡锦涛在党的十八大报告中提出"把立德树人确立为教育的根本任务,培养德智体美全面发展的社

习近平「立德树人」教育思想的内涵与价值研究

① 《毛泽东文集》第7卷,人民出版社1999年版,第226页。

② 唐汉卫、刘金松:高考中的德育评价:新中国成立70年的回顾与展望,《中国教育学刊》2019年第10期。

③ 《江泽民文选》第2卷,人民出版社2006年版,第332页。

④ 《全面建设小康社会开创中国特色社会主义事业新局面——在中国共产党第十六次全国代表大会上的报告》,人民出版社2002年版。

⑤ 《高举中国特色社会主义伟大旗帜为夺取全面建设小康社会新胜利而奋斗——在中国共产党第十七次全国代表大会上的报告》,人民出版社2007年版。

会主义建设者和接班人"①,首次明确"立德树人"为教育的根本任务,并提升到教育基本方针的高度。党的十九大报告进一步指出,"要全面贯彻党的教育方针,落实立德树人根本任务,发展素质教育,推进教育公平,培养德智体美全面发展的社会主义建设者和接班人"②。

在传承和创新中,"立德树人"的基本内涵几经变化,但其核心价值并未发展转变,即人和人才的成长都离不开"德",虽然不同时期"德"的内容和标准有所差异,但这并不妨碍"德"的主导和引领地位。新中国成立以来,历代领导人也正是意识到这一点,对人才成长和教育发展中的"德"非常重视,这一传统为习近平"立德树人"教育思想的形成和成熟提供了理论土壤。将立德树人作为教育根本任务,这既是对我国数千年来教育传统的创造性继承和创新性发展,也是对新中国成立以来,特别是党的十八大以来教育改革经验的高度凝练和集中表达,在新时代被赋予新的内容,带有鲜明的时代特色。③

二、习近平"立德树人"教育思想的核心

1. 习近平关于"立德树人"的重要论述

习近平总书记对"立德树人"这一教育的根本任务高度重视、十分强调,多次在重要场合和会议中提及其重要价值和意义。2016 年12 月,在全国高校思想政治工作会议上,习近平总书记指出:"我国高等教育肩负着培养德智体美全面发展的社会主义建设者和接班人的重大任务,必须坚持正确政治方向,高校立身之本在于立德树

---

① 《坚定不移沿着中国特色社会主义道路前进为全面建成小康社会而奋斗——在中国共产党第十八次全国代表大会上的报告》,人民出版社 2012 年版。

② 《决胜全面建成小康社会 夺取新时代中国特色社会主义伟大胜利——在中国共产党第十九次全国代表大会上的报告》,人民出版社 2017 年版。

③ 王群瑛:把立德树人作为教育的根本任务,《中国高校社会科学》2018 年第 6 期。

人"①。2017 年 10 月,习近平总书记在党的十九大报告中指出:"要全面贯彻党的教育方针,落实立德树人根本任务"②。2018 年 5 月 2 日,在北京大学师生座谈会上,习近平总书记强调,"要把立德树人的成效作为检验学校一切工作的根本标准"③。在第四次全国教育大会上,习近平总书记不仅进一步提出"坚持把立德树人作为根本任务""把立德树人融入思想道德教育、文化知识教育、社会实践教育各环节,贯穿基础教育、职业教育、高等教育各领域",还明确把"劳动教育"与"德智体美"教育一起纳入"全面发展"的教育理论中,提出"培养德智体美劳全面发展的社会主义建设者和接班人"④。习近平总书记从国家发展、教育使命的角度指出"立德树人"作为教育根本目的的历史价值和现实意义。这些重要论述,是对我国教育事业规律性认识的深化和发展,是对立德树人理论认识的深化和发展,具有鲜明的时代特色,为新时代教育改革发展指明了方向,同时也为教育实践提供了根本遵循。⑤

2. 习近平"立德树人"思想的核心

第一,关于"立德树人"的重要地位。习近平总书记指出"要把立德树人的成效作为检验学校一切工作的根本标准",将"立德树人"从人才成长的要旨提升到教育发展的根本任务,这就意味着立德树人在学校工作中重中之重的地位。立德树人作为检验学校一切工作的根本标准,意味着学校的一切工作都要围绕着立德树人进行,这指明了新时代教育工作的本质,有利于扭转长期以来在学校教育中形成

---

① 习近平在全国高校思想政治工作会议上强调把思想政治工作贯穿教育教学全过程开创我国高等教育事业发展新局面,《人民日报》2016 年 12 月 9 日。

② 《决胜全面建成小康社会 夺取新时代中国特色社会主义伟大胜利——在中国共产党第十九次全国代表大会上的报告》,人民出版社 2017 年版。

③ 在北京大学师生座谈会上的讲话,《人民日报》2018 年 5 月 3 日。

④ 习近平在全国教育大会上强调坚持中国特色社会主义教育发展道路培养德智体美劳全面发展的社会主义建设者和接班人,《人民日报》2018 年 9 月 11 日。

⑤ 王群瑛:把立德树人作为教育的根本任务,《中国高校社会科学》2018 年第 6 期。

的"应试化"现象和问题,这也意味着学生作为"人"重新在学校被发现、被重视,这就为新时代教育发展提供了一个方向指引。

第二,关于"立什么德"。立德树人首先是要立德,是通过立德来成就人。对于"立什么德"的问题,习近平总书记 2018 年在北京大学师生座谈会上就做出了论述,他期待要做到:明大德、守公德和严私德。结合习近平总书记的相关论述,我们认为明大德就是要坚定信仰,要以马克思主义和中国特色社会主义为信仰,做到胸中有信仰、心中有国家;守公德就是坚信社会主义核心价值观,处理好人与人、人与自己和人与自然这三对关系,在全社会营造崇德向善的氛围;严私德就是要不断向内反求诸己,不断完善自我修养。"立什么德"统领新时代教育工作的核心内容,新时代的教育除了向学生传授科学知识外,如何引导和服务于学生立德是关键任务。

第三,关于"树什么人"。立德服务于树人,树人是立德的结果,习近平总书记关于新时代的教育应该树什么人也有深刻的思考。习近平 2018 年在北京大学师生座谈会上指出,要"培养一代又一代拥护中国共产党和我国社会主义制度、立志为中国特色社会主义事业奋斗终身的有用人才"。这就意味着教育工作要为社会主义建设服务,培养具有社会主义信仰的人,培养具有国家认同的人,培养具有科学精神、实践能力的人,只有三者有机融合才是中国特色社会主义教育所要"树"的人,也是新时代学生发展所要追求的目标。

三、习近平关于"立德树人"如何落实的思考

习近平总书记不仅对"立德树人"的地位和具体内涵进行了深刻的论述,还对教育应该如何落实"立德树人"根本任务有着深刻和系统地思考和论述,简单来说主要包含实施"三全育人"、改变评价方式和加强师资队伍建设三个方面。

1. 坚持"全员全程全方位育人"

习近平总书记在全国教育大会上指出,办好教育事业,家庭、学校、政府、社会都有责任。要充分调动各方积极性,使一切可能的要素参与到立德树人中,真正实现"全员育人""全程育人""全方位育

人"(以下简称"三全育人")。全员育人从广义上指学校、社会、家庭、学生共同构建育人机制，从狭义上则指学校的全体教职员工共同参与教书育人、管理育人、服务育人。全程育人是指育人要贯穿学生从入学到毕业的整个过程，时间上包括课上、课下、工作日、假期等，空间上包括教室、自习室、实验室、实习单位等。在整个过程中，学校根据时间和空间的改变，根据学生成长的客观规律和学生发展的自身要求有步骤地开展育人工作。全方位育人指通过系统地设计、充分地利用多种载体开展育人工作，将育人工作渗透在学生综合测评、奖学金评定、诚信教育、学风建设、创新创业教育、社会实践等方面，将显性育人与隐性育人相结合，有针对性地把德育渗透到学习、生活、社会实践等环节。全方位育人有助于加强德育内容的多样性，帮助学生养成良好的思想道德素质。①

"三全育人"是习近平总书记对学校如何系统地落实"立德树人"根本任务的思考，将学校教育的主体、时间和空间有效整合进立德树人的过程中，这极大地改变了学校教育中目标碎片化、资源碎片化和途径碎片化的问题，有利于推动学校教育更加有针对性、更加高效和更加有效地落实立德树人根本任务。

2. 努力扭转教育评价方式

习近平总书记强调"要深化教育体制改革，健全立德树人落实机制，扭转不科学的教育评价导向"。教育评价对学校办学、教师从教具有鲜明的导向作用，对于新时代落实立德树人根本任务，培养德智体美劳全面发展的社会主义建设者和接班人具有十分重要的意义。改革开放四十年，我国的教育评价制度经历了重建、调适，已进入到多元发展阶段。2001 年教育部《基础教育课程改革纲要（试行）》的颁布，明确了新世纪教育评价与既有教育评价制度的重要区别，凸显了评价的发展性价值，为教育评价的变革指明了方向和路径，发展性教育评价制度逐渐构建起来。2004 年发布的《2003—2007 教育振兴

---

① 苗青："全员育人、全程育人、全方位育人"德育机制的实践探索，《河南教育（高教）》2018 年第 4 期。

行动计划》，使教育评价的方式得到了发展，除由行政部门自上而下开展评价活动外，第三方评价和自我评价受到重视。2010年教育部发布的《国家中长期教育改革和发展规划纲要（2010—2020年）》是21世纪我国第一个中长期教育规划纲要，其中明确提出："开展由政府、学校、家长及社会各方面参与的教育质量评价活动。做好学生成长记录，完善综合素质评价。探索促进学生发展的多种评价方式，激励学生乐观向上、自主自立、努力成才。"从颁布的系列文件中可以看出，新世纪以来，以成绩和升学率为核心内容的教育评价体系逐渐打破，多主体多方式参与的综合教育评价机制逐步完善。发展性学生评价制度的形成，提升了教育评价制度的育人价值，增强了教育评价活动的活力。教育质量监测制度、县域教育评价制度、农村基础教育评价制度等逐渐发展起来，使得教育评价制度变得更为丰富。行政部门、教育专家、社会中介机构等多方参与教育评价活动，评价主体呈现多元化。第三方教育评价制度的形成以及校本评价的发展，促使教育评价效力大大增强。① 评价制度转变对克服"唯分数、唯升学、唯文凭、唯论文、唯帽子"的顽瘴痼疾，切实落实立德树人具有重要意义。

习近平总书记关于扭转教育评价方式的论述抓住了促进推动学校落实"立德树人"根本任务的核心，教育评价对教育实践活动具有重要的导向作用，不科学的评价诱导教育走向了功利化、绩效化和景观化，严重阻碍了教育对人发展的促进作用。习近平总书记对扭转教育评价方式的论述不是技术层面的思考，而是指明了我国教育改革的方向，有利于以评价来引导和倒逼学校重视立德树人，提高学校落实立德树人根本任务的内驱力。

3. 重视加强教师队伍建设

习近平总书记指出"教师是人类灵魂的工程师，是人类文明的传承者，承载着传播知识、传播思想传播真理，塑造灵魂、塑造生命、塑

---

① 《从规制到赋能——教育制度变迁创新之路》，华东师范大学出版社2018年版。

造新人的时代重任"①,因此他认为建设一支有理想信念、有道德情操、有扎实知识、有仁爱之心的教师队伍,充分发挥教师的率先垂范作用,是新时代落实立德树人根本任务的关键。不仅如此,习近平总书记还指出要把教师队伍建设作为基础工作来做,这充分显示了对教师队伍建设的重视,这与党和国家历来重视教师职业道德建设的传统密不可分。2013 年教育部在《关于建立健全中小学师德建设长效机制的意见》中要求严格师德考核,并且希望各级教育行政部门要制定师德考核办法,学校制定具体的实施细则。2014 年教育部针对中小学比较突出的教师问题颁布了 10 条红线,之后 7 月又发布了 6 条禁令,对一些比较常见的师德行为予以明确的底线规定。2018 年,教育部先后印发了《新时代高校教师职业行为十项准则》《新时代中小学教师职业行为十项准则》《新时代幼儿园教师职业行为十项准则》等文件,这些文件对教师职业道德做出了更为细致、具体的要求。师德的养成不是靠说教和灌输,而应该从教师培养上进行转变,不断提高教师的专业能力。"四十年的改革,我们看到教师培养已经从一个相对封闭的培养机制走向一个开放性、灵活性的教师教育体系,教师培养水平的重心在不断上移,从原有的中师、师专和师范学院到现在的师范学院、师范大学和研究生教育;教师资格考试更为严格和完善,更加全面地考查教师的综合能力;教师职务聘任更加规范,注重教师和学校的双重选择;教师编制制度更加公平,促使教育事业更有效率地发展;教师薪酬更加注重调动教师的积极性,教师的培训也走向了一个更高的层次,从一个"基准线"提高到教师"终身学习"的层次。②

习近平总书记对教师队伍建设的论述不仅再一次提升了教师在教育领域乃至全社会的地位,更重要的是对教师的德与能提出了新期待和新目标,这都为立德树人根本任务的实现提供了良好的基础,

习近平「立德树人」教育思想的内涵与价值研究

---

① 在北京大学师生座谈会上的讲话,《人民日报》2018 年 5 月 3 日。
② 《从规制到赋能——教育制度变迁创新之路》,华东师范大学出版社 2018 年版。

因为只有与学生接触最频繁、最深入的老师兼具德与能,才有可能培养出德才兼备的人,才算是将立德树人落在了实处。

四、习近平"立德树人"教育思想的重要价值

习近平"立德树人"教育思想融汇了我国传统的人才观,延续了建国以来党和国家的教育方针,同时又是新时代中国特色社会主义教育思想的创新,具有鲜明的理论价值和时代价值。

1. 丰富了中国特色社会主义教育思想体系

对教育事业规律的认知影响着党和国家的教育事业规划,习近平总书记"立德树人"教育思想是党和国家关于教育的价值、教育的地位和教育的途径等理论问题认知的集中体现,彰显了党不断追求真理的内在品质。习近平总书记的"立德树人"教育思想将教育放在了国家、社会和个人发展的根基之处,适应了新时代的新情况和新要求,为新时代教育优先战略提供理论支撑,同时还对教育要使国家、社会和个人具有怎样的"德"进行了讨论,深化了对教育本质追求的认识,对新时代教育发展具有方向指引作用,丰富了中国特色社会主义教育思想体系。

2. 为民族复兴的人才需求提供了有力支撑

中华民族的伟大复兴是几代中国人的梦想,中华民族的复兴是文化性的复兴、和平性的复兴,是为了最广大人民的幸福而复兴。因此,我们的民族复兴不仅需要科技人才、建设人才,更需要具有民族德性的人才,习近平总书记的"立德树人"教育思想则为这一需求提供了支撑,其"立德树人"教育思想中关于"德"的论述符合民族复兴的德性要求。立德树人作为教育根本任务,要求所培养之人必须首先是具有德性的人,这就适应了民族复兴的人才需求。

3. 为解决我国教育难题提供了整体方案

新中国的教育事业取得了举世瞩目的成绩,但在发展中也衍生了很多问题,如教育的功利化,使得教育越来越偏离育人性。习近平总书记的"立德树人"教育思想的理论内涵极为丰富,不仅为教育发展提供了根本性的方向指引,更是为解决教育发展中的问题提供了

整体性的方案。为了推动教育实现立德树人根本任务,习近平总书记分别论述了教育资源的利用、教师队伍建设和教育评价改革等内容,这些都为新时代教育发展提供了具体指导。具体而言,习近平的"立德树人"教育思想为我国教育领域综合改革提供了具体的方向和路径,近年来我国教育领域的综合改革也正是在这一思想指导下进行的。

张玉海①

改革开放以来我国市场经济法治建设的进步

——以企业退出机制法治化建设为视角

（上海师范大学　上海　200234）

【摘　要】在党的领导下，改革开放四十余年来，作为市场主体法治化、市场化退出机制的企业破产法不断发展完善，有力地保障了我国经济建设发展。在此期间，企业破产法律制度不断弱化行政色彩，强化市场机制的作用，如市场化、专业化的管理人制度得以建立并不断完善，专业化的审批机构亦同步得到极大发展。在破产法立法理念上亦接受了现代"破产挽救"理念，创设了破产重整制度，以挽救仍具有重整价值的企业。

【关键词】破产　破产重整　管理人

改革开放四十余年来，我国市场经济建设无疑取得了重大成绩。而市场经济天然是法治经济。"法律制度是经济持续发展的基础，破产法不仅涉及'退出的障碍'（barrier to exit），也同时涉及企业家重新进入的障碍，是加强产权保护、鼓励社会创新和企业家精神的制度

---

① 作者简介：张玉海，男，博士，上海师范大学哲学与法政学院讲师、法律硕士导师.上海市徐汇区桂林路 100 号，200234。

基础,对社会经济发展具有重要的意义。"①因此,某种程度上可以将我国改革开放以来企业破产法的演变历史看作我国市场主体退出机制法治化建设的历史。在这个过程中,中国共产党的领导无疑具有举足轻重的作用。正如时任人大法律委员会副主任委员胡康生所指出的:中国共产党的领导是人民当家作主和依法治国的根本保证。党对国家和社会的领导的重要方式便在于,党制定大政方针,提出立法建议,然后通过人大法定程序上升为国家意志。立法工作须服从并服务于党和国家工作的大局。②

一、党领导下的改革开放与企业破产法的变迁

我国历史上第一部以"破产"命名的法律实为清末的《破产律》。在 1949 年新中国建立后,因我国经济建设转向计划经济,因此并无"市场主体退出"之需,自然不存在企业破产法的社会实践基础。正是中共第十一届三中全会作出把工作重点转移到社会主义现代化建设上并实施改革开放的战略决策后,中国特色的社会主义市场经济体制建设才进入人们的视野,在此过程中,破产法始被人提及。③ 自此,我国破产法立法再次启程。

改革开放以来我国第一部破产法是 1986 年 12 月 2 日通过的《中华人民共和国企业破产法(试行)》(以下简称《企业破产法(试行)》),此后于 2006 年对其进行了全新的修订颁行了新的《中华人民共和国企业破产法》(以下简称"企业破产法")。就此,不妨将我国改革开放以来的破产法立法分为《企业破产法(试行)》颁布前、《企业破产法(试行)》颁行后、《企业破产法》颁行前与《企业破产法》颁行后三

---

① "《加强破产法实施 依法促进市场出清》课题组":《加强破产法实施 依法促进市场出清》第 4 页。

② 参见胡康生:《加强立法工作 推进依法治国——人大工作 50 年》,《人民日报》2004 年 09 月 23 日第九版。

③ 参见徐阳光:《改革开放 40 周年与破产法栉风沐雨 30 载》,来源:https://www.sohu.com/a/257308412_689962,最后访问日期 2020 年 8 月 19 日。

个阶段。

《企业破产法（试行）》颁布前我国并无统一的破产立法。后国务院选择在武汉、沈阳和重庆等地开始了破产制度的试点工作，以积累经验。为此，沈阳市政府于1985年2月9日出台了《关于城市集体工业企业破产倒闭处理试行规定》，同年8月3日，市政府向市防爆器材厂、市五金铸造厂、市第三农机厂发出了"破产警戒通告"，在国内外产生了较大影响。同年，重庆市政府部署由市属江北新政府颁布了一份《企业破产暂行条例》。这些试点起到了破产"启蒙"的作用，也为今后的破产法立法积累了一定经验。

1986年12月2日，第六届全国人大常委会第十八次会议最终表决通过了《企业破产法（试行）》，标志着我国统一的企业破产法律制度正式建立。不过，需注意的是，因企业破产涉及面广，当时诸多配套制度建设不完善，因此该法罕见的在附则中规定"本法自全民所有制工业企业法实施满三个月之日起试行，试行的具体部署和步骤由国务院规定。"而全民所有制工业企业法于1988年4月13日第七届全国人民代表大会第一次会议才表决通过。

《企业破产法（试行）》仅有6章43条，在内容上存在较多不足，理念也具有鲜明的时代烙印，难以全面回应实践需求。如该法第2条规定"本法适用于全民所有制企业。"为此，1991年4月9日第七届全国人大在《中华人民共和国民事诉讼法》第二编中专设第十九章"企业法人破产还债程序"，适用于全民所有制企业以外的具有法人资格的其他企业的破产案件。后最高人民法院先后于1991年、1992年颁布了《关于贯彻执行〈中华人民共和国企业破产法（试行）〉若干问题的意见》与《关于适用〈中华人民共和国民事诉讼法〉若干问题的意见》两份司法解释。前者于2002年被《最高人民法院关于审理企业破产案件若干问题的规定》（法释〔2002〕23号）替代。在此期间国务院先后于1994年、1997年发布了《国务院关于在若干城市试行国有企业破产有关问题的通知》（国发〔1994〕59号）与《国务院关于在若干城市试行国有企业兼并破产和职工再就业有关问题的补充通知》（国发〔1997〕10号），重点就职工安置问题进行了部署。

由于作为基础的《企业破产法(试行)》受制于立法时的时代局限,无论是在内容上还是理念上均与现代破产法理念有较大差异,也难以有效回应快速发展中的市场经济实践。因此,自 1994 年 3 月,全国人大财经委员会便根据八届全国人大常委会立法规划的要求着手组织新破产法的起草工作。但由于种种原因,新的企业破产法直到 2006 年才得以通过。

　　历经二十余年的积淀,整体上各界对《企业破产法》的评价均比较积极。如学者指出:《破产法》从立法体例、结构到内容,都堪称一部充分反映世界破产法最新理念的为市场经济量身定做的先进破产法。一位资深的香港执业律师认为,从形式上看,该法的先进性超过市场经济法制更发达的香港的破产法立法。① 不过,该部破产法在立法的过程中也留有不少遗憾,如在草案中曾加入了个人破产的内容,但因争议太大最后正式颁行的《企业破产法》将这部分内容去掉了。这也导致了我国仅有"半部"破产法,而其局限性在当今时代体现的越来越明显。

二、我国破产法发展变迁中的重要理论和实践问题

　　为更好地反映我国企业破产法的演变,下文从审判的专业化建设、破产管理人制度的完善、破产重整制度的完善三个方面予以进一步呈现。党的领导对这些具体破产法律制度的完善同样发挥着重要作用。以审判专业化建设为例,对此具有重要指导、规范作用的《全国法院破产审判工作会议纪要》,便是最高人民法院为落实党的十九大报告提出的贯彻新发展理念、建设现代化经济体系的要求,紧紧围绕高质量发展这条主线,服务和保障供给侧结构性改革,充分发挥人民法院破产审判工作在完善社会主义市场经济主体拯救和退出机制中的积极作用,为决胜全面建成小康社会提供更加有力的司法保障,

---

① 参见李曙光、王佐发:中国〈破产法〉实施三年的实证分析(一)——立法预期与司法实践的差距及其解决路径,《中国政法大学学报》2011 年第 2 期。

而出台的。

（一）破产审判的专业化建设

根据最高人民法院 2018 年 3 月 4 日印发的《全国法院破产审判工作会议纪要》（法〔2018〕53 号），加强破产审判专业化建设的着力点主要在于：审判机构专业化、审判队伍专业化、审判程序规范化、裁判规则标准化、绩效考评科学化。以下就规则构建与组织建设两方面作一介绍评析。

在规则构建方面，自 1986 年《企业破产法（试行）》颁布以来，截止到现在最高人民法院单独或与最高人民检察院联合颁布或印发司法解释 15 件、司法解释性质文件 46 件、两高工作文件 7 件，共计 68 件。上述规则涵盖了自管理人指定与报酬确定、破产原因与破产财产之认定到破产案件立案受理、强制清算与破产案件类型划分、强制清算与破产案件信息业务标准等破产审判相关的各个方面，在企业破产法之外构筑起了较为全面、细致的规则体系，有力保障了我国破产司法实践的开展。

除上述最高人民法院层面的规则构建外，我国地方高级人民法院或中级人民法院也纷纷结合自身实践情况发布了各具特色的规程，有效补充了我国立法、司法解释的滞后与空白。典型如深圳市中级人民法院，作为我国较早开展破产审判活动的法院，其先后发布了诸如《深圳市中级人民法院破产案件管理援助资金管理和使用办法》《深圳市中级人民法院破产案件管理人分级管理办法》《深圳市中级人民法院破产案件立案规程》《深圳市中级人民法院破产案件审理规程》等共计 9 件地方性办法或规程。此外，在我国实践中扮演重要角色的"府院联动"机制是由浙江省内法院创造的。

在组织建设方面，较具代表性的成果应属"清算与破产审判庭"在全国范围内的普遍设立。"近年来，人民法院整体上面临'案多人少'困境。很多法院都将有限的审判力量全部投入到普通案件审判中，未建立专门的破产审判组织。所以在破产工作中就形成了'由于没有专门的审判组织，所以法院不愿或不会处理破产案件；由于不处理破产案件，就更不需要专门的破产审判组织'的不良循环。"①最高人民法院虽然早在 2014 年 11 月 26 日就下发了《关于在部分人民法院开展破产案件审理方式改革试点工作的通知》。但截至 2015 年底，"只有广东深圳中院、浙江温州中院等少数地方法院成立了专门的企业清算与破产审判庭。实践证明，设立专门审判庭的法院，处理企业清算和破产事务的积极性高、效果好。专门审判庭是企业清算和破产审判工作专业化、常态化的重要保障，也有助于破产审判队伍的专业化建设。"②为此，最高人民法院于 2016 年 6 月 21 日下发了《关于在中级人民法院设立清算与破产审判庭的工作方案》(以下简称《工作方案》)，对在中级人民法院设立清算与破产审判庭的总体思路、设立范围、职能范围、案件管辖、人员配备、配套措施等进行了全面规定。受此影响，到 2017 年 11 月全国专业化清算和破产审判庭的数量从 2015 年的 5 个增加到 90 个，③而到 2018 年 1 月则增加到了 97 个，④其中包括 3 家高级法院、63 家中级法院、31 家基层法院。⑤

组织建设方面的另一项代表性成果当属"全国企业破产重整案件信息综合平台"的正式开通，实现了破产案件一站式网上业务协同服务。自 2016 年 8 月 1 日正式开通，"截至 2017 年 12 月 21 日，网站访问量达 1.08 亿人次，公开文书 19463 篇，法官平台案件总量达 19380 件，指定管理人数量 6071 个，管理人成员 16681 人。2017 年以来，利用网络资源召开网络债权人会议 24 场，涉及债权人 19896 人次，涉及债权金额达 1250 余亿元，有效节约破产程序费用，加快破

---

① 杜万华：《依法处置"僵尸企业"开创破产审判工作新局面》，《人民法院报》2016 年 3 月 28 日第 002 版。

② 杜万华：《依法处置"僵尸企业"开创破产审判工作新局面》，《人民法院报》2016 年 3 月 28 日第 002 版。

③ 参见贺小荣：《建设适应现代化经济体系的破产法治》，《人民法院报》2017 年 11 月 15 日第 007 版。

④ 参见杜万华：《当前破产审判工作必须重点把握的十个问题》，《人民法院报》2018 年 4 月 4 日第 005 版。

⑤ 参见周强：《坚持以习近平新时代中国特色社会主义思想为指导加强破产审判工作促进经济高质量发展》，《人民司法·应用》2018 年第 1 期。

改革开放以来我国市场经济法治建设的进步

产审理进程。"①

（二）破产管理人制度的完善

1. 从清算组到管理人

1986 年《企业破产法（试行）》第 24 条规定：人民法院应当自宣告企业破产之日起 15 日内成立清算组，接管破产企业。对此，1991 年最高法院通过的"法经发［1991］35 号"意见进一步规定：成立清算组以前，应由人民法院商同级人民政府从企业上级主管部门人员、政府相关部分人员和专业人员中以公函的形式指定清算组成员，清算组组长由人民法院指定。2002 年的法释［2002］23 号第 48 条继承了上述规则，规定清算组成员可以从破产企业上级主管部门、清算中介机构以及会计、律师中产生，也可以从政府财政、工商管理、计委、经委、审计、税务、物价、劳动、社会保险、土地管理、国有资产管理、人事等部门中指定。

由于破产清算工作具有道德风险大、专业性强、工作量大、期限长等特点，清算组制度在司法实践中暴露出诸多问题。如：(1)清算组成员多来自政府官员，不具备破产专业知识，且往往不能摆脱本职工作的束缚，致使清算组组织松散；(2)清算组的体制及人员构成决定了清算组的行政色彩浓厚，使清算组工作受制于地方政府，缺少独立性和中立性；(3)政府机构委派的清算组成员没有额外报酬，只是作为国家机关的正式在编人员领取固定工资，导致清算组成员缺乏有效激励，清算效率低下；(4)清算组的议事规则及决策主体不清，清算组及其成员的法律责任无法有效追究，法院难以有效地监督与制约。②

2006 年《企业破产法》为了减少破产审判中的行政干预，创建了市场化的管理人制度。不过，由于在立法过程中有人提出，"管理人在企业的重整和解，破产清算程序中，要负责处理大量复杂事务……

① 周强：坚持以习近平新时代中国特色社会主义思想为指导加强破产审判工作促进经济高质量发展，《人民司法·应用》2018 年第 1 期。

② 参见许德风：《破产法论——解释和功能比较的视角》，北京大学出版社 2015 年版，第 252—253 页；王欣新：《破产法》，中国人民大学出版社 2011 年版，第 66—67 页。

特别是国有企业的破产,涉及国有资产处置、职工安置等复杂问题,需要由政府有关部门、机构的人员组成的清算组担任管理人"[1],故而,《企业破产法》并没有彻底废除清算组,在司法实践中尤其是上市公司重整中,清算组仍在相当程度上被采用。

由于《企业破产法》仅对管理人的任职资格、职责及选任等进行了较为原则性的规定。为了进一步完善管理人制度,最高法院于2007年先后发布了《关于审理企业破产案件指定管理人的规定》与《最高人民法院关于审理企业破产案件确定管理人报酬的规定》,就管理人的管理、选任、更换及报酬确定等内容进行了详细规定。此外,一些地方法院面对实践中的困局,也进行了有益探索,如深圳中院针对破产管理人的精细化管理发布了《深圳市中级人民法院破产案件管理人分级管理办法》,针对无产可破案件中管理人报酬的收取问题发布了《深圳市中级人民法院破产案件管理人援助资金管理和使用办法》。江苏、浙江等地的法院,也都出台了类似的规定。

2. 破产管理人制度的基本内容

(1)破产管理人的任职资格。管理人资格主要包含积极资格与消极资格两个方面。对于前者,我国立法未作明确规定,实践中各地法院在编制管理人名册时多参考相关机构的既往业绩、执业人数等要素加以确定。而对于消极资格,《企业破产法》第24条规定,有下列情形之一的,不得担任管理人:因故意犯罪受过刑事处罚;曾被吊销相关专业执业证书;与本案有利害关系;人民法院认为不宜担任管理人的其他情形。此处"与本案有利害关系",最高人民法院在《关于审理企业破产案件指定管理人的规定》第23条中作了进一步明确。

(2)破产管理人选任。有学者指出,在制定管理人的具体指定办法时,要考虑多种目标的实现:其一,保持管理人市场的开放性,不能形成垄断机制;其二,培养长期性、专业化的高质量管理人队伍,要使专业化的中介机构经常有案可办;其三,在制度设计上,不能给

① 许德风:《破产法论——解释和功能比较的视角》,北京大学出版社2015年版,第253页。

法官任意指定管理人的过大权力,以防腐败。不过,市场的开放性、业务的专业性与指定权力的分散化和随机化,这几者之间客观上存在一定的冲突,难以完全实现。① 基于上述考量,结合我国管理人制度的历史、现状和各类破产案件的具体情况,最高法院在《关于审理企业破产案件指定管理人的规定》中设计了三种管理人选任方式,即采取随机方式、竞争方式、接受推荐。

随机方式可有效避免指定管理人环节中法官任意裁量权力过大而可能产生的种种不利影响。因此,人民法院一般应按照管理人名册所列名单采取轮候、抽签、摇号等随机方式公开指定管理人。考虑到采取轮候、抽签、摇号等随机方式指定管理人可能存在无法确保随机指定的管理人成为最有资格、最适宜处理某一案件管理人的缺陷。最高法院又设置了竞争方式选任管理人。对于商业银行、证券公司、保险公司等金融机构或者在全国范围有重大影响、法律关系复杂、债务人财产分散的企业破产案件,人民法院可以采取公告的方式,邀请编入各地人民法院管理人名册中的社会中介机构参与竞争,从参与竞争的社会中介机构中指定管理人。此外,对于经过行政清理、清算的商业银行、证券公司、保险公司等金融机构的破产案件,人民法院除可以按照成立清算组的方式指定管理人外,也可以在金融监督管理机构推荐的已编入管理人名册的社会中介机构中指定管理人。

(3)破产管理人的职责与义务。我国现行《企业破产法》对管理人的职责作了专章规定。此外,有关司法解释对此也有所涉及,如《破产法司法解释(二)》便在管理人申请法院对债务人财产进行保全、行使破产撤销权、取回权等方面进行了规定。综合立法和司法解释相关规定,管理人的职责主要有以下各项:全面接管破产企业;保管和清理与破产企业有关的财产;为清算目的,继续破产企业的营业;经人民法院许可,可以聘用必要的工作人员;决定解除或者继续履行破产宣告时尚未履行的合同;请求召开债权人会议,列席债权人会议并接受债权人会议的监督;对破产财产进行估价、处理、变价和

---

① 王欣新:《破产法》,中国人民大学出版社 2011 年版,第 81 页。

分配;申请终结破产程序,办理破产企业的注销登记。

按照我国《企业破产法》的规定,管理人应当勤勉尽责,忠实执行职务。管理人没有正当理由不得辞去职务。管理人辞去职务应当经人民法院许可。此外,管理人还应接受债权人会议、债权人委员会以及债权人等的监督。

(4)破产管理人的报酬。根据《企业破产法》规定,管理人履行企业破产法规定的职责,有权获得相应报酬。管理人报酬由审理企业破产案件的人民法院依据《最高人民法院关于审理企业破产案件确定管理人报酬的规定》。人民法院应根据债务人最终清偿的财产价值总额,分段确定管理人报酬。此外,为保障无产可破案件中管理人能够正常履职,不少地区法院积极争取财政部门支持,或采取从其他破产案件管理人报酬中提取一定比例等方式,推动设立了破产费用保障资金,建立起破产费用保障长效机制。

(5)破产管理人的管理。近年来,为加强对管理人的管理和约束,维护管理人的合法权益,逐步形成规范、稳定和自律的行业组织,不少地区的人民法院积极支持、引导、推动本辖区范围内管理人名册中的社会中介机构、个人成立管理人协会。

(三)破产重整制度的完善

1. 破产重整制度的建立

我国《企业破产法(试行)》受限于当时的历史背景规定了和解整顿为一体的破产挽救制度。对于《企业破产法(试行)》下整顿制度的缺陷,有学者指出:其一,和解整顿制度与企业所有制形式密切相关,国有企业的整顿须由上述主管部门负责,且与和解程序同时产生、相互继存,不能独立存在。其二,政府行政管理机关参与企业整顿,使整顿成为政府行政管理和经营企业的合法途径,带有计划经济的鲜明特色;其三,忽视人民法院的主导作用,对于国有企业的非自愿破产案件,由该企业的上级主管部门决定是否申请对企业进行整顿,法院只能被动"等待",在政府职能部门提出整顿申请后,人民法院又"消极地"同意。[①]

---

① 蔡晓玲:《我国企业重整法律制度初探》,《法学家》2001年第6期。

由于整顿制度在本质上是由政府主导的行政整顿,已不适应市场经济防范企业破产之需要。故新破产法以各国公认预防破产最为有力的重整制度取而代之,专门设置第八章"重整"以解决债务人的挽救问题。①

虽然《企业破产法》就破产重整的申请、重整期间、重整的制定与批准、重整计划的执行等内容进行相对完备的规定。但相较于域外立法,我国立法在制度设置上仍显粗糙,难以完全满足司法实践的需求,存在立法供给不足的问题,典型如关联企业的合并重整、预重整等。实践中,面对此类问题,只能依赖于个案探索。不过,最高法院也在其权限范围之内提供了部分规则指引,如最高人民法院于2012年10月29日印发了《关于审理上市公司破产重整案件工作座谈会纪要》。该纪要就上市公司破产重整中的如下问题提供了原则性指引:上市公司破产重整案件的审理原则与管辖、破产重整的申请及审查、信息的保密与披露、重整计划草案的制定,以及重整中出资人组的表决等。此外,最高法院正在积极推动破产重整司法解释的制定与出台。

为妥善审理企业重整案件,通过市场化、法治化途径挽救困境企业,最高人民法院在《全国法院破产审判工作会议纪要》中对破产重整审判工作提供了更为全面的要求:(1)加强重整企业的识别审查,对于明显不具备重整价值以及拯救可能性的企业,应通过破产清算,果断实现市场出清。(2)对于债权债务关系复杂、债务规模较大,或者涉及上市公司重整的案件,人民法院在审查重整申请时,可以组织申请人、被申请人听证。债权人、出资人、重整投资人等利害关系人经人民法院准许,也可以参加听证。(3)人民法院要加强与管理人或债务人的沟通,引导其分析债务人陷于困境的原因,有针对性地制定重整计划草案,促使企业重新获得盈利能力,提高重整成功率。人民法院要与政府建立沟通协调机制,帮助管理人或债务人解决重整计划草案制定中的困难和问题。(4)人民法院在审查重整计划时,除合

① 王欣新:《破产法》,中国人民大学出版社2011年版,第245页。

法性审查外,还应审查其中的经营方案是否具有可行性。(5)人民法院应当审慎适用企业破产法第 87 条第 2 款,不得滥用强制批准权。确需强制批准重整计划草案的,重整计划草案除应当符合企业破产法第 87 条第 2 款规定外,如债权人分多组的,还应当至少有一组已经通过重整计划草案,且各表决组中反对者能够获得的清偿利益不低于依照破产清算程序所能获得的利益。(6)因出现国家政策调整、法律修改变化等特殊情况,导致原重整计划无法执行的,债务人或管理人可以申请变更重整计划一次。债权人会议决议同意变更重整计划的,应自决议通过之日起十日内提请人民法院批准。债权人会议决议不同意或者人民法院不批准变更申请的,人民法院经管理人或者利害关系人请求,应当裁定终止重整计划的执行,并宣告债务人破产。(7)人民法院裁定同意变更重整计划的,债务人或者管理人应当在六个月内提出新的重整计划。变更后的重整计划应提交给因重整计划变更而遭受不利影响的债权人组和出资人组进行表决。(8)企业重整后,人民法院要通过加强与政府的沟通协调,帮助重整企业修复信用记录,依法获取税收优惠,以利于重整企业恢复正常生产经营。(9)探索推行庭外重组与庭内重整制度的衔接。

2. 破产重整制度的司法实践与效果

《企业破产法》实施以来的破产重整案件,虽未见最高法院公布全国性数据,但不少地方省级高院在其年度工作报告中偶有披露,如广东省高级人民法院在其 2018 年工作报告中披露,在过去的 5 年中"审结破产案件 1392 件,审理深圳中华自行车集团公司等重整案 148 件"①。而根据"2017 年浙江法院破产审判工作报告","2017 年,全省法院共受理破产申请审查案件 2006 件,法院经审查后正式立案受理破产案件 1626 件,其中破产清算 1587 件、破产重整 38 件、破产和

改革开放以来我国市场经济法治建设的进步

---

① 龚稼立:《2018 年广东省高级人民法院工作报告》,来源:"广东法院网",网址:http://www.gdcourts.gov.cn/web/content/40274-? lmdm = 10753 最后访问日期 2018 年 9 月 19 日。

解 1 件;共审结破产案件 722 件,其中破产清算 641 件、破产重整 78 件、破产和解 2 件。"①相对于非上市公司破产重整数据的非公开性,上市公司破产重整的信息具有公开性,据统计 2007—2016 年间,全国共发生 50 起上市公司破产案件。②

就破产重整的实施效果而言,有实务界人士以上市公司破产重整为例,将其区分为法律效果与社会效果两个维度。上市公司重整的法律效果主要在于:上市公司法人主体地位得以保留,上市公司的上市资格得以维持,以及上市公司至重整时发生的全部债权、债务关系依法得到彻底解决等。而上市公司重整的社会效果主要有以下几个方面:债权人的债权得以最大限度地保护,出资人权益得以保护,金融生态环境得以改善,社会秩序得到维护,相当部分员工的岗位得以保留,创造了投资机会,增加了税收。③

相较于上述实务界的积极评价,学界则以批判、怀疑的态度为主。有学者指出,在近年来的司法实践中,尤其是上市公司重整中,行政权的运行偏离了立法初衷,越来越多地"越界"参与到破产重整中,主要体现为:上市公司管理人选任机制的非市场化、重整价值分配的扭曲、强制批准制度的滥用等。④

对于重整立法的预期与现实之间的差距,有学者进一步指出:公司重整制度的主要目标在于保护公司的营运价值,而我国申请重整的上市公司,多属于至少连续三年亏损而面临退市风险的 * ST 或 ST 公司,他们中的大多数在此之前已经经过一次或多次庭外重组,这一事实足以让人对其营运价值产生怀疑,实际上重整中更看中的

---

① 浙江省高级人民法院:《2017 年浙江法院破产审判工作报告》,来源:"浙江法院新闻网",网址: http://www. zjcourt. cn/art/2018/4/16/art_133_13513. html　最后访问日期 2018 年 9 月 19 日。

② 参见刘延岭、赵坤成主编:《上市公司重整案例解析》,法律出版社 2017 年版,第 3 页。

③ 参见刘延岭、赵坤成主编:《上市公司重整案例解析》,法律出版社 2017 年版,前言部分第 6—8 页。

④ 参见丁燕:上市公司重整中行政权运行的偏离与矫正——以 45 家破产重组之上市公司为研究样本,《法学论坛》2016 年第 2 期。

是上市公司的"壳"资源。此外,既有上市公司重整中的管理人运行也背离了立法预期——重整管理人以市场中介机构和职业人员为主导,通过使用其专业知识降低重整谈判中的交易成本。① 在2007—2016年间的50起上市公司重整案件中,采用清算组担任管理人的有38起,占比76%;采用中介机构的只有12起,占比24%。②

对于这种背离,李曙光教授与王佐发博士将其归结于法律实施的政治经济背景:首先,我国经济体制转型尚未完成,行政力量的偏好以及行政力量对政治经济生活的影响能力在很大程度上塑造了当前破产重整制度的实施模式;其次,在市场发育尚不成熟,行政力量影响社会经济生活方方面面的经济转型时期,重整中涉及的复杂局面市场力量往往难以独立应对,或者根本不存在相关市场,代表市场力量的中介机构或者专业执业者也就没有能力主导重整,难以胜任管理人角色。此外,法律职业人员的素质不高也是一个因素。③

三、代结语:党领导下的我国破产法未来展望

通过前文对我国改革开放40余年来企业破产法制演变史的简单梳理不难发现,在党的领导下,我国企业破产法律制度的建设整体上与我国市场经济发展水平相适应,有力地保障了我国市场经济的发展。对于未来,不难想见,我国企业破产法律制度的建设仍将不断顺应我国不断发展中的市场经济建设。近几年来,我国经济建设中的两大热点无疑是"供给侧改革"与"营商环境"改善,这也为企业破产法律制度建设提出了全新的课题。

2015年底召开的中央经济工作会议提出,"要尽可能多兼并重

① 参见李曙光、王佐发:中国〈破产法〉实施三年的实证分析——立法预期与司法实践的差距及其解决路径,《中国政法大学学报》2011年第2期。
② 参见刘延岭、赵坤成主编:《上市公司重整案例解析》,法律出版社2017年版,第9页。
③ 参见李曙光、王佐发:中国〈破产法〉实施三年的实证分析——立法预期与司法实践的差距及其解决路径,《中国政法大学学报》2011年第2期。

组、少破产清算"以助力化解过剩产能。2016 年中美元首杭州峰会上达成的共识亦强调破产重整、破产和解、破产清算制度和机制对依法解决产能过剩问题的重要性,并就此提出我国将通过继续建立专门的破产审判庭、不断完善破产管理人制度以及运用信息化手段等方式推进破产法的实施,以期加快解决产能过剩问题。

为回应上述政策精神,最高人民法院自 2016 年起推出了前述一系列重大举措。各地法院还定期、不定期发布典型案例,以起到引导示范效应。

与上述司法审判机关的积极作为相呼应的是各类市场主体的大胆创新,如危困企业投资并购联盟、资产投资促进机构及信息共享平台等不断建立。与此同时,不少地区还不失时机地建立了破产管理人协会,以加强管理人的管理工作,促进管理人机构的健康有序发展。

对于改善"营商环境",近年来习近平主席多次作出重要指示。其中,"办理破产"是世界银行评估商业经营的 10 个领域之一。根据世界银行《2018 年营商环境报告》,中国大陆在这一领域排名第 56 位。影响我国大陆地区排名进一步提高的因素主要有以下几个方面:"回收率""时间""成本""债权人参与指数"。此外,在上述"权利保护"的考核指标中,破产程序中的权利保护状况也有一定的占比。

"债权人参与指数"的具体评价指标包含以下四个方面:第一,债权人是否可以任命破产管理人,或有权批准或拒绝破产管理人的任命;第二,债权人是否需要批准破产程序过程中债务人的大量资产的出售;第三,个人债权人在破产程序进行中是否有权获得有关债务人财务的信息;第四,个人债权人是否可以反对法院或破产管理人的决议,从而关于批准或拒绝债权人本身或其他债权人对债务人提出的要求。受限于我国《企业破产法》的整体制度构造,我国大陆地区仅在第四项上得分。

对于债权人收回贷款的时间,《营商环境报告》所测量的时间段从公司违约之时开始,直至其拖欠银行的款项部分或全部偿付之时结束。各方可能采取的拖延战术,比如提出拖延时间的申诉或延期申请等,均考虑在内。因此,符合破产受理要件的案件及早进入破产程序有利于缩短债权人收回贷款的时间。因而我国有必要进一步加强破产理念的宣传工作,塑造有利于破产审判工作的社会环境,进一步便利破产案件的申请与受理,切实解决破产案件"立案难"问题。

而影响诉讼成本占债务人不动产价值百分比的因素,包括法庭费用和政府税费、破产管理费、拍卖费、评估费和律师费以及其他一切费用和成本。"回收率"则按债权人通过重组、清算或债务执行(抵押物没收或破产)等法律行动收回的债务占债务额的百分比来记录。

最高法院于 2018 年颁布的《全国法院破产审判工作会议纪要》虽对上述问题多有涉及,但受限于"纪要"的效力层次,其目标将难以完全实现。因此,应在时机成熟时有针对性地推动我国《企业破产法》的修订、完善。

黄友初①

教师专业的时代内涵与高师院校的现实职责

——《习近平关于教育重要论述》的解读与启示

（上海师范大学　上海　200234）

【摘　要】通过对《习近平关于教育重要论述》的学习和解读，更好地理解了随着时代发展，社会人才需求素养化和教师群体价值重构的内部自省，都对教师的专业素养提出了诉求，教师专业素养是教师专业化发展的时代诠释。为此，高师院校应该明确职前教师专业素养发展为核心，通过课程的教学、活动的实践和文化的营造，更好地促进职前教师优良人格品质的养成，丰富教师知识，发展教师能力，为中华民族伟大复兴配备高素养的教师。

【关键词】习近平关于教育重要论述　教师专业素养　高师院校

教师是以培养学生为职责的专门的教育工作者，是学生智力的开发者和个性的塑造者，在社会发展中起着关键性的作用。他的工作受社会的委托，是社会教育方针、政策、课程的贯彻者和执行者，对学生的思想品德、知识技能、政治方向等方面的形成和发展起着导航

---

① 作者简介：黄友初，男，教育学博士，上海师范大学教育学院教授、博士生导师，主要研究方向为课程与教学论和教师专业发展。上海市徐汇区桂林路100号，200234。

作用。习近平总书记高度重视教师队伍建设,在《习近平关于教育重要论述》(以下简称《重要论述》)中对教师的工作本质、好老师标准和教师专业发展都进行了阐述,做出了指示。他认为教师肩负实现"两个一百年"奋斗目标、中华民族伟大复兴中国梦的使命和责任,要把坚持教师队伍建设作为基础工作。① 在不同的发展阶段,社会对教师的专业也有着不同的诉求,教师队伍建设的主要目标是满足社会现实对教师数量的需求,发展与社会发展相匹配的教师专业水平。为此,需要对时代背景下的教师专业内涵进行诠释,师范院校能根据教师专业的时代内涵,构建合理有效的培养体系,为社会输送合格教师。

(一)教师专业素养的时代诉求

学生的核心素养已成了关注的热点,这是社会发展的必然趋势,也是教育研究范式转变的必然结果。教育的核心要义是促进人的全面发展,不仅要有知识、有技能,还要有修养、有智慧,是兼具必备品格和关键能力的人才。② 这对教师的专业提出了新的要求,教师应根据教育目标、学习环境和学生特点,诠释专业的时代内涵,构建合乎的教师专业素养的体系。这是社会发展的必然选择,也是教师专业发展的时代诉求。

1. 社会人才需求素养化诉求教师专业素养化

在全球化、信息化与知识社会的背景下,各国综合国力的竞争已从过去表层的生产力水平竞争,转化为深层次的以人才为中心的竞争。③ 这种人才不仅要具备知识和技能,还具有较强的终身学习能力,能适应不断变化的生活节奏和工作性质,是一种综合的素养。④ 所谓素养,是个体以先天禀赋为基础,经过后天实践养成、较

① 教育部课题组:《深入学习习近平关于教育的重要论述》,人民出版社2019年版,第26—27页。

② 黄友初:核心素养视域下教师知识的解构与建构,《上海师范大学学报(哲学社会科学版)》第48卷第2期,第106—113页。

③ 林崇德:《21世纪学生发展核心素养研究》,北京师范大学出版社2016年版。

④ 杨向东:核心素养与我国基础教育课程改革的深化,《上海课程教学研究》2016年第1期,第3—7+34页。

为稳定的心理品质,包含了知识、能力和品行。① 在信息社会,知识的获取途径日渐多元,各行业既高度分化又相互融合,只有超越了知识与技能的素养,才能适应变动不居的复杂情境。因为相比较知识与技能,素养更为注重个体的全面发展,注重内化和养成,具有内在性和终极性,粘连性和统领性,是个体进一步成长的内核。② 这些都表明,素养已成了衡量人才的重要标准,而社会人才需求的素养化,必然导致教育的改革。为此,近年来欧盟、澳大利亚、美国、日本、新加坡等国家相继推出了教育发展战略,确立了核心素养的教育目标,并以此推动课程和教学的改革。2014 年,我国教育部也颁发了相关意见,要求在教育教学中发展学生的核心素养,课程标准、课程方案、教科书编写、课堂教学和学业评价等方面都要围绕着该中心展开。

教育改革的内外一致性决定了,基础教育的改革必然引起教师教育的价值联动。随着教学目标、教学内容和教学环境的变化,教师的知识结构、教学方式、教育信念也将做出必要的调整。核心素养的教育目标,注重学生的内化和养成,注重个体的全面发展。这不仅要求教师能理解素养的内涵,更要发展与之相匹配的教师专业素养。只有构建适合时代需求的教师专业素养,教师才能更好的实施教育和教学,才能更好地培养高素养的人才。因此,素养导向教育目标的确立,必然导致教师专业内涵的变革,发展教师的专业素养是教师专业化的时代主旨。

2. 群体价值的自省与重构诉求教师专业素养化

《重要论述》对教师工作的复杂性有了较为明确的论述,认为在经济全球化背景下,思想的多样化、生活的多面性,导致教师在教育中所遭遇、面对的问题越来越复杂。③ 这种现象也表明了教师专业

---

① 黄友初:《数学素养的内涵、测评与发展研究》,科学出版社 2016 年版。
② 杨忠君:试论以"素养"为内核的教师专业成长,《教育科学》2015 年第 31 卷第 4 期,第 46—50 页。
③ 教育部课题组:《深入学习习近平关于教育的重要论述》,人民出版社 2019 年版,第 136 页。

化发展的持续性和长期性,信息社会知识更迭和文化革新加剧,新的教育技术和教学环境也向教师的能力提出了新的挑战。这些都迫切要求教师进行价值重构,对已有的价值观念、价值取向、价值形式进行评价、批判和选择,抛弃过时的、陈旧的价值观念和取向,构建合适的、崭新的价值方式。为此,教师需要在专业化进程中,逐渐提升主体意识,能主动捕捉时代变革信息,促使自身内在的价值自觉。在思想观念上,摈弃传统固有的教育价值观念,能对多元价值进行批判和选择;在课程内容上,超越以知识形态为主的课程设置,注重培养未来社会所需的能力;在教学方法上,突破枯燥单一的传递式教学,能借助现代技术和多元授课方式促进学生知识、技能和情感的综合发展。只有以终身学习的意识推动自身素养的提升,教师的专业才能更好地实现内在价值的升华。[1] 社会的变革和教育的发展,都迫切需要教师对自身的专业进行自省与重构。

进入职业化后,教师的专业化发展经历了"组织发展"和"专业发展"两个阶段。前者谋求整个专业社会地位的提升,体现了工会主义取向和强调教师入职高标准的专业主义取向;而后者强调教师个体的主动发展,是教师追求专业价值的职业理想,展现了理智取向、实践-反思取向和生态取向等教师专业的发展模式。[2] 从被动到主动,从粗放到精细,教师的专业化随着社会的发展逐步深化。从精英化到大众化,从发展能力到提高素养,从大班化教学到小班化教学,从粉笔黑板到网络化的多媒体教学,教师的专业水平随着教育的变革逐步提高。如今,在社会人才需求素养化的背景下,教育的体制、教学的方式和学习的途径都将发生较大变化。这种变化超越了传统课程的范畴,体现了个体全面发展的教育本质观,凸显了终身学习的教育生态观。[3] 为此,教师必须深入反思和不断更新,从知识核心、能力核心,逐步走向

① 曾文茜、罗生全:国外中小学教师核心素养的价值分析,《外国中小学教育》2017 年第 7 期,第 9—16 页。
② 教育部师范教育司:《教师专业化的理论与实践》,人民教育出版社 2003 年版。
③ 谢维和:谈核心素养的"资格",《中国教育学刊》2016 年第 5 期,第 3 页。

素养核心的专业发展模式,构建合乎时代需求和教育规律的专业素养体系。这些都表明了,发展教师的专业素养,不仅是核心素养教育赋予教师专业化的时代内涵,也是教师群体自觉发展的必然选择。

(二)教师专业素养的时代内涵与基本特征

教师专业素养是社会发展的现实诉求,也是教师专业化演进的理想诉求,其内涵既要凸显教师专业的基本特征,也要彰显教师专业的时代特性。为此,从时代背景审视教师专业的内涵,可认为教师专业素养是教师在先天条件基础上,经历养育、教育和实践等各种后天途径逐步养成,对教师的教育、教学活动有着显著影响的素质和修养,是教师从事符合时代发展的职业活动所需要的各种心理品质的总和。① 只有符合时代发展的专业素养,教师才能更好地塑造灵魂、塑造生命,更好地为我国社会的发展培养更多、更优秀的人才。

教师专业素养是教师素质和教养的融合,是教师天性和习性的结合,也是教师内在秉性和外在行为的综合,决定了教师专业发展的高度和取向。它的基本特征主要表现为,在内容取向上具有专业性,在价值取向上具有统领性,在组织取向上具有发展性。

教师专业素养的内涵是建立在把教师职业视为一种"专业"的基础上,具有较强职业特殊性和标志性,是教师专业所特有的素养。这种素养仅聚焦在教师的教育活动和教学实践中,并会对教师的教育和教学效果产生显著性影响,而与教师作为普通公民的其他品质没有必然联系。因此,教师专业素养不能简单称为教师素养,其原因在于后者所涉及的层面较为宽泛,未能彰显教师专业独有的素养品性。教师专业素养的专业性特征,是教师专业本质的重要体现与基本保证。

教师专业素养是教师从事教育教学实践所需要的各种心理品质的总和,既有内在的认知与理念,也有外在的行为与能力;既包括了一般教师都应具有的基础性品质,也涵盖了具有教师个人特色的专有品质。这种品质不仅综合性强,更是教师各种教育和教学实践活

① 黄友初:教师专业素养:内涵、构成要素与提升路径,《教育科学》2019年第35卷第3期,第48—55页。

动的指引。它统领着教师知识的发展、能力的提升和理念的更新,统领着教师专业的核心素养与非核心素养之间的协同发展,也统领着教师在实践活动中的各种外显性行为。教师专业素养的统领性特征,是教师专业价值的重要体现。

教师专业素养是教师在先天条件基础上,通过后天的学习、生活和实践逐步形成的,具有一定的稳定性,但是它也具有不完备性和可变性,会随着社会的变革和教师自身素养的变化逐步调整,从一个稳定体发展到另一个稳定体,不断适应着教育的需求和教师个体的变化。这其中教师自身的内部因素是关键,社会的外部因素是根本,在内部和外部因素的交互作用下,教师的专业素养形成了稳定和变化的统一体,螺旋式地上升或者下降。教师专业素养的发展性特征,是教师专业不断发展的着力点,也体现了教师专业发展的可行性。

(三)教师专业素养的实然困境

一直以来,教育的根本目的是为了促进个体的发展,核心素养的教育目标,旨在培养全面发展的人才,其目标定位与信息化社会的发展潮流是相符的。为此,教师需要发展与教育目标相契合的专业素养。但在目前的教育研究和教师教育体系中,还缺乏对教师专业素养进行探讨和构建,教师专业素养在教育实然困境。

1. 教师专业素养在教育研究中的缺失

近年来,核心素养成了教育研究的热点之一,尤其是 2014 年教育部颁布了《关于全面深化课程改革落实立德树人根本任务的意见》之后,国内掀起了研究核心素养的热潮,有关核心素养的文献接踵而至,有关核心素养的研讨会应接不暇。"核心素养"俨然成了教育界的热门词汇,各种活动言必称核心素养。以篇名为"核心素养"在中国知网进行检索,发现截至 2019 年 12 月,相关文献的总数已经达到了 23071 篇,这些文献大多出现于 2015 年以后。这些都说明了,核心素养已成了我国教育研究的焦点。

但是,这些研究大多聚焦于学生的核心素养,主要内容包括核心素养对于学生发展的价值、学生核心素养的内涵和发展等三个方面,而对教师素养、教师专业素养或教师核心素养的研讨文献并不多见。在中国知网中,研究者输入"教师+核心素养"进行检索,发现文献的总数仅为 608 篇,占篇名为核心素养文献总数的 2.64％。这种反差与教师在教学中的主导地位是不相称的,说明了教师专业素养在教育研究中的缺失。教师是教学的主导,是教育目标落实的关键,没有高素养的教师,学生核心素养的发展也将无从谈起。而教育研究是教育实践的升华,也是教育发展的指引,对教师的专业化发展有着重要的推动作用。因此,在素养导向的教育时代背景下,有必要对教师专业素养进行研究,弥补这种缺失。

2. 教师专业素养在职前教师教育中的缺失

鉴于教师在教育中的重要地位,各国都建立了较为完善的教师教育体系,通过职前和在职教师教育,促进教师的专业发展。但是,目前我国教师教育的质量参差不齐,一些高师院校和培训部门并未将教师专业素养的发展作为教师教育课程设置和教学方式选择的目标和依据,他们更多的是考虑自己能开设哪些课程,最擅长的教学方式是怎样的,而这些课程是否是教师所需要的,教学方式能否有效提升教师的专业素养并未做过多的探讨。因此,教师专业素养在教师发展的实践中也处于缺失状态。

新中国成立后,我国建立了独立的师范院校,而且参照苏联的教学计划拟定了教学科目,经过几十年的发展,很多师范院校的办学规模和办学理念都发生了较大的变化,我国的师范教育也逐步从“旧三级”(中专、专科、本科),走向了“新三级”(专科、本科、研究生)。但是,目前我国的师范教育还存在若干不足,突出表现为以下几个方面:

首先,很多高校在发展中追求“大而全”的综合化道路,对特色专业和学科的支持力度不足,导致了高师院校存在了重学术性轻师范性的趋势。例如有的师范院校变成了综合院校,有的院校的师范教育课程的设置缺乏必要理论依据,较为主观。部分师范院校的课程中教育实践类课程比例过小,存在重理论轻实践的现象,甚至还存在因人设课的现象。[①] 这也导致了各院校为师范生所开设的专业课程

---

① 廖哲勋:论高师院校本科课程体系的改革,《课程·教材·教法》2001 年第 1 期,第 56—59 页。

都不尽相同,有的甚至存在着较大的区别。

其次,教师教育类课程内容陈旧,缺乏横向知识联结,课程设置与综合大学相差无几。现行的教育类课程缺乏灵活性,几乎是必修课程一统天下。课程内容没能体现教育科学的最新研究,未能针对师范生的认知水平和能力,及其毕业后的未来就业,也没能很好地与中小学教育教学实际以及当前教育教学科研水平联系,缺乏针对性。[①] 出现这种现象的内部原因在于,教育理论的特质具有抽象性,有其自身的普适性与系统性,并且是以学科的方式存在的;而教育实践则是具体的,具有个体性与情境性的特点,它打破了学科的界限,是理论的综合运用,因此教师教育的理论与实践相脱离有其必然性。其外部原因在于,在一些教师教育过程中,将教师作为"技术人员"看待,进行"强制性"的灌输,而不是将教师看作具有反思能力和创新能力的"专业人员",这种培养方式,也导致了教师教育的理论与实践的二元对立。[②]

最后,部分高师院校教师对教学缺乏重视,存在照本宣科或教学工作科研化的现象。例如,有教师上课就照着课本或者课件念,缺乏内容的展开和师生的互动;有教师将教学工作转嫁给学生,自己不讲或讲授非常少量,大部分的课堂时间是让学生自学后上台讲授;也有教师讲授内容过于理论化,教学科研化,传播的是自身研究的内容和方法,缺乏有针对性的提高师范生所迫切需要提高的专业能力;也有部分教师课堂教学能力较弱,未能充分调动学生学习积极性,更是给职前教师教学技能的提升造成了负面的影响。

(四)师范院校的现实职责

培养学生的核心素养已成了各国教育的重要目标,教育的内外部发展都对教师的专业素养提出诉求。这对教师教育提出了新的要求,各师范院校是培养教师的重要场所,是推动我国教育发展的"工

---

① 贺玉兰:职前教师教育课程设置研究,《华东师范大学硕士学位论文》2007年。

② 黄友初、金莹:基于本、硕一体化的卓越教师培养模式研究,《宁波大学学报(教育科学版)》2016年第38卷第3期,第74—77页。

作母机",需要在新时代的教育发展中担负起现实职责,通过课程与教学的改革,更好地促进职前教师专业素养的发展。

1. 注重职前教师优良人格品质的养成教育

习总书记对好老师提出了四个标准,分别为要有理想信念、有道德情操、有扎实学识和有仁爱之心。[①] 其中,理想信念、道德情操和仁爱之心都是人格品质的范畴,这表明教师专业素养的重要体现在于具备较高的人格品质。不仅要有正确的价值观、爱国爱党、遵规守纪,还要热爱教育事业,愿意为了教学工作和学生发展努力,关爱学生,做好学生全面发展的引路人和推动者。教师所应具备的人格品质是由教师的职业特征所决定的,师范院校的学习对他们人格品质的发展有着重要的影响。为此,各师范院校应该通过课程的教学、活动的实践和文化的营造,更好地促进职前教师优良人格品质的养成。

在课程的教学中,应该注重课程思政建设,在课程的教学过程中,不仅要传递正确的价值观,还要逐步提升职前教师的职业认同感,树立较高的教育情怀。在教育教学过程中,高校教师的自身的示范性也将起到重要的作用,不仅需要传递正确的价值观和道德观,还需要通过自身在教育教学中知识和能力的体现,影响职前教师的人格品质。在课程之余,高师院校可以组织各类观摩、比赛、讲座和交流等活动,同时通过有形和无形校园文化的创建,更好地促进职前教师以德立身、以德立学和以德施教品质的养成。[②]

2. 深化职前教师教育的课程和教学改革

职前教师教育包括对师范生和教育硕士的教育,它为教师能力的发展打下基础,是教师知识储备的关键阶段,也是教师品格和教师信念逐渐形成的重要时期。但是,目前的教师教育课程设置存在一定的经验性和随意性,教学手段存在较强的单一性和机械性,这些都

---

① 教育部课题组:《深入学习习近平关于教育的重要论述》,人民出版社2019年版,第133页。

② 教育部课题组:《深入学习习近平关于教育的重要论述》,人民出版社2019年版,第135页。

降低了教师专业素养发展的有效性。例如,小学教师的全科化培养,难以形成有效的学科知识结构图谱;中学教师的学术性倾向课程与教学,则会影响教学所需要学科知识的有效转化,也会在一定程度上阻碍教学能力的发展。① 为此,高师院校应树立职前教师专业素养发展为核心,推进课程与教学有效改革。

课程设置处于人才培养的核心地位,科学合理地建构教师教育课程体系是提高教师教育的基础。② 教学方式是课程目标落实的关键,只有实施恰当合理的教学,才能获得理想的教学效果。在核心素养教育背景下,教师教育应充分体现教师专业的复杂性、内蕴性与整体性,不能把教师视为知识的接受者和消费者,把教师定位为熟练的"技术操作员"。应该看到,教师的专业不仅体现为外在的教学能力,更需要内在的教学知识、教育信念和教育品格,而这些品质是融为一体、不可分割的。因此,只有以教师专业素养的发展为核心构建教师教育的课程体系,在课程教学中充分体现教育现实,融入现代化元素,才能激发教师的学习热情,从而有效促进教师知识、能力、品格和信念的发展。

(五)结束语

好老师是民族的希望,也是习总书记对教育和教师的寄语,更应该成为教师自省的标准与自觉的行动。③ 新中国成立 70 年来,随着社会的发展对教师专业化不断提出了新的要求,如今教师专业素养逐渐成为了教师专业化的主旨,只有提高教师的专业素养,才能更好地发展学生的核心素养。通过对《重要论述》的解读,我们对教师教育有了更深刻的认识,通过诠释教师专业的时代内涵,高师院校才有针对性的深化课程和教学的改革,更好地促进职前教师的专业发展,为中华民族的伟大复兴贡献力量。

---

① 黄友初:改革开放 40 年来我国教师专业化的回顾与展望,《课程·教材·教法》2018 年第 38 卷第 11 期,第 11—17 页。

② 姜大源:论高等职业教育课程的系统化设计—关于工作过程系统化课程开发的解读,《中国高教研究》2009 年第 4 期,第 66—70 页。

③ 教育部课题组:深入学习习近平关于教育的重要论述,人民出版社 2019 年版,第 142 页。

张海燕①

实事求是、调查研究是探求真理的坚强基石

——学习陈云事迹有感

（上海师范大学　上海　200234）

【摘　要】实事求是历来是中国共产党的基本思想路线，是毛泽东思想的精髓，是邓小平建设有中国特色社会主义理论的哲学基础。陈云同志一生秉持我党的这一基本路线，坚守"不唯上，不唯书，只维实"的做人做事原则，通过大量的调查研究，为国家、为人民寻找出一条奋进之道、发展之路，为国家全面开创社会主义现代化建设的新局面开辟了蹊径。实事求是的精髓在于解放思想、不忘初心、勇担使命。陈云同志正是这一精髓的典范，引领我们走在探求真理、唯实、为民、唯国的道路上。

【关键词】实事求是　调查研究　客观事物　解放思想

一、尊重客观事物、尊重规律是陈云做事的准则

陈云是我国伟大的无产阶级革命家、政治家、杰出的马克思主义

---

① 作者简介：张海燕，女，硕士，上海师范大学外国语学院副教授、硕士生导师，国际交流处副处长，主要研究方向为中国与英语国家地域文化、教育与历史比较研究。上海市徐汇区桂林路 100 号，200234。

者。他为新中国的成立奉献了自己的青春年华，为中国共产党的壮大奉献了自己的智慧和勇气。新中国成立后又带领全国人民悉心投入到国家的经济建设中，将中国经济稳步推向一个新的台阶。从1954 年第一个五年计划编制到1957 年计划全面提前完成或超额完成，无不倾注了陈云同志和小组成员的心血和汗水。第一个五年计划之所以能取得令人瞩目的成就的重要原因就是，计划建立在大量的调查研究的基础上，实行了决策的民主化、施工的程度化和组织的严密性。陈云一贯强调，计划要建立在积极可行的基础上，要实事求是，好比拉二胡，弦松了，就拉不出调来，弦要是太紧了，它又容易断。所以，只有在认真研究并调整琴弦后才能奏出精准的音调。编制国家计划也必须以实事求是为原则，在调查研究的基础上稳步开展，不能乱提计划，提客观上做不到的事，那就是犯盲目冒进的错误，会危害国家和人民的利益。① 尊重客观事物、尊重规律是陈云做事的准则。

二、实事求是历来是我党的基本思想路线

实事求是历来是我党的基本思想路线。毛泽东在《改造我们的学习》中指出："实事"就是客观存在着的一切事物，"是"就是客观事物的内部联系，即规律性，"求"就是我们去研究。毛泽东认为，"是"就是事物的规律，"求是"就是认真追求、研究事物的发展规律，找出周围事物的内部联系，作为我们工作的向导。毛泽东同志还解释说：学习马克思主义要"有的放矢"，"的"就是中国革命，"矢"就是马克思列宁主义。中国共产党人之所以要找"矢"，就是为了要射中国革命这个"的"。这种态度就是"实事求是"的态度。"这种态度，有实事求是之意，无哗众取宠之心。这种态度，就是党性的表现，就是理论和实践统一的马克思列宁主义的作风"。②

"文化大革命"中，好多革命的老同志受到迫害就是因为所谓的

---

① 《陈云》电视剧，CCTV 节目官网，电视剧_央视网（cctv. com）。

② 360 百科："实事求是"，https：//baike. so. com/doc/92020-97206. html。

专案组在审查干部时不以事实为依据，不以党内党法党规为依据，而是先入为主，先定罪后找材料，很多党员干部受到冤屈，扰乱了党内生活的正常开展。"文革"一结束，陈云立刻提出撤销专案组，将党内部分的问题交还给中央组织部复查并建议把问题放到当时的历史情况中去考查，做出实事求是的结论。1978 年 12 月，党的十一届三中全会重新确立了实事求是的思想路线，为全面改革奠定了思想理论基础，为平反冤假错案提供了坚强护盾。陈云同志以其"不唯上，不唯书，只唯实"的做人做事原则带领中央纪律检查委员会开展大量的实事求是的调查研究工作，为遭受冤假错案迫害的同志平了反，昭了雪，维护、巩固和完善了社会主义民主和社会主义法制，使类似的冤案错案不再重演，使我们的党和国家永不变色。正如彭钢所评价的："从拨乱反正来讲，我觉得在这方面陈云起了很大的作用，谁也不能代替的作用，因为当时在那种极左思潮的情况下，能够有这个勇气，能够提出来，也就是有这种求实的精神，为真理而斗争的精神。"①正是因为有陈云为代表的国家领导人，本着实事求是、调查研究的精神，才使得国家卸下了沉重的历史包袱，迎来了全面开创社会主义现代化建设的新局面。

三、实事求是、调查研究是探求真理的坚强基石

中国共产党发展的历史和伟人一生的奋斗史，再一次证明了，实事求是、调查研究是探求真理的坚强基石。党的十一届三中全会提出，实事求是是毛泽东思想的精髓，是邓小平建设有中国特色社会主义理论的哲学基础。人们对"实事求是"的认识，有一个历史发展过程。对这一认识过程做历史考察，将有利于坚持实事求是的思想路线。在此思想理论基础的引领下，我国大胆地步入体制的整体化变革，推行改革开放政策，开展了真理标准大讨论，重温了我党的实事求是和求真务实的思想路线，修正了建国以来国家所走的一些弯路，

---

① 《陈云的故事》纪录片，CCTV 节目官网。

解放了人们的思想,为后期的中国特色社会主义的建设奠定了思想和理论基础,逐步把中国由传统型社会向现代型社会演进,从封闭型社会向开放型社会过渡,社会的活力得到激发,全国逐渐形成了敢试敢闯的创新思维,广大人民的主观能动性和创造力得到了充分的发挥。在短短的几年内国家就发生了翻天覆地的变化,这种变化体现在每个人点点滴滴的家庭事务中,我们不再期盼年终领取年货票,不再拥挤在弄堂里围看一架黑白电视机里的节目,不再东凑西拼,弄些肉票为老人祝寿,春节不再为了买到一斤黄鱼而披星戴月等候菜市场的开张。平日懒散的大街小巷有了生机,工厂的夜晚灯火也通明起来,百姓的生活日渐富裕起来,从万元户到 10 万元户,再到百万元户,从四世同堂的筒子楼到三口之家的独门独户,等等。人民的生活水平提高了,幸福指数也高了,为国家贡献的干劲也足了,涌现出千千万万的改革领军人物,仅 40 多年国家就取得了举世瞩目的成就。

四、解放思想、不忘初心、勇担使命是实事求是的精髓

陈云同志奋斗的一生告诉我们,实事求是的精髓在于解放思想、不忘初心、勇担使命。中央党史和文献研究院院务委员会委员冯俊对解放思想做如下阐述:

我们改革进入了攻坚期和深水区,好改的问题已经改过了,留的都是一些硬骨头,我们要以更大的政治勇气和更高的智慧,去闯急流险滩,去克服艰难险阻,没有解放思想,这些问题是解决不了的。解放思想要以马克思主义为指导,要运用马克思主义、毛泽东思想基本原理。解放思想和四项基本原则不是矛盾的,是一致的。解放思想还要注重方法论,解放思想不是异想天开、胡思乱想,不是在家闭门造车,也不是莽撞蛮干,解放思想要和实事求是相统一。习近平新时代中国特色社会主义思想昭示着我们,解放思想是没有止境的,没有思想大解放就没有改革开放的大突破,实践永无止境,解放思想永无

止境,所以改革开放永无止境。①

　　所以,只有解放了思想,才能大胆放手地去承担使命,去实现初心。对于国际交流工作来讲,我们从事的工作要求我们首先必须摒弃闭关自守的思想,勇于接受和挑战新的理念和新的思维模式,勇于改革,勇于创新,这样才能真正达成实干的目标,真正加快扩大开放的步伐。然而,在当今世界风云变化多端的情况下,国际交流和港澳台事务工作所迈出的每一步和所做出的每一个决定都必须建立在调查研究、深思熟虑的基础上,绝不能异想天开、莽撞蛮干,一旦走错了一步,小者给师生带来损失,大者有损于国家形象,甚至危害国家利益。所以,师生的利益是首要的,国家的形象是至高的。在学生海外交流工作中,我们不能盲目地追求学生派出的量,而要注重学生交流学习的质,全方位做好学生交流学习的监测工作,了解学生对项目的感知度,及时反馈项目存在的问题,提出合理性建议。在与海外教育机构洽谈项目时,不能单方面听其宣传,而应多方了解对方的办学声誉,了解其在我国其他高校合作的情况,慎做决定,缓做决定,以达成我们合作交流的初衷,即为师生提供真正的高质量的交流项目,让师生学有所值,学有所获。在对外籍教师管理工作中,要大胆放手让外籍教师参与到教学研究和教学管理中,让外籍教师真正融入学校的教师队伍,充分发挥他们的才智和特长,为我所用,惠及学科和教学的发展。

　　国家、学校、个人无不是在不断求实、探索和实践的漫漫长征路上壮大、发展、和进步的。陈云同志的"不唯上,不唯书,只唯实"为自己开辟了一条康庄大道,也为国家的发展和民族的利益撑起了一片天地。国家在发展,民族在进步,探求真理永远不会停歇,实事求是、调查研究便是其坚强的基石,永固不衰。

---

　　① 新时代如何解放思想?,《求实访谈》第 170 期,http：//www.qstheory.cn/zhuanqu/qsft/2018-06/29/c_1123055470.htm。

李宇靖①

理论讲师团参与习近平新时代中国特色社会主义思想"三进"机制研究②

（上海师范大学　上海　200234）

【摘　要】互联网技术的迅猛发展，高校理论讲师团承担了把习近平新时代中国特色社会主义思想作为师生理论学习教育的重要内容，推动进教材、进课堂、进师生头脑的重要任务。因此，必须参与"三进"工作，从体制机制、队伍建设、管理模式、宣讲形式、参与思政课和课程思政改革等方面来探索推动新时代高校理论讲师团参与"三进"的方法路径。

【关键词】习近平新时代中国特色社会主义思想　高校理论讲师团　"三进"工作

学习贯彻习近平新时代中国特色社会主义思想是全党全国的首要政治任务，党的十九大确立了习近平新时代中国特色社会主义思想作为党的指导思想的历史地位并写进党章，十三届全国人大一次会议通过的宪法修正案将习近平新时代中国特色社会主义思想载入宪法，实现了党和国家指导思想的又一次与时俱进。按照中央学懂弄通做实的要求，各高等学校要把习近平新时代中国特色社会主义

① 李宇靖(1979—　)，男，浙江上虞人，上海师范大学宣传部，博士，主要从事高校党的建设和思想政治工作理论研究。

② 基金项目：上海高校马克思主义理论研究项目(ZX2019 - YJ21)。

思想作为师生理论学习教育的重要内容，推动进教材、进课堂、进师生头脑。理论讲师团是高校马克思主义理论宣传队伍的核心部分，承担着推动高校马克思主义中国化时代化大众化的主力军的功能。进入新时代，在深入推进习近平新时代中国特色社会主义思想"三进"工作的要求下，如何进一步优化高校马克思主义理论讲师团工作机制，构建队伍合力，是当前形势下进一步深化落实党和国家宣传思想工作指示，加强理论武装和育人实效的关键。

一、新时代高校理论讲师团参与"三进"工作的时代背景

党的十八大以来，以习近平总书记为核心的党中央高度重视宣传舆论和意识形态工作，习近平总书记在党的十九大、建党 95 周年纪念大会、纪念马克思诞辰 200 周年大会、全国宣传思想工作会议、全国教育大会、全国高校思想政治工作会议、学校思政课教师座谈会、哲学社会科学工作座谈会、文艺工作座谈会的讲话等，都对新时期理论宣传和意识形态工作都提出了明确要求。因此，加强党的理论、方针、政策宣传，特别是加强习近平新时代中国特色社会主义思想的宣传和党的十九大精神的宣传，是当前和今后一段时期教育系统的重要使命，是巩固"两学一做"学习教育的重要内容，也是高校宣传部门实现"六个统筹"的重要抓手。

1. 高校马克思主义理论宣传是推进马克思主义三化的重要力量

高校马克思主义理论宣传要以马克思主义中国化时代化大众化为指引，始终坚持与中国的具体实际相结合，立足于中国国情，体现时代的特征，抓住不同时期学生的特点，开展有针对性的宣传。

（1）革命战争时期。马克思主义理论宣传就要使马克思主义理论和中国革命实际运动相结合，为解决中国革命的理论问题和策略问题而去找立场，找观点，找方法，不是为了单纯地学理论而去学理论。毛泽东认为，在学校教育过程中，"教哲学的不引导学生研究中国革命的逻辑，教经济学的不引导学生研究中国经济的特点，教政治学的不引导学生研究中国革命的策略，教军事学的不引导学生研究

适合中国特点的战略和战术"①,其结果就是谬种流传,误人不浅。

（2）社会主义建设初期。加强马克思主义理论学习和宣传,就是要使马克思主义理论和中国社会主义建设相结合,培养有社会主义觉悟的建设者和接班人。毛泽东提出,青年学生要努力学习马克思主义和时事政治,要形成正确的政治观点,"我们的教育方针,应该使受教育者在德育、智育、体育几方面都得到发展,成为有社会主义觉悟的有文化的劳动者"②。

（3）改革开放初期。坚持马克思主义理论宣传就是"要向青年进行有理想、有纪律的教育"③,引导师生用"马克思主义观点研究经济、历史、政法、哲学、文学等等"④,建设有中国特色的社会主义。邓小平指出,马克思主义必须发展。"我们不把马克思主义当作教条,而是把马克思主义同中国的具体实践相结合,提出自己的方针,所以才能取得胜利"⑤。党的十三届四中全会以来,高校马克思主义理论宣传要围绕"全面贯彻党的教育方针,坚持社会主义办学方向"⑥来进行。如何来实现? 江泽民提出了五个加强:要加强对学生进行马克思列宁主义、毛泽东思想基本理论特别是邓小平同志建设有中国特色社会主义理论的教育,加强党的基本路线的教育,加强爱国主义、集体主义、社会主义思想的教育,加强中国近代史、现代史和国情的教育,加强我国优秀文化传统和革命传统的教育。党的十六大之后,胡锦涛提出"加强理想信念教育和道德教育,把社会主义核心价值体系融入国民教育全过程,深入推动中国特色社会主义理论体系进教材、进课堂、进头脑",为高校马克思主义理论宣传指明了方向。

（4）进入新时代。习近平始终强调要坚持不懈传播马克思主义科学理论,高校"要教育引导学生正确认识世界和中国发展大势,从

① 《毛泽东选集》第3卷,人民出版社1991年版,第798页。
② 《毛泽东文集》第7卷,人民出版社1999年版,第226页。
③ 《邓小平文选》第3卷,人民出版社1993年版,第191页。
④ 《邓小平文选》第2卷,人民出版社1994年版,第53页。
⑤ 《邓小平文选》第3卷,人民出版社1993年版,第191页。
⑥ 《江泽民文选》第1卷,人民出版社2006年版,第371页。

我们党探索中国特色社会主义历史发展和伟大实践中,认识和把握人类社会发展的历史必然性,认识和把握中国特色社会主义的历史必然性,不断树立为共产主义远大理想和中国特色社会主义共同理想而奋斗的信念和信心"①。

2. 当前复杂形势迫需新时代高校开展好"三进"工作

当前高校马克思主义理论宣传面临前所未有的机遇,也面临前所未有的挑战,集中表现在三个方面:

(1)经济迅速发展带来的新挑战。随着改革开放不断深入和时代的快速发展,带来利益格局深刻调整以及生活方式发生巨大变化,人们的思想活动变得更加多元。随着经济社会的不断发展和改革开放的持续深入,唤醒和激发了人们身心蕴藏的巨大能量,人们渴望有更多的施展舞台、更加公平公正的规则、更多人生出彩的机会、更好的发展空间以及实现更好的发展。当物质财富积累到一定程度,人们对精神文化生活的需求就会上升到新的层次,渴望过上更高水平更高质量更高品位的生活。党的十九大报告明确新时代我国社会主要矛盾是人民日益增长的美好生活需要和不平衡不充分的发展之间的矛盾。由于经济的快速发展,暂时压缩了发展中必然要出现的社会矛盾,中国还没有完全建立起与经济发展水平相同步的规则和保障体系。房价高、看病难、教育不公、食品安全、药品安全、交通安全、空气污染、环境问题等仍然牵动着每一个人的神经,社会不公正现象依然大量存在。人们很容易受到各类社会矛盾的困扰,也容易受某一事件的影响或某一思潮的鼓动,采取偏激行为,甚至引发群体事件。

(2)思想文化领域复杂多变带来的新挑战。虽然目前中国思想文化领域的主旋律健康积极向上,社会正能量得到不断弘扬,人民大众对党和政府的信心不断增强。但时代飞速发展、信息传递迅捷、国际国内形势深刻变化、不同思想文化交融交锋、社会思潮多元多变多样,给社会思想文化领域带来复杂影响,巩固马克思主义在意识形态领域指导地位的任务依然迫切而艰巨。各种反马克思主义思潮、误

---

① 《习近平谈治国理政》第2卷,外文出版社2017年版,第377—378页。

导性言论竞相发声,扰乱视听。当前,历史虚无主义、宪政民主、普世价值、新自由主义、民主社会主义、文化保守主义这几种反马克思主义社会思潮是仍然需要引起高度警惕和注意的。① 西方敌对势力对中国意识形态领域的渗透更具隐蔽性和蛊惑性。随着中国经济实力强劲上升和在全球影响力的日益显著,西方敌对势力对中国意识形态领域的渗透已经由明转暗,逐步诱导人们在不知不觉中淡化政治意识、丢失理想信念和民族传统、对党的领导失去信心、不再坚信马克思主义,转而学习西方的价值理念、社会制度和生活方式。宗教极端势力、民族分裂势力、暴力恐怖势力这"三股势力"不断抬头,对少数民族青年大学生的渗透形势严峻。他们以民族、宗教为招牌,煽动所谓针对"异教徒"的"圣战",挑起民族仇视和暴动骚乱。② 随着经济社会的不断发展,"三股势力"渗透的方式更加隐蔽、形式更加多样、团伙性也更加明显。

(3)自媒体的广泛应用带来的新挑战。自媒体以互联网技术为核心技术,以微信、微博、博客等为主要表现形式,是目前应用最为广泛的一种媒体形态。自媒体具有信息传播便捷、互动性强等优势,但其信息传播的扁平化、碎片化、圈群化对主流意识形态话语的主导地位带来了极为明显的挑战。自媒体不同于传统媒体的信息发布流程,其审核把关门槛、信息发布的质量要求和技术门槛都大大降低。自媒体信息传播机制是扁平式的,省略了中间审核环节直接到达受众,客观性、真实性、正确导向性无法得到保证,影响了主流意识形态的影响力和权威性,其即时化、碎片化信息不够深入、具体和客观,很容易被无心之人和别有用心之人断章取义,混淆视听,误导大众,容易形成圈群效应,引发舆情热点。高校处于社会大环境中,无论是经济快速发展引发的各种社会矛盾,还是思想文化领域的复杂多变,以

---

① 白立新:《高校意识形态工作话语权研究》,东北师范大学博士论文,2018年,第81页。

② 白立新:《高校意识形态工作话语权研究》,东北师范大学博士论文,2018年,第82页。

及自媒体时代引发的舆情热点，都深刻影响着高校意识形态工作，给高校马克思主义理论宣传带来了全新的挑战。

3. 开展好"三进"工作是当前高校加强马克思主义理论宣传的重要抓手

中国的高校肩负着人才培养、科学研究、社会服务、文化传承创新、国际交流合作的重要使命，肩负着学习研究宣传马克思主义、培养中国特色社会主义事业合格建设者和可靠接班人的重大任务，"要把马克思主义作为必修课，成为马克思主义学习、研究、宣传的重要阵地"①。

（1）学会运用马克思主义立场观点方法。不断深化学生对马克思主义历史必然性和科学真理性、理论意义和现实意义的认识，教育他们学会运用马克思主义立场观点方法观察世界、分析世界，真正搞懂面临的时代课题，深刻把握世界发展走向，认清中国和世界发展大势，让学生深刻感悟马克思主义真理力量，为学生成长成才打下科学思想基础。②

（2）充分发挥课堂主渠道作用。课堂教学在学校教育体系中是最基本的教育途径，也是最具目的性、组织性、体系性和指向性的，它在学校教育各种形式中的核心地位和基本作用，决定了它在成为知识教育、能力培养主阵地的同时，也成为引导学生思想政治素质提升发展的主阵地③，成为高校马克思主义理论宣传体系中的主线。要改进思想政治理论课的课堂教学，满足学生成长发展的需求和期待，引导学生用马克思主义理论武装头脑，不断提升理论素养。

（3）切实发挥马克思主义理论学科的引领作用。注重挖掘哲学社会科学以及其他学科中关于马克思主义理论的内容空间，使其他各类课程能够与思想政治理论课同向同行，形成协同效应，做到从不

---

① 《习近平谈治国理政》，外文出版社 2014 年版，第 154 页。
② 习近平：抓住培养社会主义建设者和接班人根本任务　努力建设中国特色世界一流大学，载于《人民日报》2018 年 5 月 3 日。
③ 沈壮海：加强和改进高校宣传思想工作的主线、基础和重点，载于《中国高等教育》2015 年第 6 期。

同层次、不同角度或不同方面展开、深化和支撑马克思主义理论的教育。

二、新时代高校理论讲师团参与"三进"工作的现状分析

近年来,高校马克思主义理论宣传工作取得的成绩非常显著:"三个事关"已经得到高度认同,党对高校的领导得到了切实加强,大学生思想政治教育成效显著,教师思想政治素质明显提高,各类阵地建设和管理不断加强,中国特色社会主义理论体系进教材进课堂进头脑工作扎实有效,社会主义核心价值观建设持续推进,高校意识形态领域主流积极健康向上。就高校讲师团的工作开展情况而言,据不完全统计,上海31所公办本科高校中,21所高校有教师讲师团,占比68%;24所高校有学生理论社团,占比77%;9所高校有学生讲师团,占比29%。其中,复旦大学博士生讲师团较具代表性,2002年组建,着眼于"学以致用双向增进,宣传理论服务社会",深入校内外基层一线开展理论宣讲,累计宣讲1400多场,听众超过54000人次。总的来说,公办本科高校开展理论宣讲工作普遍有一定基础,宣讲需求和工作热情较高。在肯定成绩的同时,我们也发现,当前高校在巩固马克思主义在意识形态领域指导地位方面还存在一些问题,加强马克思主义理论宣传工作有待提升。主要表现为以下三个方面:

1. 马克思主义理论阐释能力不强

马克思列宁主义、毛泽东思想、邓小平理论、"三个代表"重要思想、科学发展观、习近平新时代中国特色社会主义思想,作为马克思主义及其中国化的理论,是中国共产党的行动指南,是高度凝练和概括的纯理论,需要做好理论灵活阐述工作。当前,作为高校马克思主义理论宣传主渠道的思想政治理论课,虽然在大学生入耳入脑入心的实践方面积累了宝贵经验,话语的亲和力、感染力有了一定程度的提高,但总体时代化、大众化、生活化的效果还不够理想,理论阐释的鲜活性不强。马克思主义及其中国化的理论成果的主体内容与核心思想是宏观而凝练的,但这个宏观而凝练的主题内涵和外延都十分丰富。高校在进行理论宣传时,重视程度很高,但投入到更深入的、

更精准宣传上的时间和精力还远远不够,理论阐释广而不深,宏观而不细致。马克思主义及其中国化的理论成果是不断完善发展的,在中国革命、建设、改革和发展的不同时期,有不同的宣传重点。高校对马克思主义理论宣传总体把握是到位的,但在全校范围内、不同层面中继续深入宣传、真正领会落实到位的力度还不够,有些工作还较为短期和表层,理论阐释的连续性深入性不足。

2. 马克思主义理论宣传队伍的战斗力不强

理论宣传队伍中各类人员的作用发挥不均衡,高校马克思主义理论宣传的主力军是绝大部分党员领导干部特别是各级党组织主要负责人、专职宣传思想工作者、思想政治理论课教师和大学生辅导员等,他们活跃在宣传思想工作的第一线,发挥了重要作用。相比他们而言,大多数行政岗位的党员领导干部更关注具体业务,在马克思主义理论宣传方面的意识不强。理论宣传队伍在面对新的挑战时,存在着不同程度的本领恐慌。领导干部、专职宣传思想工作者以及专职教师,具有较好的专业学识和综合知识储备,政治素质、理论水平较高,但他们对 95 后、00 后学生的话语习惯、思维方式、关注热点的了解和把握还不深、不透。辅导员与大学生年龄相近、成长环境相近、思想相近,与大学生接触最多,但他们的政治理论水平和政治敏锐性、鉴别力有待提高,生活阅历、工作经验有待积累。高校马克思主义理论宣传队伍工作联动机制运行也不够顺畅。更多情况下,各部门各单位是在学校党委及党委宣传部门的统一部署下,按照各自的职责范围,以工作的责任心和经验为动力和保障,开展形式不一、效果不一的工作,发出的声音内容深浅程度不同,发声的时间先后有别,原则立场并不能高度统一。①

3. 对校内马克思主义理论宣传平台利用不充分

目前,高校自媒体平台的应用能力还相对较弱,整体上还处于培养和成长阶段。自媒体平台的内容有待进一步丰富和提高层次,应

① 白立新:《高校意识形态工作话语权研究》,东北师范大学博士论文,2018年,第 98 页。

用技术力量缺乏，人员配备不足，影响了自媒体平台作用的进一步发挥。高校内部各类媒体融合发展思路尚不明晰。高校校园门户网站、官方微信受重视程度最高，不断进行改版以符合时代发展的需要，而校内报纸、校园广播发展步伐不断减缓甚至消失。高校各类媒体平台也各自为战，不能各展所长、形成矩阵、实现融合发展，没能很好地实现宣传共振效应。高校马克思主义理论课堂教学的育人功能还有待进一步发挥。作为马克思主义理论宣传主渠道主阵地的思想政治理论课，吸引力和亲和力还有待进一步增强，在教材建设、授课形式和师资队伍建设上还需进一步努力。

总体而言，从理论讲师团运作存在的问题来看，部分高校理论宣讲工作尚不平衡，仍需在体制机制、机构设置、人员配备、师资人才等方面进行完善。一些人文社科学科相对薄弱的学校、整体规模较小的学校、民办高校等，不同程度地存在理论学习制度不健全、讲师缺乏、学习氛围不浓、组织动员力量不足、资金缺乏等问题，有的学校还较为严重。因此，统筹本系统学科和专家资源，建立完善高校理论宣传讲师团制度，构建本市教育系统层面理论宣传公共平台，同时通过推动学校层面建立校级讲师团和学生讲师团，是进一步做好本系统理论学习和宣传工作的重要抓手。

三、新时代高校加强理论讲师团参与"三进"工作的路径建议

理论讲师团作为学习研究宣传马克思列宁主义、毛泽东思想和中国特色社会主义理论体系的组织，具有坚定的政治方向性、鲜明的时代性、强大的生命力和科学的实践性几个特征，是高校推进马克思主义大众化的有效载体，引领广大师生深入学习习近平新时代中国特色社会主义思想的重要抓手。

1. 加强支撑保障：建立健全相关工作体制机制

高校要认真做好理论宣传工作体系和工作机制建设。一是加强导向管理。理论宣讲工作对导向要求很高，必须从专家遴选、宣讲内容、宣讲组织、纪律要求等环节进行严格把关。为此必须按照"谁组织、谁负责"的原则，明确导向管理的责任主体：管理校级讲师团的

责任主体为学校党委,具体责任人为相应的党委分管领导和宣传部门负责人。二是加强统筹协调。把理论宣讲工作同党委中心组和各级党组织的理论学习结合起来,同高校思政工作结合起来,同高校马学科、马院和智库建设结合起来,同师生的志愿服务和社会实践结合起来。三是加强条件保障。高校党委要为宣讲工作提供必要的经费、场地、设备等支持。党委宣传部、学工部、研工部、团委等部门要加强对讲师团、理论社团进行指导、培训和管理。对于导向正确、宣讲效果好的讲师团,应给予必要的精神和物质奖励,或给予配套课题支持。此外,还要做好讲师团师资档案资料管理,做好台账记录等。

2. 优化人资整合:持续建强分层分类宣讲队伍

高校要探索满足不同需求,组建分层分类讲师团。第一级为教育系统讲师团。高校要积极向上级教育主管部门推荐相关学科领域具有较高理论造诣和学术修养、教学效果优良的专家学者,组成省市一级的教育系统讲师团,面向本省市内的全部高校开展理论宣讲。第二级为校级讲师团。由各高校党委遴选具有较高学术修养、教学效果优良的专家学者和中青年教师骨干等组成校级讲师团,面向本校师生开展理论宣讲,同时负责对本校学生讲师团进行培训、对学生理论社团进行指导。第三级为学生讲师团。由各高校选拔优秀学生特别是博士研究生、硕士研究生,以学生理论社团形式,以主题报告、理论研讨、理论沙龙等方式,面向学生群体开展理论宣讲、推动大学生开展理论学习。要高标准加强对讲师团成员的培育,定期举行集体备课,邀请校内外知名专家学者进行专题辅导,成员之间就理论问题和宣讲内容进行深入交流,帮助成员正确、深入地掌握理论,对理论真学真懂真信。

3. 完善管理模式:积极推动师生成员结对互助

鼓励高校对学生讲师团进行分组培训和管理。从校级讲师团的专家成员中遴选顾问,面向学生讲师团成员开展集体备课、专题研讨等多形式培训;从中青年骨干教师成员中选配教学指导导师,应具有相关领域研究专长和一线教学经验,帮助学生讲师团成员提升宣讲能力;由相关学院和职能部门负责人担任管理服务教师,负责协调学生讲师团的日常管理、经费保障和考评激励等工作。这样一种管理和培训模式,不仅有利于提高各高校理论讲师团的成员素养,也从一个侧面推动了青年马克思主义者的培养和孵化工作。

4. 突出问题意识:不断细化宣讲工作方式方法

从回应师生问题、启发思考角度推进习近平新时代中国特色社会主义思想入脑入心。一是要通过调研、走访,认真梳理师生关心的热点、难点问题,找准师生的理论需求点,并根据不同类型服务对象的特点量身定制宣讲活动。二要善用大众化的语言、鲜活的事例和翔实的数据进行讲解,寓说理于说事之中,深入浅出,言之有物。在宣讲中,讲师团成员应注重同受众的互动交流,每位成员的报告都要预留互动时间,通过现场答问等形式,同听众进行面对面的深入交流,增强宣讲的实效。三是要活用网络新媒体技术,依托"学习强国""易班"等网络平台,建立和完善学校官方新媒体矩阵,逐步引入理论宣传网络直播,遴选、培养一批网上明星讲师,以在线直播形式进行理论讲授,吸引更多师生用户关注。

5. 增强反哺功能:参与构建思政教育课程体系

积极推动习近平新时代中国特色社会主义思想融入课堂教学。一是融入思政课堂。讲师团可以在4门思政必修课的基础上,运用中国系列选修课程平台,围绕习近平新时代中国特色社会主义思想和党的十九大精神,从内容顶层设计到教学方法创新,为不同专业的学子量身定制符合学生求知需求的全新思政课。二是融入形势与政策课。根据党的创新理论成果和十九大内容,对原有政治经济、文化、国际关系等模块的课件和讲义内容进行及时调整,使十九大精神"零时差"融入课堂。三是融入课程思政。讲师团专家可以通过参与校院两级课程思政教育教学改革学习辅导和集体备课的方式,引导广大教师用习近平新时代中国特色社会主义思想丰富课程教学内容。

习近平总书记在全国高校思想政治工作会议上对传播马克思主义科学理论,抓好马克思主义理论教育提出了要求。高校作为意识形态工作前沿阵地,在学习研究宣传马克思主义工作中承载着重大使命与责任,理论讲师团则在传播马克思主义科学理论中起着重要作用。时政不断变化,知识不断更新,高校理论讲师团必须一如既往承担起马克思主义理论基层宣传重任,既重视教育实践,又产生理论成果,不仅立足学校,更要服务社会,根据不同时期的具体要求展开理论宣讲,建立长效机制,持久发挥理论先锋作用。

刘 怡①

以历史教育为载体进行青年思想政治教育的价值意蕴和实践理路

（上海师范大学 上海 200234）

【摘 要】历史教育是对青年进行思想政治教育的重要载体。历史教育主要在三方面体现其对于青年思想政治教育的特殊功能和作用：历史教育供给青年明确的历史坐标；供给青年明辨是非曲折的实践经验库；供给青年持续的、正向的精神资源。历史教育历来是高校思政课体系中的重要内容，延安时期、新中国成立后以及改革开放以来，历史教育在高校思想政治教育课程体系中的演变过程，为当前青年思想政治教育工作中历史教育的实践提供了基本经验。在当前培养时代新人的要求下，作为青年思想政治教育载体的历史教育在实践中要重点处理几对关系：把握"世界视野"与"中国立场"的关系；完整地讲"挫折"与"光荣"；厘清"家国情怀"与"个人发展"的关系。

【关键词】历史教育 思想政治教育 青年

历史是最好的教科书、清醒剂和营养剂，历史教育是对青年进行思想政治教育的重要载体。2016 年 7 月 1 日，习近平在庆祝中国共

① 作者简介：刘怡，女，历史学博士，马克思主义理论博士后，上海师范大学马克思主义学院讲师，主要研究方向为中共党史、中华人民共和国史、中国近现代史基本问题研究。上海市徐汇区桂林路 100 号，200234。

产党成立九十五周年大会上号召广大青年要"深刻了解近代以来中国人民和中华民族不懈奋斗的光荣历史和伟大历程",并"勇做走在时代前列的奋进者、开拓者、奉献者";在全国高校思想政治工作会议上,习近平提出要引导学生"从我们党探索中国特色社会主义历史发展和伟大实践中"来认识和把握人类社会发展、中国特色社会主义的历史必然性,继而"不断树立为共产主义远大理想和中国特色社会主义共同理想而奋斗的信念和信心";习近平还强调要坚持和发展中国特色社会主义、把党和国家各项事业继续推向前进,就"必须修好"党史、国史这门"必修课"①。

青年兴则国家兴,青年强则国家强。青年思想政治教育的目标是培养有正确的理想、坚定的信念的青年一代,为"实现中华民族伟大复兴"提供"源源不断的强大力量"。让青年接受历史教育,是实现这一目标的有效形式。历史教育作为青年思想政治教育的载体,梳理它的功能定位、发展历程及实践理论有重要的理论和现实意义。

一、历史教育作为青年思想政治教育载体的功能定位及作用

对青年进行有效的思想政治教育,有两点重要遵循。第一,服务青年思想政治教育关于培养符合时代要求、能够承担时代责任的"全面发展的社会主义建设者和接班人"的任务。第二,关照作为教育对象的青年关于在参与思想政治教育实践活动时有更多获得感的期待,回应青年对于"成长得更好、工作得更好、生活得更好"的美好生活需求。作为青年思想政治教育的重要载体,历史教育主要在以下三方面体现其特殊功能和作用。

1. 历史教育供给青年明确的历史坐标

要培养青年的家国情怀和责任担当就需要克服当下在青年中普

---

① 习近平在中共中央政治局第七次集体学习时强调:在对历史的深入思考中更好走向未来　交出发展中国特色社会主义合格答卷,《人民日报》2013 年 6 月 27 日,第 1 版。

遍存在的虚空感、无根感。这种虚无感源于青年对本国历史的疏离，它会让青年的成长遭遇一系列困境——对国家、民族发展的来龙去脉既不了解，就无法客观地认知当下的国情，也就更谈不上家国担当，继而造成理想信念的缺失，导致青年精神上"缺钙"。

历史教育提供了对症之药。毛泽东曾提到"今天的中国是历史的中国的一个发展"①，"单通现在是不够的，还须通过去"②；邓小平认为"了解自己的历史很重要""要用历史教育青年"③，使青年搞清楚"中国现在干的究竟是什么事情"；习近平谈到"只有回看走过的路、比较别人的路、远眺前行的路，弄清楚我们从哪儿来、往哪儿去，很多问题才能看得深、把得准"。历史教育疏通了过去、现在和未来，帮助青年明确自身所处的历史坐标，解决了青年有关"我们从哪里来""要到哪里去"，以及"当下要承担什么样的历史使命"的困惑。

青年基于"了解"，继而认同；因为"参与"，所以自觉地担当。当代青年接过历史接力棒，便要"在自己所处的时代条件下谋划人生、创造历史"，建立与时代主题"同心同向的理想信念"。历史教育为青年提供了明确的历史坐标，只有置身其中，青年才能够自觉地树立"高远的理想追求、深沉的家国情怀"以对抗虚无感。

2. 历史教育供给青年明辨是非曲折的实践经验库

当前世界形势纷繁复杂，多种思潮、各类问题甚嚣尘上，青年面临的学业、工作、生活方面的问题也层出不穷。青年涉世不深，思考不深入，得到的认知也就不够深刻、坚定，往往"看山是山、看水是水"，无法透过现象看本质，遇到挫折便容易怀疑动摇；更有甚者，部分青年面对诱惑，在大是大非面前迷失了自我，导致人生的路越走越偏、越走越窄。

历史教育提供丰富的实践经验库——一定程度上弥补了青年"实践经验尚少"的局限性——来帮助青年培养明辨是非曲折和正确

① 《毛泽东选集》（第2卷），人民出版社1991年版，第534页。
② 《毛泽东文集》（第2卷），人民出版社1993年版，第177页。
③ 《邓小平文选》（第3卷），人民出版社1993年版，第205页。

判断、选择的能力。首先,过去的历史实际上是已经证明的过去的实践,其中的是非曲折成为把握当下的重要参照,为青年做正确的决断提供借鉴。毛泽东虽一再强调实践经验对于青年掌握"完全的知识"的重要性,但也提出对于青年而言,接受"前人总结的"、已被"人家证明了"的知识"是完全必要的"。再者,历史教育在提供丰富的史实基础上,更注重引导青年深入思考"为什么""如何评价"的问题。青年通过思考历史发生过程的来龙去脉,并适时总结历史规律,进而逐渐习得历史意识和历史眼光,便能"自觉按照历史规律和历史发展的辩证法办事"。青年一旦养成科学的历史思维,便能"终身受用"。科学的历史思维提供了想问题、作决策时的强大底气——"用正确的立场观点方法分析问题""把握历史和时代的发展方向""把握社会生活的主流和支流、现象和本质"。正如习近平所说,正确的观念和科学思维是一把"总钥匙",有了它,再来看社会万象、人生历程,"一切是非、正误、主次,一切真假、善恶、美丑,自然就洞若观火、清澈明了"[①]。"是非明,方向清",才能"路子正"。

3. 历史教育供给青年持续的、正向的精神资源

青年往往与正面能量相关联。马克思赞扬青年昂扬的斗志,因为青年"无疑是开始走上生活道路而又不愿在最重要的事情上听天由命"[②];较之"老年人习以为常的平庸迟钝",恩格斯热情地肯定青年"崇高奔放的激情"[③];毛泽东说青年们带着可贵的"新鲜血液与朝气""是整个社会力量中的一部分最积极最有生气的力量";习近平评价"青年最富有朝气、最富有梦想"。青年这种天然的正面能量是宝贵的,但若不加以积极地引导,往往转瞬即逝。

在当下青年中普遍存在两种有关正能量的误解。一种是口号式的、空洞的"正能量",它回避挫败、问题和困境。部分青年视这种正

① 《十八大以来重要文献选编》(中),中央文献出版社 2016 年版,第 7—8 页。
② 《马克思恩格斯全集》(第 1 卷),人民出版社 1995 年版,第 455 页。
③ 《马克思恩格斯全集》(第 2 卷),人民出版社 2005 年版,第 305 页。

能量为自动解决一切问题的灵丹妙药,面对困难,他们总是试图掩耳盗铃,对由自己所构想出的美好生活幻境感到亢奋。另一种误解则是对正能量的反感与排斥,正能量被认为是土气的、过时的事情。部分青年认为人生的底色就是灰暗的,对正能量嗤之以鼻,转而在审美意义上去追求"佛系"和"丧"。既是"无所求",偶有所得,便又欢喜于"小欢喜""小确幸"。显然这两种有关正能量的误解,会使青年的思考浮于表面并丧失解决问题的能力,都是狭隘、肤浅的,也都不是真正意义上的正能量。

好比在小麦的"灌浆期""拔穗期",阳光、水分若跟不上,就会耽误一季的庄稼。青年也需要接收持续的、正向的能量支持。青年的思想政治教育强调,教育对象"因实实在在地收获体验而产生的持续的正向的主观感受"①。历史教育则是供给这种正向能量的重要载体。习近平曾说多学习、重温历史,心中会增添许多正能量。历史教育通过提供丰富的精神资源库,为青年供给持续的、正向的精神资源。中国共产党历来重视从历史中汲取"信仰"和"精神资源",以支持青年的成长。江泽民号召青年学习和发扬鲁迅精神——爱国主义精神、坚韧的战斗精神和博采众长、勇于创新的精神;号召青年学习以王铁人为代表的大庆精神——为国争光,为民族争气的爱国主义精神;艰苦奋斗,自力更生的艰苦创业精神;讲究科学,尊重科学的"三老四严"精神;胸怀全局,为国分忧的奉献精神;不怕任何艰难险阻,不惜付出一切牺牲的精神;坚持独立自主、实事求是、一切从实际出发的精神;顾全大局、严守纪律、紧密团结的精神;紧紧依靠人民群众,同人民群众生死相依、患难与共、艰苦奋斗的精神。习近平强调在中国近现代史、中共党史中汲取精神资源——家国担当的五四精神、不忘初心的红船精神、百折不挠、坚忍不拔的抗战精神。

历史事件虽已过去,但凝结在历史事件和人物活动中的精神气质和思想资源,具有联结时空的能量,为每一代青年的成长供给精神

---

① 黄冬霞、吴满意:思想政治教育获得感:内涵、构成和形成机理,《思想教育研究》2017 年第 6 期。

营养。历史人物所表现出的苟利国家生死以的大义，直挂云帆济沧海的魄力，是柳暗花明又一村的信心，是真正的正能量，也正是青年成长需要的阳光、雨露。青年只有习得这些真正的正能量，方能站得高些，看得远些，便不至于顺利时觉得不可一世，稍受挫折就消极悲观。胸怀正能量的青年，无论面对的是坦途还是陡坡，是平川还是险滩，是丽日还是风雨，是喜悦还是哀伤，都能"心中有阳光，脚下有力量"。

二、历史教育在高校思想政治理论课体系中的发展历程和基本经验

"大学是立德树人、培养人才的地方，是青年人学习知识、增长才干、放飞梦想的地方"，高校毕业生走入社会，他们的思想和言行往往影响一代年轻人，他们代表了一代人的方向；高校思想政治工作，面上看做的是学生思想政治工作，实际上将影响一代青年的思想观念、价值取向、精神风貌。高校立身之本在于立德树人，思想政治理论课则是落实立德树人根本任务的关键课程。历史教育历来是高校思政课体系中的重要内容。历史教育在高校思政课程体系中的演变过程，提供了有关历史教育作为青年思想政治教育载体的基本经验。

1. 延安时期作为青年思想政治教育载体的历史教育

中国共产党在民主革命时期，主要是在 1936 年至 1945 年的延安，在中央党校、抗日军政大学、泽东干部学校、中国女子大学、陕北公学、鲁迅艺术学院等高校开设作为一般课程的历史课，主要讲授中国革命和战争问题。这些高校开设的历史课程以"中国革命史"为主要内容，所使用的代表性教材有毛泽东编写的《中国革命和中国共产党》，以及由张闻天编写的《中国现代革命运动史》——该著共分 7 讲，从鸦片战争写到 1927 年的广州起义——在各根据地被广泛使用。历史课程既是根据战争形势和革命现实所需而开设，它服务于把青年大学生培养成八路军的干部以及能够担当起抗日救国大任者的总体教育目标。

为了给抗日救国提供助力，延安时期的历史教育体现两个突出特点，第一，向青年强调"实践"的重要性。正如马克思主义历史学家吕振羽所说："抗战建国中的民族革命的战略和策略，都要根据历史作决定，依靠历史作指南；当前一切实际问题，只有历史给予正确的解答，能指示我们实践的方向。所以在目前，对本国史的科学研究，是迫切必要的"①。第二，注重培育青年"与工农结合"的阶级情感。毛泽东曾说，知识分子在未和群众的革命斗争打成一片，在其未下决心为群众利益服务并与群众相结合的时候，往往带有主观主义和个人主义的倾向，他们的思想往往是空虚的，他们的行动往往是动摇的；他们的缺点只有在长期的群众斗争中才能克服。

2. 新中国成立后高校思政课体系中历史教育的演变

新中国成立后，中国高校逐步建立并不断完善了马克思主义思想政治理论课程体系，历史教育是该课程体系中的重要内容。"新民主主义论"是 1949 年以后在各大学最早开设的三门马列主义课程之一，课程共七章内容，前两章与中国近代历史相关，分别是"中国革命的历史特点"和"中国新民主主义革命史"。"中国革命史"课程则在 1950 年由中国人民大学率先开设，主张采用"3＋1"模式，在根据"苏联模式"所开设的三门马列主义课程之外，另外开设"中国革命史"课程以强调"中国特色"。1953 年前后，随着过渡时期总路线的酝酿、公布及实施，从新民主主义向社会主义过渡成为时代主题。从 1953 年秋季学期开始，"中国革命史"全面取代"新民主主义论"。此后，由于国际国内形势的变化，"中国革命史"课程又先后被"社会主义教育""马列主义基础"课程所取代。1956 年 2 月，苏共二十大的召开，在中国国内知识界和高校引发了广泛争论，随后国内反右派斗争开展。在此形势下，从 1957 年暑假起，包括"中国革命史"在内的四门政治课被整合到"社会主义教育"课程。在 1958 年 4 月，教育部政治教育司又下发工作意见，主张将"社会主义教育"改称为"马列主义基础"，强调以研究中国革命的实际问题为中心，反对"静止地孤立地研

---

① 《中国历史论集》，东方出版社 1945 年版，第 154—155 页。

究马克思列宁主义的方针"①。此后,大跃进运动的开展,使原本正常的教学秩序被打乱。为了扭转这种局面,1959 年 4 月到 7 月,教育部连续举办马列主义课程教师学习会,重新规定高等学校公共必修的马列主义课程为"社会主义""政治经济学""哲学""中共党史"四门,其中"中共党史"以选读毛泽东著作为教材。② 然而,随着之后政治形势的不断变化,在 60 年代中期以后,高校思政课逐渐放弃了以往对中共党史的系统学习,取而代之的是现学现用的、断章取义的"语录"学习。直至"文化大革命"期间,高校的思想政治理论课基本停止。

　　新中国成立之初至"文化大革命"期间,思想政治理论课程体系中的历史教育经历了多重演变,在历史课程的设置方面,主要受两方面因素的影响。第一,服务于意识形态之需。新中国成立之初,培养青年大学生对国家和中国共产党领导的认同是课程设置的主要目标;同时,中苏关系之间的变化也影响了课程内容的调整。比如,"中国革命史"课程便是在"以俄为师"的基础上,通过向青年大学生讲授中国革命实践的具体情形来确立不同于苏俄经验的"中国特色";1958 年,开设"马列主义基础"课程来取代"社会主义教育"课程,也与"中共认为苏共偏离正宗马列主义路线"的基本认识有密切关系③,历史教育以"中国革命史"以及"中共党史"为中心内容,重点突出马克思主义理论的"中国实践"。第二,服务于新中国建设的现实所需。新中国成立之初,百废待兴,如何充分动员青年大学生不遗余力地投入新中国建设,是包括历史教育在内的思想政治理论课程的重要目标。无论是"中国革命史"还是"中共党史"课程的内容,均强调"人定胜天"的精神力量,重点讲授革命斗争的经验,并且尤其突出

---

① 《建国以来毛泽东文稿》(第 11 册),中央文献出版社 1996 年版,第 85—87 页。

② 《中华人民共和国教育大事记(1949—1982)》,教育科学出版社 1983 年版,第 244 页。

③ 刘芳:新中国成立以来历史教育在高校思想政治理论课中的演进及其特点,《高校马克思主义理论研究》2019 年第 3 期。

人民群众的力量。

尽管课程设置的出发点和基本原则是正确的,即培养能够担当起新中国建设之大任的青年学生,但在实践过程中,却出现了各类问题。第一,在强调国家立场的同时,忽视了青年立场。国家的意识形态和现实建设之需成为课程设置的唯一考量,却忽视了青年的认知特点、成长规律,也未照顾到青年大学生身心发展的个体需要。第二,教学内容过分强调革命斗争的经验,并未充分探讨革命时期的斗争经验与新中国建设事业的适配度和正确转换的问题。第三,教学过程有些"急功近利",过分强调历史知识的实用性,导致操之过急的零散化、碎片化的学习,逐渐取代了系统化的深入学习。上述特点为高校思政课体系中历史教育的实践提供了重要经验。

3. 改革开放以来高校思政课体系中历史教育的新发展

1978 年 4 月,教育部在全国教育工作会议上,明确定位了马克思主义理论课在高等教育中的地位,即开设马列主义理论课,"是新中国大学区别于旧中国大学,社会主义高等学校区别于资本主义高等学校的一个重要标志",并规定在高等学校统一开设包括"中国共产党党史"在内的马列主义理论课程。教育部对"中共党史"做了特别说明,它"是马列主义的真理和中国革命的具体实践日益结合的历史,是中国人民在中国共产党领导下,取得新民主主义革命彻底胜利以及社会主义革命和社会主义建设伟大胜利的历史",这门课程的重新开设"是为了帮助学生完整地准确地掌握毛泽东思想体系,学习党的传统"。[1]

在中共十一届三中全会以后,随着改革开放的不断推进,自 20 世纪 80 年代以来,高校思想政治理论课程体系中的历史教育相继经历了几次重要改革。第一次是"85 方案"的实施,以内容更宽广的"中国革命史"取代"中共党史"课程。1985 年 8 月,中共中央提出设置"中国革命史"课程,旨在"以中国革命史为中心的历史教育,使学生了解具有悠久的历史文化传统的中国,是怎样根据历史的必然走上以共

---

[1]《普通高校思想政治理论课文献选编(1949—2008)》,中国人民大学出版社 2008 年版,第 71 页。

产党为领导力量的社会主义道路的"①；"中国革命史"于 1986 年在清华大学率先试点开设，后于 1987 年开始在全国各高校全面推广。

随着改革开放的不断推进，"85 方案"开始出现难题，"中国革命史"课程主要处理 1978 年以前的中国革命与建设的历程，却没有容纳 1978 年以后中国在社会主义建设与实践上的重大突破。为了解决这一问题，1987 年，国家教委建议各高校开设"中国革命史"和"中国社会主义建设"两门课程以将 1978 年以后的发展史纳入教学内容，但这一安排造成了学生公共课程负担过重的局面。1993 年 8 月，中央强调"学习和建设有中国特色的社会主义的理论"应作为高校思想政治工作的中心内容。1995 年 11 月，进一步提出对高校本科生开设"有中国特色社会主义建设"和"中国革命史论"两门课程来进行有关中国革命与建设史的教育。在"进一步推动邓小平同志建设有中国特色社会主义理论进课堂、进教材"②的工作要求下，"98 方案"正式出台，标志新的普通高校本专科"两课"教学体系——马克思主义理论课和思想品德课——正式形成。马克思主义理论课体系中的"毛泽东思想概论"和"邓小平理论概论"主要解决了"85 方案"的困境。"邓小平理论概论"取代"中国社会主义建设"课程，作为一门独立的马克思主义理论课，重点讲授 1956 年以后中国的社会主义建设史；"毛泽东思想概论"课程继承"中国革命史"的教学内容，以中国革命史为讲授重点，并强调毛泽东思想的理论学习，以"帮助学生理解毛泽东思想是马列主义同中国实际相结合的第一次历史性飞跃的伟大成果，掌握毛泽东思想的重要内容和活的灵魂，懂得中国近现代社会历史发展和革命运动的规律，认清只有在中国共产党领导下，坚持社会主义道路，才能救中国和发展中国"③的道理。

① 《十一届三中全会以来重要教育文献选编》，教育科学出版社 1992 年版，第 197 页。

② 《普通高校思想政治理论课文献选编（1949—2008）》，中国人民大学出版社 2008 年版，第 173 页。

③ 《普通高校思想政治理论课文献选编（1949—2008）》，中国人民大学出版社 2008 年版，第 184 页。

中共十六大召开后，"三个代表"重要思想被写进党章，全社会掀起了学习"三个代表"重要思想的热潮。随之，教育部指示从 2003 年秋季学期开始，将"邓小平理论概论"课调整为"邓小平理论与'三个代表'重要思想概论"课，并同时强调大学生学习中国近现代史，以加强爱国主义和革命传统教育的重要性。在此背景下，"05 方案"出台，正式确定以"思想政治理论课"的名称取代原来的"两课"。其中"中国近现代史纲要"课程的增设，是"05 方案"的一个突出特点。较之以往以"中共党史"和"中国革命史"为重点的历史课，"中国近现代史纲要"课程涵盖面更广、知识体系更系统。

从 2007 年秋季开始，"中国近现代史纲要"课程在全国高校普遍开设。此后，该课程在教材编写、学术支撑等方面都获得了很大发展。首先，"05 方案"后，中共中央实施"马克思主义理论研究和建设工程"。"中国近现代史纲要"课程统一使用由中宣部、教育部组织编写的"马克思主义理论研究和建设工程"高校思想政治理论课教科书，在教材编写上全面实现了"一纲一本"。教材先后于 2008 年、2009 年、2010 年、2013 年、2015 年进行了多次修订。为推进习近平新时代中国特色社会主义思想进教材、进课堂、进头脑，2018 年对教材进行了最近的修订。较之 2015 版，2018 版的教材主要增加了"习近平新时代中国特色社会主义思想"的内容。其次，为了进一步强化"中国近现代史纲要"的课程功能和师资队伍建设，2008 年，教育部增设了"中国近现代史基本问题研究"的二级学科，为纲要课程提供学科和学术支撑。

改革开放以来高校思政课程体系中历史教育的发展历程，呈现出以下突出特点。首先，在课程设置方面主要适应三方面的现实需要。第一，适应在意识形态层面为青年大学生答疑解惑之需，以中国近现代史历史教育为载体帮助学生建立对现行政治体制的认同；第二，回应随着改革开放进程的推进，经济和社会发展对高素质人才的需求，以历史教育为载体引导青年学生建立将所学用于国家建设的觉悟；第三，关照青年要求全面发展、实现个人价值的个体意愿和需求，在课程设置和讲授方面适应青年大学生的认知特点，以及知识、观念和情感需求。其次，在历史教学的内容方面，呈现两方面突出特点。第一,突出讲授历史的完整性和关联性,重点展示中国近现代史发展的主要线索。比如,"05 方案"增设"中国近现代史纲要"课程,使原本以"革命史""党史"为中心的叙事,发展为时间段更长、内容更宽广的"中国近现代史",以"四个选择"为中心,讲授历史的必然性,既讲成绩,也讲困难和弯路;从"85 方案"到"98 方案",在将改革开放前后两个时期的内容都纳入历史教育的同时,重点展示改革开放前后两个时期的历史关联,帮助学生把握整体性与阶段性的关系。第二,注重理论与历史结合、实践与精神并重。"中国近现代史纲要"课程讲授马克思主义理论与中国具体实际相结合的历程,将史实与理论问题密切关联,同时,在讲授历史实践知识的基础上,纲要课程还注重总结精神资源以适应青年学生的成长之需,为他们供给思想和情感养分。

三、作为思想政治教育载体的历史教育培养时代青年的实践理路

当代青年所处的时代坐标,有两条线索。其一,从中国自身的历史发展进程来看,实现"两个一百年"的奋斗目标、实现中华民族伟大复兴的中国梦是当代青年的历史使命;其二,从世界历史的发展进程来看,当今世界局势发生深刻变革,中国积极参与构建追求共同发展的人类命运共同体,在国际事务中展现中国担当,青年则是推进世界和平与发展的重要力量。在培养时代青年的要求下,作为青年思想政治教育载体的历史教育在实践中要遵循如下原则。

1. 处理好"世界视野"与"中国立场"的关系

近现代中国的发展历程,也是中国在世界格局中改变自身处境,并参与构建新的世界秩序的过程。从"中国近现代史纲要"课程的开篇内容"上编综述"部分"鸦片战争前的中国与世界"到当今中国提出"人类命运共同体"的构想,中国在谋求自身发展的同时,也实践着中国的世界担当。中国近现代史教育要引导青年大学生培养世界视野,理解近现代中国的世界地位的变化。比如在讲授"鸦片战争前的中国与世界"时,与其说呈现处于封建社会迟暮之年的清王朝较之正

处于资本主义发展青春期的西方国家的"落后"，实际上更应该正视中国与西方资本主义国家所代表的两种不同世界观之间的"差异"。中国所代表的天下体系曾经使中国文明造福过东方、影响过世界，但它背后缺乏足够的经济发展动力；而以英国为代表的西方资本主义国家所试图建立的世界资本主义世界体系虽然野心勃勃、充满生机，但它却包含着明确的支配与被支配的关系，具有不平等性。此后中国的探索历程经历了以西方为师、以俄为师，继而走出了一条自己的路，在逐渐摆脱贫弱局面的过程中，积极倡导共建平等、开放、共享的国际新秩序。考察中国历史和世界历史，都要"以中国做中心，把屁股坐在中国身上"①，才能不至于陷入西方逻辑，丧失中国立场。讲清楚如何在积极参与世界事务的同时，坚持明确、坚定的中国立场，是历史教育的重点内容。

2. 完整地讲"挫折"与"光荣"

中国近现代史既以鸦片战争为起点，以往讲述中国近现代历史常是"耻辱的""不堪的"情绪。近代以来，中国遭遇的难题不断，外来侵略接连不断，一系列国内探索救亡图存的活动均以失败告终；中国共产党成立之后党内"右"的、"左"的错误也使中国革命陷入一个又一个危机之中，这些问题都要讲。但同时，还要将这些内容置于完整的历史线索来梳理，中国革命也是在克服一个接一个的危机，在挫折中反思、在困顿中突围的不断走向深入。关于挫折和失败，毛泽东曾说："那些失败，那些挫折，给了我们很大的教育，没有那些挫折，我们党是不会被教育过来的"②。关于错误，毛泽东提出"真理不是一次完成的，而是逐步完成的"③。只有完整地看待这些问题，才能理解习近平所说"中国共产党的历史是中国近现代以来历史最为可歌可泣的篇章"④；新中国史是"波澜壮阔、惊天动地的历史"等论断。通

---

① 《毛泽东文集》(第2卷)，人民出版社1993年版，第407页。

② 《毛泽东文集》(第7卷)，人民出版社1999年版，第101页。

③ 《毛泽东选集》(第2卷)，人民出版社1991年版，第30页。

④ 习近平：领导干部要读点历史，《中共党史研究》2011年第10期。

过完整地讲授历史过程,历史教育则能引导青年大学生实现情感转换,将有关中国近现代历史的"耻辱感"有效地转化为对中国共产党领导中国人民直面问题,奋勇抗争,克服困境的"自豪感"和"光荣感",这也是增强认同感的重要基石。

3. 厘清"家国情怀"与"个人发展"的关系

中国近现代史是有效的载体,引导青年意识到个人理想与国家繁荣富强之间的密切关联,只有民族独立、国家富强,每个人才能有真正的人生出彩的机会;而国家的繁荣富强,离不开每个人的艰苦奋斗。比如抗日战争是一场全民族的抗战,不同身份背景、不同社会阶层的人在日本侵华期间的遭遇,表明国难当头,没有任何旁观者。没有国家的独立,就谈不上国民的生命安全和个人尊严。因此,抗日战争必然是一场全民族的抗战。此外,中国近现代史有丰富的人物故事,他们将个人理想与国家的前途统一起来,在追求国家繁荣富强的过程中,实现人生价值,他们可能是政治家、军人、实业家、工人或农民,但都可以通过不同方式,在各行各业将自己的专业投入到中国革命、建设和改革事业中。不同成长背景、不同专业背景、不同人生志向的当代青年大学生可从丰富的历史资源库中找到对应的榜样。

远大的理想与爱国热情还需在脚踏实地中实现,必须"落细、落小、落实"。毛泽东提出青年要"永久奋斗",没有这一条,什么都是空的。习近平说过,"中华民族伟大复兴,绝不是轻轻松松、敲锣打鼓就能实现的,我们必须准备付出更为艰巨、更为艰苦的努力"。

张镇镇①

浅论"四史"学习教育融入思想政治理论课的意义

（上海师范大学　上海　200234）

【摘　要】思想政治理论课是落实立德树人根本任务的关键课程，将"四史"教育融入思想政治理论课具有重大意义。通过历史教育帮助学生深入了解党史、新中国史、改革开放史、社会主义发展史，能够提供深厚的历史感支撑，帮助青年学生更深刻地理解习近平新时代中国特色社会主义思想，自觉用党的创新理论武装头脑；能够引导青年学生树立正确的理想信念，激励他们成长为合格的社会主义建设者和接班人；能够帮助青年学生深入认识和理解中国特色社会主义的伟大历程，引导他们不断增强"四个自信"。

【关键词】"四史"学习教育　思想政治理论课　青年学生

　　2020 年 1 月 8 日，习近平总书记在"不忘初心、牢记使命"主题教育总结大会上的重要讲话指出："要把学习贯彻党的创新理论作为思想武装的重中之重，同学习马克思主义基本原理贯通起来，同学习党史、新中国史、改革开放史、社会主义发展史结合起来。"②

---

　　① 作者简介：张镇镇，女，博士，上海师范大学马克思主义学院讲师，主要研究方向为马克思主义理论。上海市徐汇区桂林路 100 号，200234。

　　② 习近平：《在"不忘初心、牢记使命"主题教育总结大会上的讲话，《人民日报》2020 年 1 月 9 日第 2 版。

思想政治理论课是落实立德树人根本任务的关键课程,将"四史"教育融入思想政治理论课具有重大意义。通过历史教育帮助学生深入了解党史、新中国史、改革开放史、社会主义发展史,能够提供深厚的历史感支撑,帮助青年学生更深刻地理解习近平新时代中国特色社会主义思想,自觉用党的创新理论武装头脑;能够引导青年学生树立正确的理想信念,激励他们成长为合格的社会主义建设者和接班人;能够帮助青年学生深入认识和理解中国特色社会主义的伟大历程,引导他们不断增强"四个自信"。

一、"四史"学习教育能够提供深厚的历史感支撑,帮助青年学生更深刻地理解习近平新时代中国特色社会主义思想

"理论创新每前进一步,理论武装就要跟进一步"。① 高校思想政治理论课是党的意识形态工作的重要组成部分,是引导青年大学生学习和掌握党的创新理论、以科学理论武装头脑的主渠道、主阵地。回顾新中国成立以来高校思想政治理论课的改革发展历程,党的指导思想的每一次与时俱进,都指导并推动了高校思想政治理论课的改革发展。因此,以习近平新时代中国特色社会主义思想指导高校思想政治理论课建设,不断创新思想政治理论课教学内容,推动党的创新理论"进教材、进课堂、进学生头脑",实现理论武装"跟进一步",是思想政治理论课改革创新发展的本质所在。

习近平新时代中国特色社会主义思想是马克思主义中国化最新成果,它是在百年不遇的大变局中、在国内外形势发生深刻复杂变化的背景下形成的,它从理论和实践结合上系统回答了新时代坚持和发展什么样的中国特色社会主义、怎样坚持和发展中国特色社会主义的时代课题,对社会经济、政治、文化以及党的建设等各方面作出理论分析和政策指导,并结合新的时代条件和实践要求,以全新的视

① 习近平:在"不忘初心、牢记使命"主题教育工作会议上的讲话,《求是》2019 年第 13 期。

野深化了对共产党执政规律、社会主义建设规律、人类社会发展规律的认识，是全党全国人民为实现中华民族伟大复兴而奋斗的行动指南。①

习近平新时代中国特色社会主义思想是逻辑严密、内涵丰厚的科学理论体系，要深入学习这一思想需要有良好的历史背景，只有在宏阔的历史空间里才能更深刻地理解这一思想的核心要义、创新观点和重大意义，也只有以对历史的深刻认识为基础和背景，才能更好地领会其中所蕴含的历史逻辑、理论逻辑和实践逻辑。

因此，"四史"学习教育对于深入学习、理解、领会习近平新时代中国特色社会主义思想具有重要意义。通过对党史、新中国史、改革开放史、社会主义发展史的学习，能够为学习、理解、领会习近平新时代中国特色社会主义思想提供深厚的历史感支撑。"四史"学习教育引导学生在更宏阔的历史空间和历史维度中加深认识，以改革开放四十多年来的伟大发展历程、中华人民共和国成立七十余年的伟大建设历程、党领导人民进行革命和建设百年的伟大探索历程、中华民族近代以来一百八十年波澜壮阔的奋斗历史以及社会主义五百多年的发展历史为基础、为背景、为参照，有助于学生在历史与现实的对比中感受习近平新时代中国特色社会主义思想的科学性和真理性，在理论与实践的呼应中体会习近平新时代中国特色社会主义思想的深邃意蕴，进而理解其博大精深的深厚内涵和关乎民族未来的历史意义，更好地把握这一思想的科学体系、精神实质和实践要求，并领会其中所蕴含的中华智慧。

二、"四史"学习教育能够引导青年学生树立正确的理想信念，激励他们成长为合格的社会主义建设者和接班人

青年是祖国的未来、民族的希望。习近平总书记对青年寄予厚

① 参见中共中央宣传部：《习近平新时代中国特色社会主义思想三十讲》，学习出版社 2018 年版，第 12—14 页。

望,他在各种场合多次强调,中国梦是历史的、现实的,也是未来的;是我们这一代的,更是青年一代的。中华民族伟大复兴的中国梦终将在一代代青年的接力奋斗中变为现实。

青年的成长成才关乎国家和民族的未来。习近平总书记对思想政治理论课在青年成长成才中的作用予以高度肯定,明确指出,思想政治理论课是落实立德树人根本任务的关键课程,同时为思想政治理论课的发展指明了方向,"办好思想政治理论课,最根本的是要全面贯彻党的教育方针,解决好培养什么人、怎样培养人、为谁培养人这个根本问题。"总书记明确要求:"努力培养担当民族复兴大任的时代新人,培养德智体美劳全面发展的社会主义建设者和接班人。"并特别强调:"我们党立志于中华民族千秋伟业,必须培养一代又一代拥护中国共产党领导和我国社会主义制度、立志为中国特色社会主义事业奋斗终身的有用人才。在这个根本问题上,必须旗帜鲜明、毫不含糊。"①

在青年的成长中,理想信念极其重要。古人说:"志不立,天下无可成之事。"理想指引人生方向,信念决定事业成败。只有理想信念坚定的人,才能锲而不舍、百折不回,无论遇到什么艰难险阻都矢志不移地朝着目标前进。总书记说:"坚定的理想信念,必须建立在对马克思主义的深刻理解之上,建立在对历史规律的深刻把握之上。"②

"欲知大道,必先为史"。历史是一面镜子,鉴古知今,学史明智。中华民族历来就是高度重视历史的民族,这是我们重要的文化传统。习近平总书记高度重视历史的地位和作用,曾多次引用古人的话强调历史的重要性,如"以史为鉴,可以知兴替""灭人之国,必先去其史"等,他深刻指出"一个民族的历史是一个民族安身立命的基础。"强调要从历史中学习,牢记历史经验历史教训历史警示,指出

---

① 习近平:思政课是落实立德树人根本任务的关键课程,《求是》2020 年第17 期。

② 习近平:在庆祝中国共产党成立 95 周年大会上的讲话,《人民日报》2016年 7 月 2 日第 2 版。

"一个不记得来路的民族，是没有出路的民族""忘记历史就意味着背叛"。

青年学生正处于世界观、人生观、价值观成型的关键时期，也是树立远大理想、坚定理想信念的关键时期，了解中华民族的历史，尤其是近代以来的历史，通过学习党史、新中国史、改革开放史、社会主义发展史，对于青年学生树立远大的理想信念有非常重要的意义。

学习中国近现代史，了解了近代以来中国经历的屈辱历史，才会深刻明白落后就要挨打的道理，那些切肤之痛会提醒我们，要始终保持忧患意识和责任意识，励精图治、奋发图强。学习党史、新中国史，了解了中国共产党在怎样恶劣的环境下领导中国人民在风雨如晦的年代浴血奋战，才铸就了人民共和国，又是在怎样艰难的国际环境中艰辛探索、艰苦奋斗才有了今天的中国特色社会主义，才会深刻明白美好生活绝不是天上掉下来的，而是用鲜血和生命打拼出来的。

历史是最好的教科书！唯有在真实的历史中，才能深切理解中国人在抗战中展现的"天下兴亡、匹夫有责的爱国情怀，视死如归、宁死不屈的民族气节，不畏强暴、血战到底的英雄气概，百折不挠、坚忍不拔的必胜信念"[1]。通过对"四史"的学习，一定能够激荡青年学生的民族认同和爱国情怀，激发他们的责任意识和担当精神。

学史可以看成败、鉴得失、知兴替、明规律。汉代董仲舒说"不知来，视诸往"，意思是当不知道未来怎样前进的时候，就去看看过去是怎样走来；一路走来的历史经验，可以指导将来的未知征程。"四史"教育能够帮助青年学生在历史的经验和史实中总结成功的经验、汲取失败的教训，学习认人识物的方法、明白做人做事的道理等等，有利于促进青年学生的内在成长。"四史"教育还能够帮助青年学生更好地理解中华民族的坚韧和伟大，知史爱党、知史爱国，不断增强开拓创新奋勇前进的勇气和力量。

---

① 习近平：在纪念中国人民抗日战争暨世界反法西斯战争胜利 69 周年座谈会上的讲话，《人民日报》2014 年 9 月 4 日第 2 版。

三、"四史"学习教育能够帮助青年学生深入认识和理解中国特色社会主义的伟大历程,引导他们不断增强"四个自信"

2019 年 3 月 18 日,习近平总书记在学校思想政治理论课教师座谈会上的重要讲话中指出:"要理直气壮开好思政课,用新时代中国特色社会主义思想铸魂育人,引导学生增强中国特色社会主义道路自信、理论自信、制度自信、文化自信,厚植爱国主义情怀,把爱国情、强国志、报国行自觉融入坚持和发展中国特色社会主义事业、建设社会主义现代化强国、实现中华民族伟大复兴的奋斗之中。"①总书记的话使我们明确,思想政治理论课落实立德树人根本任务的关键就在于"用新时代中国特色社会主义思想铸魂育人",用党的创新理论武装学生头脑,引导学生不断增强"四个自信",厚植爱国主义情怀,继而把"爱国情、强国志"转变为"报国行",将个人发展与国家民族的发展紧密结合起来。可见,引导学生不断增强"四个自信"是实现铸魂育人、立德树人的重要内容。

要引导青年学生增强"四个自信",其前提必然是先引导他们正确认识并深刻理解中国特色社会主义道路、理论、制度、文化,只有在正确认识和深刻理解的基础上,才能坚定中国特色社会主义道路自信、理论自信、制度自信、文化自信。

"四史"学习教育能够帮助青年学生深入认识近代以来中国社会的发展历程,深刻理解中国为什么选择马克思主义、为什么选择中国共产党、为什么选择中国特色社会主义道路、为什么选择改革开放。通过学习党史、新中国史、改革开放史、社会主义发展史,了解在那些关系中华民族生死存亡的攸关时刻,我们的领袖是如何把握历史大势做出正确抉择的,我们的先辈是如何以身许国浴血奋斗的。只有了解了我们党和国家事业的来龙去脉,了解了党和国家历史上的重

---

① 习近平:思政课是落实立德树人根本任务的关键课程,《求是》2020 年第 17 期。

大事件和重要人物，才能够真正明白为什么中国必须走社会主义道路，为什么中国特色社会主义道路是正确的道路，才能更加坚定中国特色社会主义道路自信、理论自信、制度自信、文化自信。

习近平总书记早已指出："观察历史的中国是观察当代的中国的一个重要角度。不了解中国历史和文化，尤其是不了解近代以来的中国历史和文化，就很难全面把握当代中国的社会状况，很难全面把握当代中国人民的抱负和梦想，很难全面把握中国人民选择的发展道路。"①只有当那些历史在心灵中鲜活起来，成为认识现实的背景，才能从心灵深处坚定对中国特色社会主义的信心信念，萌生出为实现中华民族伟大复兴的中国梦奋斗终身的强烈愿望。

"四史"学习教育还能引导青年学生深刻认识到中国特色社会主义的来之不易。习近平总书记曾在 2018 年"1·5"重要讲话中特别强调过这一点，他说："中国特色社会主义不是从天上掉下来的，而是在改革开放 40 年的伟大实践中得来的，是在中华人民共和国成立近 70 年的持续探索中得来的，是在我们党领导人民进行伟大社会革命 97 年的实践中得来的，是在近代以来中华民族由衰到盛 170 多年的历史进程中得来的，是对中华文明 5000 多年的传承发展中得来的，是党和人民历经千辛万苦、付出各种代价取得的宝贵成果。得到这个成果极不容易"。②"四史"学习教育能使青年学生对此有更深切厚实的体会，从而激发他们的爱国情、强国志、报国行。

对历史的最好学习和借鉴就是成为历史大潮的一朵浪花。对青年学生而言，就要"坚定不移跟着中国共产党走，勇做走在时代前列的奋进者、开拓者、奉献者，让青春在为祖国、为人民、为民族的奉献中焕发出绚丽光彩！"③

267

① 习近平：致第二十二届国际历史科学大会的贺信，《人民日报》2015 年 8 月 24 日第 1 版。

②《习近平谈治国理政》第三卷，外文出版社 2020 年版，第 70 页。

③ 习近平：在庆祝中国共产党成立 95 周年大会上的讲话，《人民日报》2016 年 7 月 2 日第 2 版。

徐 宁①

"四史"学习教育融入"中国近现代史纲要"课的思考

（上海师范大学 上海 200234）

【摘 要】"四史"与"中国近现代史纲要"的重点内容和教育目标具有一致性，我们可以尝试以"问题链"链接"四史"和"中国近现代史纲要"的教与学。一方面，围绕"时代之问"打造"问题链"落实"四史"进课堂；另一方面，关注"学生之问"强化师生互动提升"四史"学习实效。同时，也应当反思新时代思政教育使命蕴含师生互动之理、新生代大学生需求呼唤双向互动之道，用"双主体"定位达成"四史"教育行久致远。

【关键词】"四史"学习教育 中国近现代史纲要 问题链 双主体

一、"四史"教育与"中国近现代史纲要"课教学的一致性

习近平总书记指出，历史是最好的教科书，也是最好的清醒剂。学习党史、新中国史、改革开放史、社会主义发展史这"四史"，是党员干部的一门必修课。作为高校思想政治理论课教师，将"四史"这门

① 作者简介：徐宁，女，博士，上海师范大学马克思主义学院讲师，主要研究方向为妇女解放史及近现代教育问题。上海市徐汇区桂林路 100 号，200234。

必修课的学习和日常"中国近现代史纲要"等课程的教学与研究结合起来,才能更好让"四史"教育"落地"。

一方面,"四史"与"中国近现代史纲要"重点内容的一致性。"四史"即党史、新中国史、改革开放史、社会主义发展史。而"中国近现代史纲要"这门课程本身的重点内容与前者具有一致性:该课程分为"从鸦片战争到五四运动前夜(1840—1919)""从五四运动到新中国成立(1919—1949)""从新中国成立到社会主义现代化建设新时期(1949—至今)"三编共十一章。课程的中编和下编内容紧扣中国共产党诞生后带领全国人民勇于奋争和接续奋斗,实现中华民族从站起来到富起来再到强起来的伟大历史进程。这本身就蕴含着党史、新中国史、改革开放史和社会主义发展史的丰富内容。

而"中国近现代史纲要"课程的上编"从鸦片战争到五四运动前夜(1840—1919)"包括"反对外国侵略的斗争""对国家出路的早期探索""辛亥革命与君主专制制度的终结"这三章,是对历史渊源和反帝反封建斗争得失成败的回顾和总结,让我们知道"从哪里来",才能更好把握"向何处去"的原因和方向。应当说,课程上编内容有助于我们将"四史"学得更有深度,更能感受到历史的逻辑。

另一方面,"四史"与"中国近现代史纲要"教育目标的一致性。上海市委"四史"学习教育领导小组会议指出,"要把'四史'学习教育与做好当前工作紧密结合起来。从历史中汲取精神力量、汲取经验智慧、汲取坚守人民立场的定力,努力克服疫情影响,坚定不移做好自己的事情,更好推动改革开放再出发,更好增进人民群众福祉。"

对于医护工作者而言,"当前工作"重点是围绕病患进行救治并指导群众加强疾病防护。作为高校思政课教师,"当前工作"的重心就是在"后疫情时代"站好三尺讲台,讲好大学生的思政课,促进大学生更好认识近现代中国社会发展和革命、建设、改革的历史进程及其内在的规律性,了解国史、国情,深刻领会历史和人民是怎样选择了马克思主义,选择了中国共产党,选择了社会主义道路,选择了改革开放。这"两个了解,四个选择"对师生而言都是一种持久的教育和自我教育,并不仅仅是教师单方面去教育学生。思政教师也应该在持续不断的"教中学""学中教"里,最终实现"四史"学习教育和"中国近现代史纲要"教育的目标。无论是对于讲台上的教师还是对于校园中的青年大学生,学习"四史"都将增强理论素养、促进社会实践,"有利于进一步坚守科学社会主义的原则""有利于以史鉴今,防止在根本问题上出现颠覆性错误""有利于坚持和完善中国特色社会主义制度,推进国家治理现代化。"①

二、以"问题链"链接"四史"和"中国近现代史纲要"的教与学

围绕"时代之问"打造"问题链"落实"四史"进课堂,是我们可以努力实践的方向。前文已述,"四史"和"中国近现代史纲要"教育具有一致性,那么,如何进一步凸显"四史"又保持"中国近现代史纲要"自身的系统性,值得思考。笔者认为,可采取"问题导向",围绕"时代之问"打造"问题链",带动课堂中的师生学习。

"中国近现代史纲要"的十一章如果专题化,其实包括以下十五个专题:大学生为什么要学习中国近现代史、中华民族伟大复兴的历史任务是如何提出的、对国家出路的早期探索为什么没有成功、为什么说辛亥革命既成功了又失败了、为什么说历史和人民选择了马克思主义、为什么说中国共产党的成立是开天辟地的大事变、中国革命新道路是怎样探索和开辟的、为什么说中国的抗日战争是神圣的民族解放战争、为什么说中国共产党是中国人民抗日战争的中流砥柱、为什么说没有共产党就没有新中国、怎样理解社会主义制度在中国的确立是历史和人民的选择、如何正确认识社会主义建设的成就与探索中的曲折、中国特色社会主义是怎样开辟并接续发展的、十八大以来党和国家事业发生了怎样的历史性变革、怎样正确认识中华民族迎来了从站起来、富起来到强起来的伟大飞跃。这十五个专题是前几年专家组凝练出的,聚焦了十五个问题,反映了"时代之问"。在课堂教学中,我们可以尝试在上述十五个问题的基础上,按照"四史"打造四大"问题群"。"问题群"中的"子问题"要分层级,设有初中

---

① 袁秉达:学习"四史"的深刻意蕴和战略意义,《党政论坛》2020 年第 7 期。

高三个难度级别;"子问题"之间也要有逻辑性和科学性。"子问题"设问也有讲究,不仅要凸显"四史"中的关键词,也应以新生代大学生喜闻乐见的方式呈现。这些"子问题"环环相扣,最终成为凸显"四史"内涵的"问题链"。

在围绕"时代之问"打造"问题链"的同时,我们也应关注"学生之问"强化师生互动提升"四史"学习实效。

课堂中的"问题链"应关注到大学生的需求。这里所说的需求不仅仅指语言风格或呈现形式上的,更是指"子问题"本身。笔者之所以在"大学生"前加上"新生代",是因为他们身处"百年未有之大变局"中,既有历代青年朋友思想活跃的共性,又有新时代赋予他们的很多特点,这些特点是新世纪新时代的青年所特有的。在新世纪出生和成长起来的青年学生,敢说敢想敢为,只要给予适当引导,他们很乐于探究历史,表达自我。

因此,关注"学生之问",平时注意收集"中国近现代史纲要"课程中学生提出的大小问题,学生闪耀的思想火花,将这些融入"问题链"中,将成为"子问题"中最生动地环节。"学生之问"的回应可以采取多种方式,可以生问师答、甲生问乙生答、一人问集体答等等,最重要的是"互动",尤其是"师生互动"。老师以恰当方式所做的回应,或肯定或质疑或保留意见,都是对学生思考的促进。什么样的方式是"恰当方式",则是我们高校思政课教师长期以来孜孜以求的,需要在"实践—理论—实践"中积累。只有关注了"学生之问",做出恰当回应和引导,"四史"教育才能更好"落地"产生实效。

三、用"双主体"定位达成"四史"学习教育行久致远

新时代思政教育使命蕴含师生互动之理,需要我们持续探索实践。承前所述,我们将"四史"学习教育融入"中国近现代史纲要"教育的过程中必须强化"师生互动"。"互动"这个词,是我们强调了多年的,如何去落实,思政教师勤恳实践了多年的。思想政治理论课作为大学生思想政治教育的主渠道,对大学生思想引领起着关键作用。习近平同志在2019年学校思想政治理论课教师座谈会上强调的"八

个统一",尤其是"教师主导性和学生主体性相统一"这一条,切实提高思想课思想性、理论性和亲和力、针对性应当成为思政教师进行"互动"探索时牢记在心的要求。

"互动"背后的"理"值得深思。近些年,有理论专家指出,从思想政治教育概念的内涵演进中,我们既可以看到对思想政治教育目的认识的深化和发展,也可以看出目的深化对思想政治教育主客体关系的影响。为了达到"提高受教育者的思想品德水平"的思想政治教育目的,不仅需要教育者的教育,而且需要受教育者的自我教育。因而,包括教育者与受教育者在内的"人"都应该是思想政治教育过程中的主体,"两者共同承担着实现思想政治教育目的的任务,二者之间是主导主体与主动主体的主体间性关系。教育者作为主导主体,体现在他是思想政治教育活动和过程的制定者和实施者,把握教育实践的方向,处在主导和支配的地位;受教育者作为主动主体,体现在他是思想政治教育活动和过程的主动参与者和自我教育者,而不是被动地接受教育"。① 当我们更好地领悟理论专家所强调的"主体间性"之"理",就离科学育人更近一步,"四史"学习教育才能不会沦为简单的历史知识灌输或历史知识分类问答。

新生代大学生需求呼唤双向互动之道。当我们真正领悟"双主体"之说,自然就会更有意识更主动关心新生代大学生需求。我们可以根据新生代的"网络一代"特点,探索混合式教学模式,将线上线下结合起来。具体而言,可以做以下尝试:例如线上内容,可以融入人民网、环球网等和"中国近现代史纲要"主题教学相关的时政新闻,批判历史虚无主义,从侧重知识传授转向立德树人。再如,话语方式,可以使用大学生感到亲切的时代话语作为导入和陈述,总结加入学术话语予以提炼,这样符合他们信息接受方式。又如,方法手段,可以更加多样化,让学生结合专业,通过文字+音乐、文字+公式、文字+绘图、文字+视频等方式,提出问题、解答问题和交流思想。其实,

---

① 石书臣:思想政治教育主客体关系的目的性阐释,《思想教育研究》2017年第2期。

近年来不少高校就教学理念、授课内容、效果优化做了进一步教学改革。教师的授课形式向问题启发式转变，"通过鲜活的问题讨论、案例剖析、情景模拟等方式"促进学生思考和辨析，提高学生对"纲要"课的新鲜感和认同感。①

教师作为主导主体，要把握好"四史"学习教育进课堂的方向，处在主导地位。要围绕教育活动和过程做好"问题链"设计和具体实施，带动大学生作为主动主体，主动参与课堂活动，接受教育和自我教育，从而构建"双向互动"之道。

四、小结

总之，高校思政课教师应当积极将"四史"学习教育融入思想政治理论课教学中，可以尝试打造"问题链"将"中国近现代史纲要"课中本来就蕴含的"四史"凸显出来。而"时代之问"的把握和"学生之问"的精选，则需要思政课教师有宽广的知识视野、国际视野和历史视野。"知识视野是国际视野和历史视野的基础和前提；国际视野即世界眼光，是横向比较；历史视野即历史眼光，是纵向比较，自我比较，体现了习近平总书记多次强调的历史感。"②磨炼基本功，拓展自身的视野，是思政课教师长期的"功课"。而在师生关系探索过程中，"双主体"定位是个关键，科学把握师生互动之理和双向互动之道，才能达成"四史"教育行久致远。

---

① 石董佳、宋学勤："中国近现代史纲要"课教学改革的"3C"维度，《思想教育研究》2019 年第 10 期。
② 宋进：论思想政治理论课教师的视野，《江西师范大学学报》2019 年第 4 期。

卢丹凤①

爱国主义背景下中华体育精神的德育实践研究

（上海师范大学　上海　200234）

【摘　要】大学生爱国主义教育是高校学生思想政治教育的重要内容和永恒主题。中华体育精神的内涵非常丰富，其核心内容就是爱国主义精神。充分挖掘中华体育精神的深刻内涵和发挥其独特的育人功能，对推进新时代大学生的爱国主义教育，加强大学生思想政治教育和践行社会主义核心价值观具有十分重要的意义。

【关键词】爱国主义　中华体育精神　德育

2019 年 11 月，中共中央、国务院印发《新时代爱国主义教育实施纲要》（以下简称《纲要》），并发出通知要求各地各部门结合实际，认真贯彻落实。2020 年 1 月，教育部党组下发《教育系统关于学习宣传贯彻落实〈新时代爱国主义教育实施纲要〉的工作方案》，对全国教育系统贯彻落实《纲要》制定了行动方案，明确工作目标、任务。我们要深刻理解《纲要》在爱国主义教育理论和实践方面的新变化新发展，充分把握新时代爱国主义的本质内涵、教育内容和实施途径，以习近平新时代中国特色社会主义思想为指导，坚持立德树人根本任务，扎

① 作者简介：卢丹凤，女，硕士，上海师范大学体育学院党委副书记、副院长、讲师，主要研究方向为学生思想政治教育。上海市徐汇区桂林路 100 号，200234。

实开展爱国主义教育,为党育人,为国育才,培养担当民族复兴大任的时代新人。

中华体育精神是千百年来中华儿女在体育运动中对自身身体、力量、技巧等方面不断进行超越过程中形成的一种优秀品质,是中华民族的传统美德,更是全社会共同的精神财富,其内涵非常丰富。中华体育精神的核心内容就是爱国主义精神,要充分挖掘中华体育精神的深刻内涵和发挥其独特的育人功能,努力把大学生的思想政治教育工作做深做细做实,对加强新时代大学生的爱国主义教育,推进社会主义精神文明建设具有十分重要的意义。

一、大学生爱国主义教育面临的挑战

作为信息时代的产物,网络的产生给人们的生活带来了无与伦比的舒适与方便,哪怕足不出户也能生活无忧。因此,社会上越来越多地涌现出了"宅男""宅女",其中也不乏很多青年学生,因此产生了不少负面的问题。一些大学生缺乏社交和锻炼,考虑、处理问题常以个人为中心,意志力薄弱,经不起挫折,心理问题的发生率更是逐年攀升,大学生的社会责任感和集体荣誉感也有减弱的趋势。

同时,随着 21 世纪网络技术的不断升级,尤其是微信、微博、QQ、抖音等社交软件的广泛使用,西方国家的文化渗透以及非主流文化的盛行导致许多负面的、不健康的甚至反动的信息在网上流传。这些对世界观、人生观和价值观尚在形成过程中的大学生都产生了极大的消极影响。少数大学生对一些问题缺乏深入的思考,思想上摇摆不定,价值观也出现了严重问题。有的大学生公然在社交平台上发表不当言论,甚至辱骂国家和民族,毫无爱国之心让人十分心寒和震惊。因此对大学生加强爱国主义教育已经到了刻不容缓的地步。

二、中华体育精神的时代内涵

追溯历史,中华体育精神是在中华优秀传统文化和中国特色社会主义制度优势的结合中不断发展和丰富,并伴随着中华民族的崛起,综合国力的提升而不断升华。

从鸦片战争到新中国成立前,中华民族内忧外患,积贫积弱,任人宰割。在1936年的柏林奥运会上,中国曾派出69名运动员的代表团共参加了田径、游泳、举重等6个大项的比赛,但最终都未能进入复赛。当运动员们回国经过新加坡时,当地报刊上发表了一幅嘲笑中国人的漫画,题为"东亚病夫"。

新中国成立后,毛泽东同志曾为新中国体育事业题词"发展体育运动,增强人民体质"。郭沫若在《全运会闭幕》中说:"中华儿女今舒畅,'东亚病夫'已健康"。从此,中国体育掀开了崭新的一页,逐渐呈现出勃勃生机。

尤其是改革开放以来,通过一代代优秀运动员的努力奋斗,一次次为中国体育事业的发展做出了贡献。他们心怀祖国,"为国争光""为祖国荣誉而战"的爱国主义精神就是他们不竭的动力。1984年,在洛杉矶举行的第二十三届奥运会上,中国射击选手许海峰摘下第一块奥运金牌,中华民族才终于真正摘下了"东亚病夫"的帽子。

1996年,中国体育代表团在亚特兰大奥运会上以16金的成绩位列世界第四。赛后,《中国体育报》首次提出了"中华体育精神"的概念。

2006年,黄莉在其博士论文《中华体育精神研究》中提出,"中华体育精神主要由爱国主义精神、英雄主义精神、乐观自信精神、公平竞争精神、团队精神、辩证实用理性精神所组成。"[①]

进入新时代,在第十二届全国运动会即将开幕之际,习近平总书记会见参加全国群众体育先进单位和先进个人表彰会的代表时强调,"广大体育工作者在长期实践中总结出的以'为国争光、无私奉献、科学求实、遵纪守法、团结协作、顽强拼搏'为主要内容的中华体育精神来之不易,弥足珍贵,要继承创新、发扬光大"。

---

① 黄莉:中华体育精神研究,第101页。

三、与新时代爱国主义精神的关系

《新时代爱国主义教育实施纲要》指出，爱国主义是中华民族的民族心、民族魂，是中华民族最重要的精神财富，是中国人民和中华民族维护民族独立和民族尊严的强大精神动力。①

中华体育精神是新时代爱国主义精神的重要组成部分，是加强社会主义思想道德建设的有效载体，起着滋养中国人民的精神境界，坚定文化自信，对推动全民健身、体育强国，培育和践行社会主义核心价值观，实现中华民族伟大复兴的中国梦具有重要的推动作用。2019 年 2 月 1 日，习近平在北京考察北京冬奥会、冬残奥会筹办工作时说："体育强则国家强，国家强则体育强。发展体育事业不仅是实现中国梦的重要内容，还能为中华民族伟大复兴提供凝心聚气的强大精神力量。"

体育强国是中华民族伟大复兴的重要标志之一，要充分发挥体育在建设社会主义现代化强国新征程中的重要作用。继承并弘扬中华体育精神能够引领激励国人奋勇前进，对推动体育强国建设具有不可替代的作用。

四、中华体育精神的德育实践

在当前爱国主义教育的背景下，弘扬中华体育精神，充分发挥其育人功能，落实高校思想政治教育因势而新、以文化人、以体育人的要求，为我国培育具有健康体魄的爱国大学生，培养社会主义合格建设者和接班人。

一是加强在大学生中开展"四史"学习教育。中华民族体育事业发展蒸蒸日上，其曲折的发展史充分展现了中华民族曾经的苦难落后和今天所取得的辉煌成就。学习这些历史可以激发学生的民族自

① 光明网-《光明日报》2019-11-13　中共中央国务院印发《新时代爱国主义教育实施纲要》https://news.gmw.cn/2019-11/13/content_33314599.htm。

豪感和历史责任感,并结合新时代中国特色社会主义的社会发展阶段,引导青年学子做一个爱国、担当、作为的社会主义建设者和接班人。同时,通过学习优秀运动员的成长奋斗的历程、优秀感人的事迹,可以激发学生正面的情感共鸣,学习他们屡败屡战、不怕困难,坚韧不拔的精神,培育青年大学生的民族自豪感和勇担民族复兴大业的社会责任感。2019 年 9 月 30 日,习近平总书记在会见中国女排代表时说:"实现体育强国目标,要大力弘扬新时代的女排精神,把体育健身同人民健康结合起来,把弘扬中华体育精神同坚定文化自信结合起来,坚持举国体制和市场机制相结合,不忘初心,持之以恒,努力开创新时代我国体育事业新局面。"①正如邓见新提出,"弘扬中华体育精神,有利于弥补当今大学生的素质缺陷,实现培养政治合格、专业突出、身心健康、人格完整的优秀人才的目标。"②

二是充分发挥学校体育课的育人价值。体育课的第一要务主要在于通过教学使学生掌握一定的体育文化知识,通过学习和锻炼掌握运动技能,从而增强学生体质,最终帮助学生身心健康发展,同时体育课也肩负着对学生进行思想品德的培育。"2016 年,学校体育学科初步确定了学生体育核心素养基本内容:运动能力、健康行为和体育品德。"③身体机能的训练,运动技能的教学是体育课的根本任务,但体育文化知识本身蕴含了价值判断、家国情怀等德育元素,体育道德的培育是体育教学的核心内容。2018 年 9 月,习近平总书记在全国教育大会上指出:"要树立健康第一的教育理念,开齐开足体育课,帮助学生在体育锻炼中享受乐趣、增强体质、健全人格、锤炼意志。"④因此,要大力提高体育教师的育德意识和育德能力,充分挖

① 《人民日报》(2019 年 10 月 01 日 01 版)http://paper.people.com.cn/rmrb/html/2019-10/01/nw.D110000renmrb_20191001_1-01.htm。

② 邓见新、李红:弘扬中华体育精神　提升体育职院学生道德水准,《中国电力教育》2009(08):173-174。

③ 邵天逸:"立德树人"背景下学校体育的育人价值,《体育学刊》2017(07),64。

④ 人民网-人民日报 2018 年 09 月 11 日 http://edu.people.com.cn/n1/2018/0911/c1053-30286253.html。

掘体育学科中关于德育方面的内容,由表及里、由浅入深地引导大学生树立和践行社会主义核心价值观,把爱国主义自然融入体育课程中,才能充分实现体育课的育人价值,提高育人成效,培养高素质人才,实现润物细无声的效果。

三是举办体育文化活动丰富校园文化。校园文化是学校独特的精神标识,要加强校园文化建设,通过举办运动会、体育比赛和体育类社团文化活动,培育中华体育精神。青年大学生正是精力旺盛,身体各项机能日渐成熟的黄金阶段,通过参加丰富多彩的体育文化活动,可以帮助学生调节学习、工作的疲惫和烦恼情绪,获得精神上的放松和休息,促进学生身心健康和谐发展。同时,可以培养学生对体育运动的爱好和兴趣,感受体育文化的魅力,有助于营造全民健身的氛围。[1] 此外,通过参加各类体育比赛,可以磨练大学生的意志品质,培养积极健康的精神面貌、奋勇争先的拼搏精神、公平竞争的意识和团结合作的能力,在实践中培育和弘扬中华体育精神,加强爱国主义教育。因此,学校应坚持以人为本,让丰富且高质量的体育文化活动融入大学生的日常生活中,激发大学生的运动热情,培养运动习惯,丰富校园文化,促进"健康校园"建设,培养德智体美劳全面发展的社会主义建设者和接班人。

四是坚守网络主阵地,开展线上线下融合的体育课堂。随着外部环境的深刻变化和我国改革开放的不断深入,西方发达国家不断通过网络等各种途径全面深度"渗透",企图把"西化""分化"的思想灌输给高校大学生。因此,我们要牢牢守住意识形态领域,加强主流意识形态的教育,切实做到坚定大学生社会主义信念不动摇。不仅要利用好报刊、电视、广播等传统媒体,更要加强网络正面宣传和舆论引导,弘扬主旋律,传播正能量。可以通过微信、抖音等青年大学生喜欢的网络社交平台大力宣传中华体育精神,开展新时代爱国主义教育。此外,今年突如其来的新冠疫情让全人类都深刻意识到了

---

① 李可兴、黄晓丽:高校体育精神的特质与培育,《北京体育大学学报》2006(09):1196—1197。

健康的重要性。加强体育健身,提升个体免疫力,增强体质,成为全社会的广泛共识。同时疫情的发生也完全打乱了正常的线下课堂教学。在疫情防控常态化背景下,通过开展线上线下融合的体育课堂,不断创新教学方式,引导学生树立健身意识,掌握健身技能,养成健身习惯,促进大学生全面发展。

—— 陈斯斯①

以"四史"学习教育为契机,加强高校
"三全育人"协同工作

(上海师范大学 上海 200234)

【摘 要】"三全育人"是一项持续发展的系统工程,其开展需要整合多方面资源从而形成育人合力。"三全育人"工作的开展既是思想政治教育工作自我发展的需要,也是当今复杂多变的时代背景对高校德育提升实效性的急切呼唤。以"四史"教育为契机,从思想理念、方式方法、工作机制等方面探究"三全育人"工作协同创新的内在要求和优化路径。

【关键词】"四史"学习教育 三全育人 协同

习近平总书记在全国高校思想政治工作会议上强调:"高校思想政治工作关系高校培养什么样的人、如何培养人以及为谁培养人这个根本问题。要坚持把立德树人作为中心环节,把思想政治工作贯穿教育教学全过程,实现全程育人、全方位育人,努力开创我国高等教育事业发展新局面。"2018 年,教育部推出《"三全育人"综合改革试点工作建设要求和管理办法(试行)》,启动"三全育人"综合改革,加快构建高校思想政治教育工作体系,形成了以教师队伍为育人"主

① 作者简介:陈斯斯,女,上海师范大学马克思主义学院博士生,讲师,上海师范大学党委宣传部文明文化科科长,主要研究方向为思想政治教育研究。上海市徐汇区桂林路 100 号,200234。

力军"，课程建设为育人"主战场"，课堂教学为育人"主渠道"的战略性、全局性、系统性的工作格局。这不仅体现了党和国家对学校思想政治教育工作的高度重视，也反映了对当今复杂大变局下思想政治教育工作发展不充分不平衡矛盾现状的急切回应。历史与实践证明，贯彻落实好"四史"学习教育，有助于我们对世情、国情、党情进行科学的把握和研判，有助于汲取经验智慧，对推进高校育人工作的开展具有重要意义。因此，我们要以"四史"学习为契机，在历史趋势和现实所需中学会用历史观来看待新时期"三全育人"协同工作的思想理念、方式方法、工作机制等。

一、"三全育人"理念的内涵及本质：在协同中育人

社会存在决定社会意识，社会意识反作用于社会存在。任何理论，都是实践和时代的产物，都是重大的现实在头脑中的反映。"三全育人"理念并非"飞来峰"，而是现阶段学生德育发展规律和思想政治教育工作发展的现实背景下的产物。"三全育人"就其概念而言，关键是"全"，出发点和落脚点是"育人"，外延包括主体、时间、空间三个维度，即育人队伍、育人时间、育人空间，从这三方面着眼，从而形成一个紧密协作和立体整合的育人模式。其中，全员是育人的基础和前提，全过程是育人的载体和依托，全方位则是育人的保障和环境。毋庸置疑，协同就是三者紧密联系和相互依存的关键因素。

协同思想是一种处理复杂事物和对象的方法，目前已被广泛地运用到各类自然与社会科学领域。2016 年 6 月，《教育部关于中央部门所属高校深化教育教学改革的指导意见》(教高［2016］)2 号)中明确强调，新时代高校深化教育教学改革的主要任务之一就是"完善教育协同机制"。

"三全育人"工作的协同性主要表现在：首先是影响因子的多元性。在高校环境中，思想政治教育工作的构成部分和影响因子较为复杂和多样，不仅有育人队伍，还有育人环境、育人资源、育人机制等方面。表现在育人队伍上，有学校党政干部和共青团干部，思想政治理论课和哲学社会科学课教师，辅导员和班主任等几大主体，不同主

体的分工和职责也有所差别。在年龄结构、知识背景等方面也日趋呈现多元之势。其次是发展的动态性。在马克思主义经典作家看来,万物的普遍联系和总体发展是世界的基本特征,呈现在我们面前的是一幅种种联系和互相作用的画面。随着时代的变迁,思想政治教育工作的内涵和外延也不断得以丰富、延伸和发展,特别是体现在育人环境上,具有相对稳定性和绝对流动性的特点。例如,网络与自媒体的蓬勃发展,使思想政治教育工作等工作面临着线上教育、网络思想政治教育等速度快、覆盖面广、内容丰富的工作模式。再次,作用的交互性。"一个结构是由若干个成分所组成的;但这些成分服从于能说明系统之成为体系特点的一些规律。这些所谓组成规律,并不能还原为一些简单相加的联合关系,而是把不同于各种成分所有的种种性质的整体性质赋予全体。"①若将思想政治教育工作本身视作是一个有机的整体,那么其组成的各个个体超越了本身的差别,达到了整体的统一性。协同的精髓正是在于着眼共同目标,发挥自身优势,实现资源的匹配、整合、优化和共享,即达到 $1+1>2$ 的效果。如同在剧团演出中,制作人、导演、舞台监督、行政经理、演员等各司其职,在配合之下完成整台演出,并在协同整合的基础和前提下持续发展其内生动力。影响思想政治教育工作的各个方面不是孤立和互相排斥的,是可以充分地沟通和合作的,可以在打破原有的不平衡的状态下实现更高层次的新的平衡。第四,效果的人本性。马克思在《〈黑格尔法哲学批判〉导言》中有一段著名论述:"理论只要说服人,就能掌握群众;而理论只要彻底,就能说服人。所谓彻底,就是抓住事物的根本。但人的根本就是人本身。"思想政治教育工作与其他教育工作显著不同的特点在于它的以人为本,这也理所当然地成为了协同功能发挥最应该考虑的一个要点。作为人的根本的"人本身",我们不单是从对象的意义来考察,更重要的把目光放到人的需求和目的上,人的思想现实和人的能动性等方面,因此,是具有很强的目标指向性的(人的全面发展和社会进步)。我们若只是把人视作是传

---

① 皮亚杰:《结构主义》,商务印书馆 1984 年版,第 5 页。

输的对象和接收体,接收这一环节一旦结束就主角离场,那么教育就会失去动力,失去落脚点和努力的方向。由此观之,思想政治教育工作协同需要无限地靠近事实,靠近矛盾的解决,靠近群众的需求。

二、高校思想政治教育工作协同发展的可行性和必要性分析

(一)高校思想政治教育的总体目标是实现高校"三全育人"协同工作的内生动力。毋庸置疑,检验和衡量学校一切工作的根本标准是是否把立德树人贯彻落实好。推进高校"三全育人"工作,归根结底是要把立德树人融入教育管理各环节,坚持社会主义办学方向,坚持中国特色社会主义教育的政治属性,培养出民族复兴大任的时代新人。从这个意义而言,"协同"既是目的也是手段,更是过程中的价值体现。高校思想政治教育工作各个部分、各个环节,譬如通过课程、管理、实践等方面进行育人工作,虽然各有侧重点,但从本质上而言都是进行社会主义意识形态的教育,是引导大学生树立正确人生观、价值观、世界观的教育,是对"培养什么人、怎样培养人、为谁培养人"这一根本问题的生动实践。

(二)高校思想政治教育的本质特征是实现高校"三全育人"协同工作的必然诉求。思想政治工作是做人的工作的,而"人的本质不是单个人所具有的抽象物,在其现实性上,它是一切社会关系的总和。"[①]人是生活在现实社会中的,打上了社会关系的各种烙印。因此,"三全育人"工作的开展必然要寻求各要素和各环节之间最为本质的和必然的联系,通过内部的协同而不是简单地机械式地相加,从而实现工作上的互补,达到目标、内容、方法、机制等最大限度的利用。

(三)高校思想政治教育面临的新形势新环境是实现高校"三全育人"协同工作的有力条件。从时间轴上看,实践每前进一步,理论就要前进一步。当前世界处于百年未有之大变局,信息化、网络化、全球化的不断发展。我们应该清醒地认识到,任何落后于时代的思

---

① 马克思恩格斯全集(第1卷),人民出版社1972年版,第18页。

想都要失语。尽管作为意识形态范畴的思想政治工作有其独立性，但从本体论和最终意义上而言，都是社会存在的产物，都需要自觉地把自己视为一个开放的系统，主动地在不断变化的社会环境中去适应新形势和新要求。

（四）高校思想政治教育工作存在孤岛效应是实现高校"三全育人"协同工作的现实所需。"三全育人"工作若想要获得生命力，不可能也决不允许自己故步自封，而是需要在历史积淀下的文化思想遗产中汲取营养，在同时代的思想文化中对话碰撞，是一个不断完善、不断自我革命和扬弃的成长过程。我们可以这样理解，各要素可以依靠本身特有的属性不断地进行自我升华，但是由于外部环境的瞬息万变，有时系统整体的协同性、系统性的发挥会相对滞后于社会的发展以及对象需求的变化，从而在一定阶段存在着相对机械和被动的状态。因此，时刻关注并不断地扬弃，从而构建一个可以激发高校思想政治教育主客体创造性的思想政治教育环境是高校"三全育人"协同工作的必然要求。

三、高校"三全育人"工作现状存在的问题剖析：不充分不平衡

"在中国特色社会主义新时代，高校'三全育人'取得了一定的成绩，如全员育人中的'员'素质大幅提高、全程育人中的'程'范畴大幅延伸、全方位育人中的'方位'外延大幅拓展等。在中国特色社会主义新时代背景下，高校'三全育人'中全员育人的'员'存在角色缺位、全程育人的'程'存在链条断裂、全方位育人的'方位'存在重心偏移等问题。"[1]"三全育人"作为新时代发展的创新理念和实践模式，已经被高校广泛认可，随着"三全十育人"体系的构建，思想政治教育队伍的整体素质和育人意识有所提升，全员育人为导向的思想政治教育教育已形成共识，高校的育人环境和育人条件也得以改善与优化。

① 胡守敏：新时代背景下高校"三全育人"研究，《学校党建与思想教育》第605期，2019年第7期。

本文从高校这一中观环境中去考察，发现目前高校"三全育人"工作还存在以下问题。

（一）"协同育人"意识不足。课程育人、管理育人、服务育人等都属于"三全育人"范畴，但因为分工的存在，在协同意识上难以统一。诸如课程育人，不同的课程有着不同的学科属性、内容构成、本质特征、教学目的和讲授方法。由此观之，在育人工作上各有章法，产生各司其职的必然结果是在所难免的，因此要去打破交流沟通的渠道和平台，让"教管分离"客观现象得以改善。其次，能力侧重点不同导致育人力量涣散。我们经常看到这样一种现象：在工作实践中各唱各的调，单打独斗，产生冲突和质疑，难以形成教育合力，即使是有意进行联动，但因为缺乏身份认同，协同工作也只是趋于表面，容易出现生搬硬套现象。

（二）协同工作体制机制尚未健全。尽管目前，高校思想政治工作呈现不断向上向好的态势。但不可否认的是，学校在牵头抓总、整合资源、建立科学的管理机制和评价体系等方面的确还存在不尽人意的地方。例如，目前较为典型的班导师机制和班导生机制等，较之松散、零散、暂时性的配合模式而言，已经是较为成熟的联动机制了，但在实际操作的过程中，依然缺少一定的延续性和稳定性，较容易出现人为性和随意性。有调查显示，任课教师之所以未能全身心投入到思想政治教育育人中，一个非常关键的因素就是由于其晋升的空间更多地取决于科研成效和教学质量，而育人工作容易挤压教师的上升空间（占据一定的时间和精力）。在评价机制上，也过于强调单纯意义上的教学和科研，"育人"权重几乎没有，评价机制的缺位导致了高校出现重科研重教学而轻育人轻德育的现象。

（三）育人资源有待进一步整合。"在普通的文化课程中，学生会对特殊的问题产生兴趣；同样，在专业学习中，学科外在的联系使学生的思想驰骋于专业领域之外更广阔的空间。"[①]这应当引起我们

①［英］怀特海：《教育的目的》，徐汝舟译，生活·读书·新知三联书店2002年版，第20—21页。

的足够重视,虽然实践类和宣传类资源投入日益增多,效果日益凸显,为高校思想政治教育的开展提供活的源泉,但各教育管理资源在全方位、多角度、各层面的立体格局还未形成,我们不该过分地强调各个资源之间的简单的分类和对立,而应当将其视为有机整体中的各因素去考察。

四、以"四史"学习教育为契机,实现
"三全育人"协同工作不断优化

习近平总书记指出,做好高校思想政治工作,要因事而化、因时而进、因势而新。我们要用历史观去看待高校思想政治教育工作的优化,在育人意识、机制构建、宣传保障等方面下功夫,让"三全育人"协同工作有章可循,有资可依,助力思想政治教育工作朝更好的方向发展。

(一)强化责任担当,树立"三全育人"大思想政治教育观。近年来,"大思想政治教育"作为一种教育观念,在思想政治教育领域日趋活跃,并为思想政治教育的改革和发展提供了一个全新的视角。我们要通过"四史"学习教育,做勇担责任与使命的践行者,在各自岗位上敢于作为和敢于创新。一是增强育人意识,观念转变促成身份认同,以"内生需求"达到"自运转,自协同"的效果。二是提升育人队伍综合素质。注重培训指导,通过开展集中培训,建立日常工作的交流协作机制,在知识储备、专业素养、教学能力、管理能力等各方面反思与交流,在目标导向和践行上实现同向同行,达到育人工作的互补共赢。三是建立合理科学的评价体系和考核指标,将育人的实际成效和具体措施纳入考核或与绩效挂钩,把评估的落脚点放在育人效果上,通过机制让育人的齿轮都转动起来。四是全校上下必须树立"教书育人是教师第一责任"的意识,弘扬和传承好优秀的师德师风,加强教师对于学生进行思想引领的责任担当。通过各类平台讲好育人故事,宣扬可复制、可推广、可借鉴的工作模式和典型经验,形成良好的育人氛围。

(二)落实建章立制,优化"三全育人"党建工作平台。机制像一只看不见的手,使得事物不断地向好的方向或更高的阶段进化。我

们要通过"四史"学习教育,做到知行合一、学以致用,将学习成效同中心工作结合起来,将学习教育深入到育人一线,以党建促管理,以党建强创新。首先,制度具有规范、强制和稳定的作用,制度性原则可以统一高校思想政治教育工作的权利和义务,要实现每一角色、每一环节、每一领域系统和体系的合理性。因此,校院两级党委都要把"三全育人"工作摆在重要位置,形成党委统一领导、各部门各方面齐抓共管的工作格局,加强协同机制的顶层设计和一体化建设。实现诸要素整体性和结构性优化,构建全过程、多维度、全覆盖的思想政治教育格局,建立长效机制促进合作的基础,搭建常态化业务平台促进合作,确保工作职责分明,彼此协调,运转有序,保证协同足够真实和有效。除此之外,还可开展试点先行,以点带面,将个别典型与累积经验推广,实现育人力量的最大增量。

(三)注重资源共享,实现"三全育人"有机化发展。环境、宣传、管理、服务等育人资源的建设,要实现横向协同,才能促进思想政治教育工作和谐发展。我们要以"四史"学习教育为契机,创新共建模式、内容和载体,把各个方面的优势转化为集体优势,形成携手共进、合作共赢的良好局面。一方面,利用主阵地和各类渠道,做好示范、引导、宣传教育。在文化浸润上发力,让学生所到之处都充盈着丰富的思想政治教育元素,让每个隐形的思想政治教育符号都发挥它应有的作用。另一方面,要高度重视网络教学。认识到网络教学不仅仅是开展思想政治教育工作必不可少的重要载体,需要认识到网络教学在某些时刻起到了决定性和关键性的作用,例如面对 2020 年突如其来的新冠肺炎疫情,网络教育成为了主导性教学模式,呈现出鲜明的"交互性""主体间性""扁平化共享"等特点。高校要把握好这一教育契机,夯实主阵地,依托学校新闻网、"两微一端"、抖音等线上平台融媒体育人。

实行"三全育人"工作是一项没有经验可以借鉴的探索性工程。"三全育人"是新形势下高校思想政治教育发展的方向。我们要以"四史"学习教育为契机,加强"协同"效应,通过汇聚各要素为高校思想政治教育的改革发展和不断创新注入源源不断的活力。

樊星宇①

浅析长征精神在大学生挫折教育中的运用

（上海师范大学　上海　200234）

【摘　要】大学生作为民族的未来和希望，肩负着时代的使命和人民的期望。这就需要当代大学生能够经得住挫折的考验、担得起重任。然而现在许多大学生由于独立性差、缺乏自信等原因，当遇到学习、恋爱、人际交往方面的问题时，常常采取消极态度应对。因此，对大学生进行挫折教育的必要性不言而喻。长征精神作为红色文化的重要组成部分，充分体现了中国工农红军勇敢不屈、迎难而上的顽强品质。这一精神不仅为挫折教育提供了优秀的资源，同时二者内在的契合性，使得双方的融合成为可能。长征精神融入挫折教育对于大学生思想政治水平的提升具有重要价值，但是在运用时也要找到恰当的途径，才能达到理想的效果。

【关键词】长征精神　大学生　挫折教育

挫折教育指教育者有意识地利用和设置挫折情境，通过知识和技能的训练，使个体正确认识挫折、预防挫折、正视挫折，增强受挫能力的教育。② 习近平总书记曾指出："前进的道路从不会一帆风顺，实

---

① 作者简介：樊星宇，女，上海师范大学马克思主义学院硕士，主要研究方向为大学生思想政治教育。上海市徐汇区桂林路 100 号，200234。

② 李海洲、边和平：《挫折教育论》，江苏教育出版社 1995 年版，第 5 页。

现中华民族伟大复兴的中国梦需要一代一代青年矢志奋斗。"这就要求青年一代不仅需要具备卓越的才能,还要有战胜挫折的信心和能力。但是近年来,大学生由于无法正确对待挫折而引发的悲剧时有发生。因此,加强大学生挫折教育,已然成为家庭、学校和社会共同关注的问题。长征精神作为中华民族文化和马克思主义思想相结合的产物,具有鲜明的民族性和先进性,同时彰显了党在曲折探索中的顽强品质。总的来看,大学生接受挫折教育的紧迫性和长征精神的典型性,使二者的融合成为可能。

一、长征精神对大学生的当代价值

(一)有助于培养大学生坚定的意志

大学生虽然能对自己的生活作出规划,并投入时间和精力为之努力。但是当遇到关键问题需要亲力亲为时却容易感情用事,以消极态度应对挫折,或冲动草率,或自暴自弃,对意志的管理处于失控状态,心中的信念很容易被摧毁。[①] 一些高校出现了学生寄脏衣服回家清洗的现象,这不禁让人为大学生的自立素质和社会生活能力捏了把汗。同时面对名利的诱惑,少数学生疲于应付挫折,会出现急功近利的念头,通过走"捷径"满足自己的虚荣心,舍弃了道德底线和原则。为了使大学生在纷繁复杂的干扰中依然能有所担当、坚守正确方向,我们应当高度重视培养大学生科学崇高的理想信念。习近平总书记在 2013 年同各界优秀青年代表座谈时讲到:"理想指引人生方向,信念决定事业成败。没有理想信念,就会导致精神上'缺钙'。"可见,不屈不挠的坚强意志是获得胜利的基础,这种坚韧的信念在长征途中体现的淋漓尽致。在两年多的时间里,红军在敌人的重重包围中艰难前进,徒步横跨十余省完成了战略转移任务,在缺衣少食的条件下,多次翻越了人迹罕至的雪山、草地。这一切超越了生

---

① 杨跃民:重视挫折教育　维护大学生心理健康,《学校党建与思想教育》2005 年第 4 期。

理极限、难以置信的奇迹背后是共产主义理想和顽强的革命精神在支撑。心中有信仰，脚下才能有力量。长征作为理想信念的一次伟大远征，不仅凝聚了中国共产党的革命精神，还是中华民族精神的最高体现。在挫折教育中引入长征精神，可以配合思想政治课的其他内容共同帮助学生了解、认同、形成共产主义理想，在止步不前时能够用理想信念鞭策自己，坚贞不渝、百折不挠地追求理想目标。

（二）有助于增强大学生对抗挫折的信心

如今许多大学生被冠以"玻璃心"的称号，造成这一现象的原因是多方面的。多数家长为了让孩子专心学习，总是包揽了本属于学生能力范围内的事，"衣来伸手饭来张口"的生活习惯会使学生盲目乐观地看待生活，形成任何目标的实现都是轻而易举的错觉，所以难以适应困难和压力。还有一些父母的确意识到了挫折教育对于孩子身心成长的意义，却也陷入了另一个误区。他们为了防止孩子骄傲并提高耐挫力，对于孩子各方面的要求十分严格，无论取得了什么成绩，都很少给予肯定，反而对不足之处又提出更高的要求。同时，一些教师试图用嘲讽的语言激励学生等行为，也会降低学生的自我效能感。[①] "打击式"教育对于学生来说，可能是激发斗志的一剂猛药，但也可能是扎进心里的一根刺，一直影响着今后的生活，使他们陷入强烈的自我怀疑和自我否定的情绪中难以脱离，缺少抗争的勇气。引入长征精神，对于建立大学生的自信心十分有帮助。长征时期我党身陷内忧外患的困境，不仅要在严酷复杂的环境中应对敌人的追击，还要同党内分裂主义作斗争，然而在如此极端的条件下，一群平凡的人用血肉之躯完成了不可能完成的任务，红军用行动诠释了"世上无难事，只要肯登攀"的道理。长征精神，这座人类历史上的精神丰碑，一次次地支撑着中华民族在磨难中砥砺前行，它不仅是大学生文化自信底气的来源，同时还鼓舞着学生在挫折面前要化被动为主动，敢于挑战不可能，增强克服挫折的勇气。

---

① 张骞：当代大学生挫折教育及其探析，《思想政治工作研究》2009 年第 10 期。

（三）有助于为大学生挫折教育开拓新思路

由于挫折教育在大多数高校没有专门的课程安排和师资力量，所以主要是通过思想政治课教师在课堂上碎片化的讲授理论、树立典型榜样、创设情境等方式完成的，很少将课堂与社会实践联系起来，因此难以对学生的实际运用进行指导。[①] 此外，一些家长简单地将挫折教育理解为吃苦教育，所以强迫学生通过长跑、到农村体验生活、参加夏令营的方式锻炼耐挫力。但是这种硬性的教育方式，没有充分考虑学生在教育中的主体性，将其置于了被动接受的地位，会让学生产生反叛心理而拒绝体会其中的深意。在挫折教育中运用长征精神，可以为学生带来更多新鲜的体验，增强学习的积极性和主动性，通过自觉内化形成正确的挫折观，提升对抗挫折的能力。例如：长征题材的记录片、影视剧可以用生动的画面和红军老兵及后辈的真实讲述，最大限度还原历史事件，带领学生走入四渡赤水、突破腊子口等情境，体验到长征的不易与红军迎难而上的精神，与教学内容产生情感共鸣，为之后的理论教育铺垫良好的课堂氛围。同时长征纪念馆、长征故地也为挫折教育提供了场所，父母在与孩子一起重温长征旧址时，不仅可以在旅途中增进感情，还能在情景体验中，通过体力上的辛苦付出，逐渐认同和传承长征精神。这样，挫折教育的课堂就可以从教室延伸到社会实践中，在让学生获得更多学习机会的同时，还可以在实践中检验所学理论，进一步加深对挫折教育的认同感。

二、长征精神在大学生挫折教育中的实践意义

（一）长征精神为挫折教育提供了优秀素材

思想政治教育的工作并不是简单的知识传输，最重要的是帮助受教育者发自内心对学习的知识产生认同感，并将其内化为自己的

---

① 方鸿志、李辰媚：大学生挫折教育研究综述，《中国青年研究》2014 年第 6 期。

思想,能够辨别和自觉抵制不良思想的影响,最终落实在具体的实践中。因此,在对大学生进行挫折教育时,不能仅依靠传统的讲授式教学,还可以通过适当地结合现实事例引发学生的思考,从生动的案例中学习他人应对挫折的方式,感悟出对待挫折的积极态度。红色文化作为思想政治教育的重要内容,包含着党领导人民进行革命、建设和改革的光辉历史,是社会主义艰难探索和伟大飞跃的缩影。其内容的丰富性为挫折教育的进行开辟出了更多样的教学方式和更鲜活的素材,其中,历经重重困难的红军长征一直是鼓舞和激励中国人民不断攻坚克难,从胜利走向胜利的强大精神动力。[①] 在两万五千里的漫漫征途中,无论是敌人的前后夹击还是匮乏的物资供应都给红军带来了重重危机。虽然红军在湘江战役等交锋中遭受了巨大损失,但是面对暂时的黑暗,红军战士依然凭借顽强的意志在风雨如磐的长征路上创造了飞夺泸定桥、四渡赤水等军事奇迹,最终使中国革命转危为安,为党的革命事业积蓄了蓬勃的力量。聂荣臻同志曾说:"碰到了困难,人们就想起长征。想想长征,就感到没有克服不了的困难。"八十四年前的长征是中央红军克服险阻、开创崭新局面的壮阔史诗,也是中华民族丰富的精神宝库,其中的英雄人物、革命事迹和革命遗址为大学生接受挫折教育提供了学习榜样和教学场地。

(二)长征精神的内涵与挫折教育目标的契合性

习近平总书记曾指出,"革命理想高于天,不怕牺牲、排除万难去争取胜利,面对形形色色的敌人决一死战、克敌制胜,这些都是长征精神的内涵。"长征精神充分彰显了中华民族百折不挠、自强不息的品质。大学生作为社会发展的生力军,是实现中国梦的重要人才储备,也是社会主义事业的建设者和接班人,在享受时代进步带来的优越条件的同时,也需要承担更多的家庭和社会责任。因此拥有良好的心态和受挫力非常重要,只有这样才能真正担当起民族复兴的大

---

① 徐永健、李盼:试论红色文化资源与大学生思想政治教育的内在关联,《思想教育研究》2016 年第 12 期。

任,成为社会中独当一面的中坚力量。① 唯物辩证法揭示了事物的发展趋势是曲折前进的。这就意味着无论是社会还是个人想要获得更好的发展,前进的道路绝不是一帆风顺的,必然经过一些挫折和考验,才能在战胜挫折的过程中逐渐提升能力。这一规律在长征中就得到了检验,党成立之初由于受"左"倾教条主义影响,党的事业遭受了巨大损失。长征作为党从不成熟迈向成熟的重要一步,虽然布满荆棘,但一路上红军凭借着敢于斗争的精神和对革命理想的执著追求,攻克了一道道难关,及时从失败中总结经验教训,最终绝境重生,创造了奇迹。1935 年,遵义会议的召开扭转了党的危险局面,为中国革命指明了正确方向,为党从挫折走向胜利提供了重要保障。在艰难困苦中孕育出的长征精神,包含着艰苦奋斗、坚忍不拔等优秀内涵,这与挫折教育对于大学生的期待不谋而合。

(三)长征精神为挫折教育提供内在动力

党的十八大以来,以习近平同志为核心的党中央强调全面推进素质教育,把提高教育质量摆在了更加突出的战略位置,思想品德教育愈发受到社会的重视。对于提升大学生的耐挫力而言,既需要接受系统的理论教育,也需要通过思想层面的引导形成促进知行转化的情感支撑。苏联教育家赞可夫说:"教学一旦触及学生的情感和意志领域,触及学生的精神需要,便能发挥其高度有效的作用。"在挫折教育中可以运用启发法、情境创设法、情感教学法等教学手段,增强教学的感染力,引起学生的情感共鸣,帮助学生塑造稳定的意志品质,从而对个体行为提供目标导向和内在约束,顽强的意志力可以为个体在面对挫折时提供强大的内驱力,促进心态的调节和行为活动发生积极改变。② 长征精神作为促进大学生人格完善的重要载体,在帮助学生传承红色基因、确立共产主义信仰的同时,红军战士爬雪

---

① 张学昌、谷照亮:长征精神融入当代大学生价值观教育探析,《毛泽东思想研究》2013 年第 6 期。

② 赵乐:近二十年来长征与思想政治教育融合研究综述,《毛泽东思想研究》2017 年第 3 期。

山、过草地、与敌人作斗争的艰苦过程也能无形中增强学生的情感体验,让学生们更深入地理解中华民族今天所取得的成就不是一蹴而就的,而是历经磨难、来之不易的,从而暗示自己学习长征精神,形成坚韧的品质。长征精神一旦得到了传承和发扬,就会沉淀在一个人的生活方式和精神价值中,对学生产生深远持久的影响,给予学生克服困难的强大精神动力和信念支撑,推动挫折教育的顺利进行。

三、大学生接受挫折教育的现实需要

(一)人际间的交流互动频繁

一方面,多数学生在步入大学前,普遍将大量的精力投入到了培养知识技能的过程中,而对于如何应对挫折知之甚少。另一方面,他们很少有住校经历,在长时间与父母生活的情境中不免养成人人为我、不顾及他人的自我中心主义,而且这种思想带来的影响是持久的,不容易在短时间内得到纠正。当他们与多个室友生活在一起时,可能由于脾气秉性、生活习惯、兴趣爱好等方面的差异产生矛盾,逐渐地还会产生小团体各自为营。同时,大学生拥有的课外时间更加丰富,因此对社团和学生会等组织的参与热情也更高。在这些集体中,学生接触到的人群分布更为广泛,人际关系更为复杂,当许多个性强烈、富有激情但却冲动的大学生聚集在一起时,既会碰撞出思维的火花,也会产生摩擦。例如:职位竞选、评优评奖、小组合作意见相左等等,都会使多方利益陷入冲突。冲突的结果往往会使一方的利益受到损失,而对于自尊心强的大学生特别是部分追求完美的学生而言,在面对失败时容易出现自我否定、自信心受损等心理落差。在自我认同感降低时,由于距离的限制他们无法及时得到家人的安慰与关心,又不愿向同学、老师吐露心声,所以选择将自己封闭起来,独自地消化挫败感。在缺少积极引导的条件下,学生的自卑感会加强,容易产生厌学、焦虑等情绪,同时对待竞争也会出现患得患失、求胜心切等偏激心理。

(二)学业就业压力难以适应

在中学阶段,不少老师、家长都会用"高中苦三年,上大学就轻松了"来开导高考压力下的学生,所以会使许多学生误以为大学生活是十分轻松的。然而,事实上大学的学习压力相较于中学的确有所降低,但同时学习的精度和深度也有所提高,对学生独立思考、自觉学习的能力也提出了更高的要求。一些新生初入大学时,面对学习方式的转变和与期待不符的学习任务,一时间会无法尽快适应,摸索不出合适的学习方法,所以在学习时会遇到阻碍。并且相较于高中而言,在大学中同辈群体各方面的素质更高,学习的竞争也会相当激烈,一些高中时的佼佼者到了大学可能会被更优秀者的光芒所遮盖。所以当考试成绩不理想时,学生很容易出现落差感,质疑自己的学习能力。对于高年级大学生而言,挫折还可能来自于考级、考证、考研的过程。随着教育政策的出台,我国的教育质量稳步提升,本科学历在就业中的优势已远不如以前,所以社会对于大学生的要求也越来越高。面对这一严峻的形势,许多大学生都希望通过考取证书、研究生为今后的就业增添敲门砖,尽管他们在备考中投入了大量的时间和精力,但是结果可能还会由于一些客观因素不尽如人意,付出与回报间的差距会导致他们产生无助感,进而萌生出"努力无用论"甚至堕落的念头。[①] 从考试失败中体验到的自卑感和竞争激烈的就业环境带来的压迫感使他们对毕业后离开父母的羽翼,独自求职的生活产生迷茫和恐惧,这也成为了网络成瘾和"啃老族"现象的一种诱因。

（三）情感问题的处理缺乏经验

在家庭和学校要求放宽的条件下,多数大学生对美好的校园爱情产生了期待和憧憬,十分渴望体验到爱情的甜蜜,甚至一些人将"在大学谈恋爱"列为大学生必做的事情之一。但是由于情感经验的缺乏和思想的不成熟,大学生往往较为看重爱情带来的幸福体验,而忽视了其中各种各样的困扰,在确定伴侣时容易不经过理性思考而冲动决定,所以当爱情出现矛盾时通常没有做好充分的心理准备,难

---

① 范正平、唐晓英：当代大学生挫折教育新探,《教育与职业》2014 年第 18 期。

以走出情感的漩涡。对于大学生而言,多数都是第一次远离家乡来到陌生的城市,所以希望在爱情中获得安全感,填补内心的空虚。因此在恋爱中,对方的呵护和关心很容易让自身产生过度的依赖,一旦恋爱关系结束,常常会认为自己被抛弃,无法正视感情挫折。同时在社会文化交流日益密切、经济飞速发展的当下,许多不良思潮也悄无声息地侵蚀着辨别力尚未成熟的大学生,一些被拜金主义、享乐主义蒙蔽双眼的大学生,在爱情中经常会超出能力范围内的追求物质享受,以金钱为标准评判爱情的价值,出现了"宁愿坐在宝马车里哭,也不愿坐在自行车上笑"的功利想法。还有一部分学生因为不满异性对于自身外形的评价,而选择用极端的方法改造自己,对身体产生了不可逆转的伤害,这些都不利于正确的恋爱观和价值观的形成。爱情,是大学生一次重要人际关系的构建,也是思想塑造的关键时机,挫折教育应该充分利用这一机会,对大学生的品质发展做出正确引导。

四、长征精神在大学生挫折教育中的运用途径

(一)充分利用思想政治理论课主渠道

很多高校都设有心理咨询中心,可以为无法克服挫折的学生提供疏导,但是学生出于害怕被嘲笑、隐私被泄露等顾虑,大多不会主动求助,所以心理咨询中心的利用率十分有限。而思想政治教育学科的综合性使得与其他学科相比在进行挫折教育时更具专业性,同时可以通过授课的方式,主动向学生传授正确的挫折观和对抗挫折的方法,消除了学生的戒备心理,可以让受挫折困扰的学生在十分隐私、放松的环境中接受疏导,因此,思政课堂成为了大学生接受挫折教育的主渠道。习近平总书记指出:"推动思想政治理论课改革创新,要不断增强思政课的思想性、理论性和亲和力、针对性。"所以在进行挫折教育时,不能仅仅用最简单直接的方法向学生传授理论知识,还要有针对性地对学生可能遇到的实际挫折进行分析,让学生感受到学习内容的实用性,从而产生内在的学习动力。为了使挫折教育更贴近学生的实际生活,教师虽然在了解每个学生的性格特点、行

为习惯方面的难度较大,但是可以结合学生的专业,有针对性的创设情境,让学生对挫折教育的运用产生亲切感和真实体验感。① 例如:在对理工科学生教学时,可以把每一次实验、数据的演算当作自己的长征,在失败时,鼓励学生想象红军遇到困难时会怎样做,引导学生勇敢面对失败,发扬锲而不舍、追求真理的科学精神。在对艺术类学生教学时,可以把创作、排练的过程想象成长征,引导学生要稳扎稳打专业功底,不要好高骛远,过于计较得失,创作的过程虽然辛苦,但只要付出努力就一定会有收获。同时,在教学方法的选择上也要坚持灌输性和启发性相统一的原则。可以通过讲长征故事、欣赏长征文艺作品的方式,引导学生独立发现红军对待挫折的态度,以及通过对比长征前后党的转变,启发学生理解挫折对红军成长的意义。这样既可以加深学生对红军长征的印象,也可以深刻领悟到挫折的积极作用。

(二) 建设校园文化加强隐性教育

任何教育都离不开理论的支撑和实践的检验,挫折教育同样需要受教育者掌握正确的认识论和方法论。由于挫折教育包含着一定的理论知识,如:挫折的含义、什么是正确的挫折观等较为抽象的内容。而运用显性教育可以直接高效地完成教学任务、使学生的学习目标更加明确,所以在课堂中教师主要采取的是口头讲授的方式传授挫折教育相关的理论知识,因此显性教育在实际课堂中发挥着主导作用。但是随着大学生们接受到的文化交流越来越频繁和网络资源的丰富性,许多理论知识他们很容易就能独立获取,这就使得常见的授课方法已不足以吸引他们的注意力,而一些生活中微小的事物,则可以在不经意中对他们实施潜移默化的影响。因此挫折教育还需要补充一些隐性的资源加以配合,以达到全方位育人的效果。正如前苏联教育家苏霍姆林斯基的观点:"教育者的教育意图越是隐蔽,就越能为教育的对象所接受,就越能转化成教育对象自己的内心要

---

① 胡宇南、罗映光:大学生挫折教育及阳光心态培育研究,《思想理论教育导刊》2015 年第 1 期。

求。"从精神文化看,教师可以从平时的言谈举止、思想观念、师生关系出发引导学生正确看待挫折。教育者应当与学生建立友好、平等的关系,这样有利于及时了解学生的思想动态,对遇到挫折的学生进行心理疏导。在日常的学习和生活中,还应加强师德修养,通过自身积极乐观的心态感染学生,构建迎难而上的班风、校风。面对高年级中即将考研、就业的同学,可以引导他们将人生看作一次长征,在征途中一定会经历挫折,这是无法避免的,所以要用平常心看待,不要因为失败而否定自己,红军在如此艰难的环境中都能坚持下来,我们有什么不能呢? 从制度文化看,考评制度可以适当放宽评价标准,对成绩一般但同样付出努力、品行优良的学生也要提出肯定,给予他们改进不足的信心。著名的罗森塔尔效应就揭示出了,外界的期待和肯定对于学生的进步和潜能的激发具有十分重要的推动作用。从物质文化看,可以利用学习角、公众号、宣传栏等方式,宣传长征的感人事迹和英雄人物,通过课后和课堂时间的充分利用,做到隐性教育和显性教育相统一,打通校内育人的"最后一公里"。

(三) 家校共育形成合力

家长作为学生最亲密的人,其一言一行都对学生思维、人格的养成产生着不可替代的影响。因此当学生遇到挫折无法调解时,不能完全将责任推卸给学校,应当反思自身的教育理念是否存在问题。无论是抗拒挫折的溺爱式教育还是磨灭自信心的打击式教育,都是一种畸形的教育观,虽然出发点是好的,但是对于学生形成健全的人格都不是行之有效的方法。对此,家长作为非专业的教育者应当积极与学校展开沟通,双方将学生的校内外表现做一交流,就可以在学生的思想状态上占据主动,及时发现不良心理的苗头并进行干预,减少挫折对学生造成的负面影响。在家庭氛围的塑造上,家长也需要和孩子定期谈心,用和谐、换位思考的方式消除心理隔阂,成为孩子可以信任的人,同时规范自身行为,在要求孩子之前自己率先垂范,为子女做出好的表率。在教育方式上,应该对挫折教育给予足够的重视,适当放手让孩子独立完成自己能力范围内的事,在遇到挫折时,既要看到进步,也要冷静下来与他们一起分析失败的原因,让挫折成为学习的途径。同时,不能急于求成,一味地让孩子体验挫折而不收集反馈信息,只会消磨他们的自信心,失去对挫折学习的兴趣。家长在进行挫折教育时应该把握好时间节点,可以利用节假日的时间,在双方身心放松的时候,通过参观纪念馆、重走长征故地等方式,让孩子融入挫折教育中,在寓教于乐中提升耐挫力。

陈文栋①

新时代青年学习"四史"的意义与路径

（上海师范大学　上海　200234）

【摘　要】重视青年的历史教育及科学历史观培育是中国共产党青年教育的一贯传统，当今在新时代广大青年中开展"四史"学习教育是十分必要的。一方面，学习"四史"能够帮助青年坚定理想信念、树立科学历史观，激励青年更好地投身建设现代化中国的伟大事业；另一方面，要关注影响青年树立正确历史观的各种不利因素与现实挑战。在学习"四史"的过程中，要牢牢把握理论指引、史论结合、知行合一这三条有效路径。

【关键词】新时代青年　"四史"学习教育　意义　路径

2020年1月8日，"不忘初心、牢记使命"主题教育总结大会上，习近平总书记指出："要把学习贯彻党的创新理论作为思想武装的重中之重，同学习马克思主义基本原理贯通起来，同学习党史、新中国史、改革开放史、社会主义发展史（下称'四史'）结合起来"，向全体党员提出学习"四史"的要求。自此全党上下掀起了围绕"四史"的学习热潮。同时中国共青团各级组织也相继开展"四史"学习教育活动，广大青年也投入到了学习"四史"的热潮中去。

开展"四史"学习教育是即将迎来建党百年之际党中央作出的重

　　① 作者简介：陈文栋，男，博士，上海师范大学外国语学院讲师，主要研究方向为日语语言学。上海市徐汇区桂林路100号，200234。

要决定,是我党重视学习的优良传统的延续;同时也是新时代广大青年学习历史,坚定理想信念,树立科学历史观的机遇。

一、重视历史教育及科学历史观培育是
中国共产党青年教育的一贯传统

中国共产党的历代领导人都关心青年的成长,重视学习历史、树立科学历史观在人生成长过程中的重要意义。毛泽东一生钟爱阅读历史书籍,始终强调读史学史的重要性,并留下了"我们是马克思主义的历史主义者,我们不应当割断历史"①"只有讲历史才能说服人"②等重要论断。关于青年学习党史国史,毛泽东指出"不少青年人由于缺少政治经验和社会生活经验,不善于把旧中国和新中国加以比较,不容易深切了解我国人民曾经怎样经历千辛万苦的斗争才摆脱了帝国主义和国民党反动派的压迫"③,要求青年以历史对比的目光认识社会现状。

邓小平高度重视青年价值观与历史观教育,尤其在 80 年代中后期,部分青年受到资产阶级自由化思想的毒害,对社会主义道路产生了怀疑。对此,邓小平指出"青年人不了解这些历史,我们要用历史教育青年,教育人民,"④强调中国寻求摆脱半封建半殖民地出路的一个世纪的"历史告诉我们,中国走资本主义道路不行,中国除了走社会主义道路没有别的道路可走。"⑤

江泽民也注重对青少年的历史及国情教育,并把它提高到关系青年的未来和国家、民族的未来这一高度来论述。江泽民指出:"有不少的年轻人,对于我们国家和民族过去饱经忧患的历史,争取独立和解放的历史,不了解,不熟悉,甚至有些年纪大的人也渐

---

① 《毛泽东文集》第 2 卷,人民出版社 1991 年版,第 534 页。
② 《毛泽东文集》第 8 卷,人民出版社 1999 年版,第 276 页。
③ 《毛泽东文集》第 7 卷,人民出版社 1999 年版,第 241 页。
④ 《邓小平文选》第 3 卷,人民出版社 1993 年版,第 206 页。
⑤ 《邓小平文选》第 3 卷,人民出版社 1993 年版,第 206 页。

渐淡忘了。"①他多次强调："要对小学生(甚至幼儿园的孩子)、中学生一直到大学生,由浅入深,坚持不懈地进行中国近代史、现代史及国情的教育。"②

胡锦涛同样重视学习历史,尤其注重借鉴与运用历史经验。胡锦涛指出:"在新形势下,我们要更加重视学习历史知识,更加注重用中国历史特别是中国革命史来教育党员干部和人民。"③同时,胡锦涛也观察到部分青年对我党我国的历史了解不深入,未能意识到自身的历史责任感与使命感。胡锦涛指出:"一定要帮助我们的青年一代了解我们党的历史,了解我们国家和民族的历史,了解人类社会客观发展规律,认清自己将要肩负的历史责任,树立正确的世界观、人生观、价值观。"④

党的十八大以来,习近平总书记高度重视历史教育与正确历史观的培育,强调"历史是最好的教科书"⑤,引导人民树立正确的历史观。学习的内容从党史国史扩展到改革开放史与社会主义发展史,内涵不断得到充实,深度不断得到提升。

同时,习近平总书记也高度重视引导青少年形成正确的价值取向与人生信念,把它形象地比喻为扣好人生的第一颗扣子,要求广大青年"把理想信念建立在对科学理论的理性认同上,建立在对历史规律的正确认识上,建立在对基本国情的准确把握上,不断增强道路自信、理论自信、制度自信,增强对坚持党的领导的信念,永远紧跟党高高举起中国特色社会主义伟大旗帜"⑥。

关于历史学习,习近平总书记在给复旦大学青年师生党员的回信

---

① 江泽民:会见全国青联七届一次会议和全国学联二十一大的部分代表时的讲话,《人民日报》1990年8月22日。

② 《毛泽东邓小平江泽民论世界观》,人民出版社1997年版,第285页。

③ 中央政治局学习15世纪以来世界主要国家发展史,《人民日报》2003年11月25日。

④ 《胡锦涛文选》第1卷,人民出版社2016年版,第393页。

⑤ 《习近平谈治国理政》第1卷,外文出版社2018年版,第405页。

⑥ 《十八大以来重要文献选编》上册,中央文献出版社2014年版,第278页。

中殷切期望,"希望广大党员特别是青年党员认真学习马克思主义理论,结合学习党史、新中国史、改革开放史、社会主义发展史,在学思践悟中坚定理想信念,在奋发有为中践行初心使命,努力为实现"两个一百年"奋斗目标、实现中华民族伟大复兴的中国梦贡献智慧和力量。"①

梳理党的领导人的论述我们可以发现,中国共产党历代领导人都高度重视学习历史,不仅要求党员干部深入学习,也十分注重广大青年从历史中汲取营养,树立科学的历史观,形成正确的价值取向。同时,我们也应该看到在青年学习历史的问题上还存在不足,如多位领导人所指出的部分青年对于党史国史不甚了解,未能认清自己肩负的历史使命,未能通过学习历史树立正确的历史观、价值观、人生观,这些问题都亟待解决。

二、新时代青年学习"四史"的重要意义与现实挑战

党的十九大报告指出,中国特色社会主义迈入了新时代,我们正处在百年不遇之大变局。青年是建设中国特色社会主义事业的接班人,是接棒新时代的"后浪"。新时代中国特色社会主义事业要实现两个一百年奋斗目标,要实现中华民族的伟大复兴,离不开"后浪"的力量。

进入二十一世纪之后,国际政治、经济格局发生了重大变化,全球化进程在曲折中前行,全球经济面临减速的压力。各种新思潮新思维通过新媒体不断涌现传播,广大青年在面临一个风云万变的世界时或多或少会感到有些茫然无措。因此今天在广大青年间开展"四史"教育具有格外重要的现实意义。身处新时代的广大青年学习"四史"既是时代的要求,同时也是发展中国特色社会主义事业的需要。

1. 学习"四史"是广大青年坚定理想信念,矢志拼搏奋斗的需要

理想信念是个人对自身及国家和民族未来发展所持有的坚定不移的态度,是其人生观、世界观和价值观的集中反映。科学而崇高的理想信念,是引领青年成长成才的指路明灯。习近平总书记在与青

---

① 习近平给复旦大学青年师生党员回信,《人民日报》2020年7月1日。

年交流中指出："理想指引人生方向,信念决定事业成败。没有理想信念,就会导致精神上'缺钙'"。① 青年理想信念坚定与否,直接关系到自己的人生追求目标能否最终实现。

然而,随着我国的不断开放以及网络通讯工具的日益发达,当前社会各种思潮不断涌现,在一定范围内形成了社会思潮的多元化。其中不乏新自由主义思潮、民主社会主义思潮、无政府主义思潮、"普世价值"论等一些消极的、错误的思想充斥其中,于无形中腐蚀了青年的心灵,混淆了青年的价值取向,让青年无所适从、倍感迷茫。

坚定理想信念,关键是靠自身的不断激励和内省。基于青年的认知特点,对于广大青年而言,坚定自身理想信念的现实路径,就是通过学习增加对理想信念的认同,提升自己的素养。而学习的一个重要途径,就是读史明志。

欲知大道,必先知史。中国共产党的历史是一部丰富生动的教科书,其间不仅蕴含了近百年来中国共产党的艰辛奋斗历程,更彰显了中国共产党在百年的斗争和跋涉历程中不畏艰险、矢志坚守马克思主义理想信念的初心。广大青年通过学习"四史",补足精神之钙,筑牢信仰之基,始终保持奋发向上的精神,才能坚定马克思主义的理想信念,矢志不渝,拼搏奋斗。

2. 学习"四史"是广大青年树立科学史观,抵制虚无主义的需要

学史可以看成败、鉴得失、知兴替。历史观是人们关于社会历史及其发展的总的看法和根本观点,是人们世界观、价值观的组成部分。正确的历史观为正确的世界观、人生观和价值观的形成提供了必不可少的前提条件和逻辑起点。

近年来,历史虚无主义的思潮在我国沉渣泛起,以"重新解读"为名,通过虚无中国革命史、党史,以片面遮蔽整体,以偶然否定规律,以捏造取代事实等手段已达到丑化党内英雄人物、美化反面人物的目的。习近平总书记一针见血地指出,"历史虚无主义的要害,是从根本上否定马克思主义指导地位和中国走向社会主义的历史必然

① 《十八大以来重要文献选编》上册,中央文献出版社 2014 年版,第 279 页。

性,否定中国共产党的领导。"①

青年正处在人生的"拔节孕穗期",知识储备还不完备、价值认识也尚未成熟、人生走向还未确定,容易受到历史虚无主义的侵害。尤其是近年随着自媒体以及网络社交的普及,青年们更倾向于通过微视频、网络短文来了解历史。而这些信息碎片化、非线性化的自媒体、微平台,往往成为了历史虚无主义思想传播蔓延的温床。与此同时,一部分历史题材的影视作品呈现娱乐化、低俗化的倾向也不利于青年树立正确的历史观。

在此背景下,如何正确读史,如何培育正确的历史观成为了亟待解决的问题。作为新时代青年,要树立正确的历史观,首先将自己真正融入中国共产党近百年的成长史、新中国七十年来的奋斗史、改革开放四十余年的开拓史以及社会主义思想数百年来的发展史中。要在学习阅读中勤思辨、悟真谛,树立科学的历史观。

3. 学习"四史"是广大青年投身强国伟业、实现百年目标的需要

青年是国家的未来、民族的希望,青年强则国家强,青年兴则民族兴,青年是中国共产党永葆青春活力的重要源泉。

习近平总书记在2014年北京大学师生座谈会上谈到:"现在在高校学习的大学生都是20岁左右,到2020年全面建成小康社会时,很多人还不到30岁;到本世纪中叶基本实现现代化时,很多人还不到60岁。也就是说,实现'两个一百年'奋斗目标,你们和千千万万青年将全过程参与。"②习近平总书记的话语中饱含着对广大青年投身强国伟业,实现百年奋斗目标的殷切期望与谆谆嘱托。可以说,当今的青年一代肩负着在本世纪中叶能否建成富强民主文明和谐美丽的社会主义现代化强国,实现中华民族伟大复兴的历史重任。

2019年我国各类高等教育在学总规模达到4002万人,高等教育

---

① 习近平在全国党史工作会议上发表重要讲话,求是网,2018年1月8日网址:http://www.qstheory.cn/2018-01/08/c_1122225580.htm。

② 《青年要自觉践行社会主义核心价值观》,人民出版社2014年版,第12页。

毛入学率 51.6％。① 改革开放 40 年来,我国青年的学历与文化素质得到了长足的提高。然而青年往往缺乏社会经验,磨炼不足,容易产生好高骛远、轻视历史经验的倾向。同时,在享乐主义等风气的影响下,部分青年对于自己肩负着的社会责任与历史使命意识淡薄,往往幻想着轻松致富,以尽早实现财务自由为人生目标。通过加强"四史"学习,广大青年可以从历史中汲取智慧,拓宽视野,丰富阅历,提高境界,获取在今后的人生道路中远行的力量。

加强"四史"学习能够帮助新时代青年坚定人生的理想信念,树立科学的历史观,为今后实现个人的理想抱负与国家的奋斗目标打下坚实的基础。同时我们也要关注影响青年树立正确的历史观念的各种不利因素,譬如多元化的思潮的冲击,历史虚无主义的抬头,历史知识的碎片化,历史解读的娱乐化等等。如何排除这些负面因素的干扰,突显"四史"教育的意义与成效是我们面对的现实挑战。

三、新时代青年学习"四史"的方法路径

新时代的广大青年应该怎样学好"四史",如何通过学习"四史"树立科学的历史观,形成正确的价值取向? 我认为应当从理论指引、史论结合、知行合一这三个路径去把握。

1. 理论指引,紧抓习近平新时代中国特色社会主义思想

习近平总书记指出:"我们回顾历史,不是为了从成功中寻求慰藉,更不是为了躺在功劳簿上、为回避今天面临的困难和问题寻找借口,而是为了总结历史经验、把握历史规律,增强开拓前进的勇气和力量。"②

---

① 2019 年全国教育事业发展统计公报,教育部官方网站,2020 年 5 月 20 日网址:http://www.gov.cn/xinwen/2020-05/20/content_5513250.htm。

② 《十八大以来重要文献选编》下册,中央文献出版社 2014 年版,第 397 页。

我们学习"四史"的目的是坚定理想信念,实践初心使命,为实现中华民族伟大复兴的伟大理想而奋斗。而在这过程中指引我们前进的是马克思主义中国化的系列理论,而在中国迈入新时代的今天,牢牢紧抓习近平新时代中国特色社会主义思想这一主线无疑是能否学好"四史"的关键。

习近平新时代中国特色社会主义思想是马克思主义中国化的最新理论成果,是党和人民实践经验和集体智慧的结晶,是全党全国人民为实现中华民族伟大复兴而奋斗的行动指南。新时代青年要自觉用习近平新时代中国特色社会主义思想武装头脑、指导学习,牢牢把握听党话、跟党走这一首要政治任务,牢固树立"四个意识",不断增强"四个自信",做到"两个维护",努力实现中华民族伟大复兴的中国梦。

2. 史论结合,坚持辩证唯物的马克思主义历史观

史论结合是学习与研究历史的基本方法,是我们认识历史、看待过去的正确态度。对于青年而言,研读史料、了解史实是形成历史观和历史意识的直接途径。

学好"四史",一是要阅读史实,阅读经典。历史是联系的,有脉络的。读懂读透历史,可以把过去与将来联系在一起。历史虚无主义的惯用伎俩就是割裂国家民族历史的连续性,孤立地以所谓的"重新解读"的方式歪曲、捏造历史。新时代青年在学习"四史"时,务必要警惕这类陷阱,拒绝碎片化的、娱乐化的历史,而应当以联系发展的视角去阅读历史事实。这样我们就会进一步弄明白我们是谁,从哪里来、往哪里去;会更深刻地体会到红色政权来之不易、新中国来之不易、中国特色社会主义来之不易。

二是要坚持唯物主义、树立辩证思维,以马克思主义历史观学习历史。新时代青年在学习"四史"的过程中,必须坚持唯物主义立场,坚持从历史事实出发,遵循规律、尊重历史、捍卫真理。同时要始终树立辩证的思维方式,坚持普遍联系和发展的观点,把一个个历史事件、历史人物有机结合起来,从不同时期、不同阶段、不同层面进行综合考察,用不同方法、不同立场、不同观点进行综合分析。

3. 知行合一，践行历史赋予新时代青年的光荣使命

习近平总书记在祝贺中国社会科学院中国历史研究院成立的贺信中要求"知古鉴今、资政育人"①。学习研究历史的目的不仅在于明智鉴今，更在于资政育人。对于广大青年来说，资政育人即代表实践科学历史观，把"四史"学习中获得的智慧、确立的信念与学习工作结合起来，做到学以致用，知行合一。

青年是推动社会进步的重要力量，五四运动以来一代又一代的中国青年怀着民族独立、国家富强的伟大理想，积极投身于党领导的革命、建设、改革的伟大事业之中，在党的历史、新中国史、改革开放史以及社会主义发展的历程中留下了青春的足迹、铸就了辉煌的成就。

新时代的广大青年的奋斗目标是什么？肩负的历史使命又是什么？习近平总书记在纪念五四运动 100 周年大会上的重要讲话中指明了道路与方向："新时代中国青年运动的主题，新时代中国青年运动的方向，新时代中国青年的使命，就是坚持中国共产党领导，同人民一道，为实现'两个一百年'奋斗目标、实现中华民族伟大复兴的中国梦而奋斗。"②

当今的青年们身处一个百年未有之大变局，同时也是青年们在中国共产党的领导下与全国人民一同开创新的历史的大时代。新时代青年学习"四史"就是要将个人的发展融入国家和民族的事业之中、把个人的奋斗摆进实现两个一百年的伟大目标之中，用青春见证中华民族伟大复兴的中国梦。

① 习近平：立时代之潮头 通古今之变化 发思想之先声，《人民日报》海外版，2019 年 1 月 4 日。
② 《在纪念五四运动 100 周年大会上的讲话》，人民出版社 2019 年版，第 6 页。

潘国强①

从党的历史看知识管理视域下高校组织员队伍专业化建设②

（上海师范大学　上海　200234）

【摘　要】组织员制度是我党总结历史经验,为加强党员队伍建设所制定的一项独特工作制度。本文探讨了高校组织员队伍建设存在的问题,引入知识管理的相关概念,探讨组织员专业发展的途径。本文基于知识管理视域,对高校组织员专业发展做了初步探索,提出高校组织员个体发展策略和群体协作策略提升组织员知识管理水平,促进高校组织员队伍专业化发展。提出高校组织员知识管理个体发展策略,认为要实现组织员系统化知识体系建构及其策略;探讨高校组织员知识管理群体协作策略,认为要建立健全的知识管理机制,要创设优良的知识共享氛围,要建立知识管理数据库。

【关键词】知识管理　高校组织员　专业发展

组织员制度是我党总结历史经验,为加强党员队伍建设所制定的一项独特工作制度。组织员制度,对于保证党员发展工作、加强党

---

① 作者简介:潘国强,男,讲师,上海师范大学教育学院博士研究生、心理学硕士,上海师范大学知识与价值研究所助理研究员,研究方向为教师教育、教育领导学和思想政治教育。上海市徐汇区桂林路 100 号,200234。

② 本文系上海市"阳光计划"项目"新时代高校宣传思想工作队伍胜任力研究"(18YG21)阶段性成果。

员教育管理、推进基层党建发挥了十分重要的作用。中共中央、国务院印发《关于加强和改进新形势下高校思想政治工作的意见》强调，要加强和改善党对高校的领导。"要加强高校基层党建工作，建立健全高校基层党组织，加强教师党支部、学生党支部特别是研究生党支部建设，充分发挥党支部战斗堡垒作用。坚持党的组织生活各项制度，组织党员深入开展"两学一做"学习教育，认真做好在高校优秀青年教师、高校学生中发展党员工作，加强党员日常管理监督。"加强和改进高校党的基层组织建设，提升高校党建工作水平，需着力加强组织员队伍建设，规范组织员管理工作。

知识管理是企业管理领域的一个重要概念。20 世纪 80 年代，彼得·德鲁克(Peter Drucker)首次提出知识管理(Knowledge Management，KM)的概念，广泛应用于企业管理领域。大卫·哈格维斯(David Hargreaves，1999)最早开始研究教育领域教师知识管理[①]，我国学者刘毓(1998)将知识管理应用于学校管理领域[②]。

本文在国内外诸多研究的基础之上，从知识管理的角度，分析组织员队伍发展的现状，从组织员个体发展策略和群体协作策略两个角度探索组织员专业发展的路径，为实现高校组织员队伍专业化发展创新思路。本文运用文献分析和个别访谈法进行，梳理近年国内外相关文献，深度访谈高校组织员，探讨知识管理视域下高校组织员专业化发展。

一、组织员专业发展概述

组织员是指设在党委组织部门，在党委集体领导下负责党员发展、教育和管理工作的专职党务干部。[③] 组织员队伍最早建于 1945

---

① Hargreaves, D. H. The know ledge-creating school [J]. British Journal of Education Studies，1999,6(47)：122－144。

② 刘毓：学校的"知识管理"探微，《教育评论》1998(06)：第 50—51 页。

③ 湛风涛：中国共产党组织员制度的历史考察，《上海党史与党建》2009 (04)：第 9—11 页。

年,1951年第一次全国组织工作会议作出了在全国县(市)一级设立组织员的决定,中间历经波折未能长期坚持。[①] 直到1983年,《中共中央关于加强党员教育工作的通知》再次要求各地恢复组织员制度。2005年4月,中共中央办公厅转发《中共中央组织部、中共教育部党组、共青团中央关于加强和改进在大学生中发展党员工作和大学生党支部建设的意见》,要求各高校加强组织员队伍建设,配备数量充足的专兼职组织员,党委建制的院(系)党组织应至少配备一名专职组织员。从此,组织员开启了专业化、专门化的发展道路。2017年3月,《中国共产党发展党员工作细则》明确规定,"县以上党委及其组织部门应当重视对组织员的选拔、配备和培训,充分发挥他们在发展党员工作中的作用"。并规定,发展党员时,"党委审批前,应当指派党委委员或组织员同发展对象谈话,作进一步的了解,并帮助发展对象提高对党的认识"。

高校组织员的主要职责是:

1. 做好发展党员工作。参与制定本单位发展工作目标和参与实施发展党员工作计划;参与党校工作,指导基层党组织加强对入党积极分子的教育培养;严格审查发展对象的条件、入党材料和发展程序;做好预备党员的教育、考察和转正的审查工作等;检查发展新党员的质量情况,协同纪检部门查处发展党员工作中出现的违纪问题。

2. 抓好党员管理工作。负责组织关系转接、党籍管理和党费收缴工作;协助基层党组织建立健全党的组织生活、民主评议党员等制度;保管、整理党建工作档案和有关文件资料,做好归档和转接工作;填报、收集党务工作报表和资料,负责党内统计和党员信息管理;

3. 抓好党员教育工作。协助本单位党组织做好预备党员教育,掌握新党员情况;了解和分析党员的思想状况,做好党员的经常性教育和主题教育。

4. 开展党建研究工作。调查研究党员教育管理服务工作中出

---

① 朱树彬、张书林:党的组织员制度思考,《理论探索》2009(01):第56—58页。

现的新情况、新问题、新方法；探索、总结、推广党员教育管理服务工作中的新方法、新途径、新经验。

由此可以看出，组织员工作是高校基层党建的基础工作，加强高校组织员队伍建设，有利于落实中央对党员发展过程中"控制总量、优化结构、提高质量、发挥作用"的总体要求，有助于进一步提高高校学生党员质量，对于高校落实立德树人的根本任务，培养中国特色社会主义建设者和接班人具有重要的意义。

二、高校组织员队伍建设存在的问题和思考

各高校积极落实关于加强组织员队伍建设的相关要求，加强组织员队伍建设，专兼职组织员队伍相结合，在大学生入党积极分子教育培养、党员发展工作和党员再教育工作中发挥了巨大的作用。总体来说，高校组织员队伍建设总体情况是好的，但是还存在一些与当前形势发展不相适应的一些问题。

当前，高校组织员队伍建设面临的问题是：

1. 组织员专业化、专职化方面的问题。高校在聘任、配备组织员时，专兼职比例、专业知识结构、年龄结构存在不科学不合理的地方，性别结构不合理，队伍不稳定。组织员除了岗位工作外，还兼任宣传员、行政工作、思政辅导员工作、教学工作和科研工作等。[1] 组织员呈现一人多职现象，组织员专业化、职业化发展受到影响。

2. 组织员队伍培训机制存在的问题。高校组织员呈现年轻化趋势，从事党务工作时间较短，党建知识、党务经验相对欠缺，由此产生理论水平不高、党务知识不够、发展流程不熟、监督把关不严等问题[2]。组织员缺乏专门的业务培训，应对新情况新问题比较吃力，进

① 叶龙祥：浅谈加强高校组织员队伍建设，《南昌教育学院学报》2018.33（01）：第48—51页。

② 唐国瑶：特邀党建组织员参与高校青年教师党建工作探析，《上海党史与党建》2014(05)：第53—55页。

而影响基层党员发展和基层党建工作。

3. 组织员团队协作方面存在的问题。当年，各高校在二级单位设立组织员，每个单位一般只设置一名组织员。学院党委对组织员的要求，更多的是工作任务布置性质。虽然有组织员例会，但是每次例会可以认为是工作例会，较少有工作协同机制，无法有效提升组织员整体专业化水平。

三、知识管理概述

德鲁克在国际劳工组织主办的欧洲管理大会上，首次提出"知识管理"（Knowledge Management，KM）这一概念。

彼得·德鲁克（1993）认为，知识管理的核心是使知识产生作用，也就是有系统、有组织地运用知识去创新知识。[1] 知识管理专家 Y. Mathotra 认为，知识管理实质是"信息技术处理数据与信息的能力以及人们创造和创新的能力有机结合的组织过程"[2]。Wiig（1995）将知识管理定义为，知识管理为一连串协助组织获取自己及他人知识的活动，透过审慎判断之过程，以达成组织任务。此类知识管理活动，需架构于科技技术、组织架构及认知过程，以培育知识领域之完整及新知创造。[3] 大卫·克曼认为知识管理是个体学习新知识获得新经验，并把这些新知识和新经验反映出来，最终实现增强个体知识和组织价值的过程。APQC（美国生产力和质量中心）将知识管理定义为为增强竞争力而识别、获取和利用知识的过程。国内学者王广宇在整理国内外研究资料的基础上提出知识管理由知识的获得、保留、应用、共享和创新等环节构成，并通过知识的生成、积累、交流和应用管理复合作用于组织的多个领域。

[1] 彼得·德鲁克：《下一个社会的管理》，蔡文燕译，机械工业出版社 2009：19。

[2] 朱晓峰：知识管理研究综述，《理论与探索》2003（05）：406—408。

[3] 阿姆瑞特·第瓦纳：《知识管理精要》，电子工业出版社 2002.：21—22。

国内邱均平教授（2000）认为，"知识管理就是以人和信息为基础，以整合组织知识学习过程、实现组织竞争力的提高为目的，利用先进的信息技术建立起来的网络系统"①。清华大学刘冀生教授（2003）认为，知识管理就是把知识作为企业最重要的资源，对知识资源的获取、创新、应用等过程进行测评、组织、控制、技术和领导，以期达成增强企业核心竞争力目标的过程。② 当前国内知识管理的研究，主要关注教师知识管理的含义研究、管理路径研究和应用研究三个方面，特别关注教师知识管理的应用研究。

所谓知识管理，就是以知识为核心的过程管理，是组织或个人运用信息技术及现代管理学理论，以科学的方式对知识或信息资源进行储备、整合、升级、转化、迁移和应用，以提高组织或个人的创新能力和可持续发展能力。

知识是教师专业发展的基础，对知识进行有效管理管理，则是教师专业成长的必要途径。③ 在教学、研究过程中，教师的知识管理是指对现有的知识进行积累、交流并进行分享、传授的过程，在知识分享过程中再次提升知识的内涵，实现整合、创新的目的，完成隐性知识显性化的过程，完善个体知识体系，促进教师专业化发展。知识管理可以促使教师更好地吸收、转换和更新知识，达到完善现有的知识体系，提升转化水平和业务能力。

知识管理是包含知识的获取、存储、共享、转移的过程，其核心是促进显性知识和隐性知识的转化，目标是实现知识的价值创造，促进个体专业化及组织绩效的提升。④ 将组织管理领域的知识管理概念引入组织员工作中，为组织员专业发展提供可借鉴的方法，有利于组

315

① 周竺、孙爱英：知识管理研究综述，《中南财经政法大学学报》2005（06）：27—33.

② 刘冀生编著：《企业战略管理》，清华大学出版社 2003：18。

③ 伊淑霞、张勇、曾雪兰：教师个人知识管理策略的形成与发展研究，《中国成人教育》2014（13）：117—119。

④ 王浩兰：知识管理视域下大学青年教师专业化能力形成机理与对策，《南昌航空大学学报（社会科学版）》2018.20（04）：第67—71页。

织员提高知识获取、转化和应用的能力。组织员知识管理,强调使用、传播组织员专业知识过程中,推动知识的流通、转移,达到知识分享,促进组织员间相互学习,提升专业化水平。

四、基于知识管理视域的组织员专业发展途径探索

知识管理的目标是提高个人或者组织的知识创造能力,提高管理效能,增强组组竞争力。在组织员队伍建设中引入知识管理的理论和方法,目的在于使组织员从日常的繁琐的事务管理者向高效能集约型知识管理者转变,帮助组织员优化工作流程,降低时间成本,提高工作效率,减轻工作负担。使用知识管理的方法,优化、升级现有的知识管理系统,使组织员将日常工作和管理的经验升级为系统性知识管理,有助于提升组织员职业成就感和认同感的形成,推动组织员队伍从经验型向专业型转变。

(一) 组织员知识管理中存在的问题

通过文献分析和个别访谈,笔者认为组织员在知识管理中存在的问题主要有:

1. 组织员知识管理意识薄弱,对知识的反思能力较差,在工作中缺乏知识分享的意愿。

2. 组织员获取知识的途径单一,专业化知识转化率较为低下。

3. 组织员知识管理平台和知识共享机制欠缺,没有有效的知识分享的渠道和路径,未建立知识管理制度。

(二) 知识管理个体发展策略

杰森·福兰特和卡洛尔·希柯森(Jason Frand & Carol Hixon, 1999)最早提出"个人知识管理"这一概念,认为"个人知识管理是一种概念框架,个人组织和集中自己认为重要的信息,使其成为我们的知识"①。

---

① Jason Frand, Carol Hixon, Personal Knowledge Management: Who, What, Why, When, Where, How [EB/OL]. [2006 - 07 - 12]. http://www. anderson. ucla. edu/faculty/jasonfrand/researcher/speeches/PKM. html.

教师个人知识管理是指教师在日常生活和教学实践中,对知识点的获取、积累、共享、创新、评价等过程进行的管理。[1] 教师个人知识管理是指教师运用知识管理的理论和现代信息技术对教育教学知识进行获取、储存、分享、运用和创新的过程。教师个人知识管理的实质是促进教师的隐性知识(内隐的经验性知识)与显性知识(外显的理论性知识)之间的相互转化。[2] 刘艳闽和杨上影将教师个人知识管理过程归纳为五个方面:一是知识的获取与积累;二是知识的分析与反思;三是知识的交流与分享;四是知识的整理与深化;五是知识的应用与创新。[3]

组织员知识管理的个体发展策略,聚焦在组织员专业化知识的搜集、存储、应用、创新过程中,重视组织员系统化知识体系的建构和个人知识管理策略的形成。

1. 组织员系统化知识体系建构

组织员的主要工作是做好发展党员工作、抓好党员管理工作、抓好党员教育工作和开展党建研究工作等,组织员的知识体系建构围绕工作业务展开。具体而言,高校组织员在高校党委和院系党组织的正确领导下开展党建工作,需要做好入党启蒙教育以及入党积极分子的学习教育与培养、认真执行党员发展计划、及时做好党员发展政治审查、严格把握党员发展程序和做好预备党员的考察与转正工作;需要负责党员教育管理与服务监督工作,同时做好党员政治理论学习的组织和协调工作,做好党内统计和组织关系转接工作,做好党费收缴、使用和管理工作,及时排查党员组织关系,做好失联党员规范管理,加强毕业生党员以及流动党员的组织关系管理;需要协助做

① 高健:"互联网+教育"背景下教师个人知识管理路径分析,《中国多媒体与网络教学学报(上旬刊)》2019(04):第111—112页。

② 陈列、赵虹元、靳玉乐:教师个人知识管理的问题与对策,《教育导刊》2009(4):38—40。

③ 刘艳闽、杨上影:基于SECI模型的教师个人知识管理工具及应用——以《"互联网+"时代教师个人知识管理》慕课建设为例,《中国信息技术教育》2019(08):第91—95页。

好基层党建工作,指导基层党组织做好"三会一课"、组织生活会和民主生活会、民主评议党员、谈心谈话等各项组织生活制度,指导开展党支部规范化建设,做好党员活动基地建设和管理,协助书记做好本单位党组织换届工作等。

高校组织员的各项工作,是专业化程度很高的工作,对相关的政策知识和业务知识需要相当的熟悉,建构组织员的系统化知识体系相当有必要。组织员获得相应的知识,一般是通过几种主要途径。首先是前任组织员的工作交接,工作经验的传授和工作文件的转移,在这个过程中梳理、学习组织员业务知识。其次是通过高校组织部门的业务培训和工作例会,在专项培训和例会中学习,达到做中学的效果。最后是通过自学的方式,学习党章党规、工作条例、业务手册等,自学的效果未必最佳。

通过对高校组织员的深度访谈,发现组织员专业化知识系统建构基本上是自发的而非自觉地,零散的而非系统的,知识体系难以提升到理论高度,以至于组织员局限于事务性工作,缺乏理论高度。

高校组织员要高度重视系统化知识体系建构,可采取的策略有:

(1)系统学习必需的专业化知识。党建工作永远在路上,党的理论创新一直在进行,高校组织员必须系统学习专业化知识,学习马克思主义理论、习近平新时代中国特色社会主义思想,学习党章党规,学习习近平总书记系列讲话精神,还要学习组织员工作的实务。

(2)总结整理阶段性学习成果。通过总结阶段性的学习成果,更新个体专业知识,形成组织员专业化知识体系,更新相关知识内容。

(3)隐性知识显性化。自从迈克尔·波兰尼提出个人知识可区分为显性知识和隐性知识以来,学界普遍认为可以通过知识管理促进显性知识和隐性知识之间的转化,可以促进个人知识管理的优化和发展。

2. 组织员个人知识管理策略的形成

在组织员个人知识体系形成后,采取知识管理的策略显得尤为重要。

(1)反思专业知识体系。知识的价值在于应用,在应用中反思知识的体系建构,达到更好地管理个体知识的目的。

（2）分享知识可以促进知识的创新发展。知识共享打破了知识所有者的界限,使知识得以传播和转化,提高知识获取效率,通过分享创造更多知识,激发更有创意的想法。

（三）知识管理群体协作策略

美国学者舒尔曼认为,教师学习与发展是建立在专业社群基础之上的,因此,教师学习的影响系统涉及个体、共同体和政策与资源三个层次。

教师个人知识管理不仅是教师个体专业发展的重要手段,也是教师群体专业发展的有效途径。这就需要通过建构合作文化、建立学习型组织、完善管理激励机制等方式创造良好的知识管理氛围。

1. 建立健全的知识管理机制

高校建立知识管理制度,将组织员知识管理制度化,重视组织员个人知识管理激励机制,制定组织员知识管理计划,建立保障机制、激励机制,给予有创新观点或者研究成果的组织员物质奖励和经费支持。开展组织员共享计划,形成知识共同体、组织员专业发展共同体,加强工作指导机制,对于知识共享和知识管理过程中遇到难题和疑惑的组织员提供专业指导和咨询。

2. 创设优良的知识共享氛围

良好的知识共享氛围,对于组织员构建知识管理体系有着重要作用。通过自愿平等的方式,加强协作互动,增强组织员归属感、认同感,彰显人文关怀。知识互信与文化互信,规范与约束组织员间知识行为,有利于形成相互之间的共同理想、共同文化。

3. 建立知识管理数据库

高校可以建立组织员业务工作相关知识、数据库,帮助组织员将知识进行分类、总结,帮助组织员将零散的、无序的知识信息转化为系统化的知识,利用多媒体信息手段,促进组织员专业知识的传播和共享。

高校组织员队伍建设是一项长期的工程。随着时代发展,党的建设对高校组织员提出越来越高的要求。本文基于知识管理视域,对高校组织员专业发展做了做初步探索,提出高校组织员个体发展策略和群体协作策略提升组织员知识管理水平,促进高校组织员队伍专业化发展。研究有一定的创新,但是理论研究的深度和广度还有待进一步拓展。

■ 周 芸①

高校美育和德育融合的实践路径研究②

（上海师范大学　上海，200234）

【摘　要】本文基于美育和德育融合的逻辑关系和内在联系，深入剖析高校德育和美育融合过程中存在的认知、实践、管理上的现实困境，立足新时代高校思想政治教育的要求，结合当前开展的"四史"学习教育，从环境、文化、制度等三个不同维度，探索新时代高校美育和德育有效融合的实践路径，从而实现三全育人的总体目标，提升新时代高校育人效果。

【关键词】美育　德育　融合　实践路径

　　"立德树人"是高等教育的根本任务，坚持中国特色社会主义教育发展道路，培养德智体美劳全面发展的社会主义建设者和接班人，关乎建设教育强国目标的实现，关乎中华民族伟大复兴中国梦的实现，关系着党的命运、国家的命运、民族的命运。德智体美劳"五育并举"的提出，是教育真正实现和促进人的全面发展理念的重要理念。人的全面发展学说具有丰富的内涵，包括人本质的力量和本质关系的综合发展。美育和德育对于促进人的全面发展具有积极的理论指

　　① 作者简介：周芸，讲师，上海师范大学商学院党委副书记、副院长。长期从事思想政治教育实践和研究工作，主要研究方向为思想政治教育。上海市徐汇区桂林路 100 号，200234。
　　② 本文系 2020 年度上海学校德育实践研究课题《高校美育和德育融合的实践路径研究》(项目编号：2010－D－13)阶段性成果。

导意义和实践推动作用。

美育者,应用美学之理论于教育,以陶养感情为目的者也。① 广义的德育的概念相对于美育而言的,包括思想教育、政治教育和道德品质教育。美育是审美教育,发挥的是感召力。德育是道德教育,强调的是约束力。纵观中国历史发展,德育领域产生了一批具有较大学术影响与实践影响的德育模式,德育工作也在不断地完善过程中对社会发展进行调整和适应。就当前来说,高校德育工作相对基础较好,有着很多的成功经验和案例,但也存在教育内容灌输式、单一化、教育方式简单化、形式化等问题。党的十八大以来,对于美育的重视程度呈现出逐步提高的态势,迎来了前所未有的发展时机。2018 年 9 月 10 日习近平总书记在全国教育大会上强调,要全面加强和改进学校美育,坚持以美育人、以文化人,提高学生审美和人文素养。② 2020 年 10 月 15 日中共中央办公厅、国务院办公厅印发《关于全面加强和改进新时代学校美育工作的意见》中指出将学校美育作为立德树人的重要载体,坚持弘扬社会主义核心价值观,强化中华优秀传统文化、革命文化、社会主义先进文化教育,引领学生树立正确的历史观、民族观、国家观、文化观,陶冶高尚情操,塑造美好心灵,增强文化自信。③ 然而,相对于德育而言,美育仍然没有发挥出更广泛的积极作用,还有很多理论研究和实践探索的空间。近年来,美育工作虽在结构布局上不断优化,课程建设上稳步推进,活动内容上更加丰富多彩,但仍与当前高等教育改革发展的要求还不相适应,与构建德智体美劳全面发展培养的育人体系还不相适应,与满足广大青年

---

① 《美育与人生——蔡元培美学文选》,山东文艺出版社 2020 年版,第 156 页。

② 习近平. 坚持中国特色社会主义教育发展道路培养德智体美劳全面发展的社会主义建设者和接班人,刊载新华网,http://www.xinhuanet.com/politics/leaders/2018－09/10/c_1123408400.htm,2018 年 9 月 10 日。

③ 中共中央办公厅、国务院办公厅印发《关于全面加强和改进新时代学校美育工作的意见》,刊载中华人民共和国教育部网站 http://www.moe.gov.cn/jyb_xxgk/moe_1777/moe_1778/202010/t20201015_494794.html,2020 年 10 月 15 日。

大学生对优质丰富美育资源的期盼还不相适应,还存在着认识不全面不深入,规律把握不准确不到位,发展不均衡不充分,机制不健全不完善等问题。当前,美育和德育在研究和实践领域独立存在,而将美育和德育融合机制的理论研究和实证研究还不够多,其研究重心在理论与实践结合层面也有所脱节。因此,高校应当以问题为导向,以理论研究为支撑,以实证研究为基础,积极探索德育和美育的有机融合、和谐统一的实践路径,才能更好地围绕"培养什么人、怎样培养人、为谁培养人"这一根本问题,为国家培养出德智体美劳全面发展的合格社会主义建设者和可靠接班人。

一、美育和德育融合的生成逻辑

美育和德育是高等教育不可或缺的重要组成部分,厘清两者融合的生成逻辑和内在联系,有助于更好地达到育人效果,实现育人目标。

第一,教育目标具有一致性。美育与德育两者在教育目标上是相一致的。早在 1912 年《教育宗旨令》首次对道德教育和美感教育的关系进行了说明,强调"注意道德教育,以实利教育,军国民教育辅之,更以美感教育完成其德"。教育家蔡元培在《教育大辞书》中把美育与德、智、体并为四育。1999 年,朱镕基总理在政府工作报告中首次将德、智、体、美并而列之。2018 年,习近平总书记在全国教育大会上提出德智体美劳全面发展理念。纵观这些年我国颁布的纲领性文件和中央领导人重要讲话精神来看,美育与德育工作正越来越受到重视。美育和德育的目标都是为了提高人的综合素质,实现价值观养成,促进学生全面成才成长和发展,更好地为国家培育社会主义的合格建设者和接班人。这既是个人发展追求的生命境界,又是学校教育所致力的方向。

第二,价值标准具有同构性。无论是美育还是德育都要遵循社会基本规律和道德准则,统一于"真善美"的社会标准之中。从教育内容和功能性来说,德育侧重于政治教育、行为规范、道德养成、价值观培养,而美育侧重于净化心灵、陶冶情操、提升素养以及人格的塑造。从教育方法和载体来看,德育主要依靠理性思维,重在"以理服人",而美育依靠感性思维,重在"以美感人"。美育和德育虽然有着各自不同的功能定位,但两者的价值标准具有同构性,在实现人格的完善和素养的提升的方向体系上保持一致。

第三,实现方式具有渗透性。以美养德,寓德于美。美育和德育都是教育的重要组成部分,两者相互促进、相互渗透、和谐统一,在学生培养教育过程中缺一不可。美育能提升人的审美素养、温润人的心灵,树立美好的人生观和世界观。德育实效性的发挥、德育吸引力和感染力的呈现都离不开与美育的有机结合。两者是相互交融、相辅相成、共同推进的逻辑关系。

因此,美育和德育的有效融合,不仅可以增强思想政治教育的活力,激发其内生动力,而且可以通过浸润式、体验式、分享式教育,充分发挥影响力和感染力,逐步形成立德树人、以美育人、以美育德的良好氛围,逐步形成高尚的道德品质,提升学生心灵和思想的获得感、幸福感,从而培养学生树立正确的价值观、人生观和世界观。

二、高校美育和德育融合过程中的现实困境

习近平同志在纪念"五四运动"100周年大会讲话中就谈到,"当代青年思想活跃、思维敏捷,观念新颖、兴趣广泛,探索未知劲头足,接受新生事物快,主体意识、参与意识强,对实现人生发展有着强烈渴望;同时,青年人阅历不广,容易从自身角度、从理想状态的角度来认识和理解世界,难免给他们带来局限性。"[1]青年大学生是当代青年的中坚力量,是实现中华民族伟大复兴的生力军。当前,"00后"大学生具有思想开放、思维活跃、主观意识强、获取信息渠道广泛、生活阅历和经验不足等鲜明的特征。高校教育的根本任务应当围绕学

---

① 习近平在纪念五四运动100周年大会上的讲话,刊载新华网,http://www.xinhuanet.com/politics/2019 - 04/30/c_1124440193.htm,2019年5月4日。

生、关照学生、服务学生，一切为了学生的全面发展。因此，高校美育和德育的有机融合必须要立足青年大学生的需求，适应"00后"大学生的群体特点，真正发挥协同育人的作用，潜移默化地让学生受到启发，得到精神的愉悦和满足，从而实现全面发展。然而，在现实研究和实践过程中，对美育和德育的误读，也会使得两者的融合过程存在现实困境。

第一，重德育轻美育，认知上存在狭隘化、简单化倾向。在当前高校教育中，往往对美育的重视程度远不及德育，把美育简单地等同于艺术教育，存在把美育的概念狭隘化的倾向。认为只要把美育与德育相关内容做简单的加减和结合，在德育教育中开设点艺术审美课程，开展各类校园文化活动和比赛，就是德育和美育的融合。对美育和德育融合认知的狭隘化、简单化，就会产生育人目标和功能定位上的偏差，过多流于表面化和形式化，而忽略了美育和德育融合的真正价值和意义。

第二，理论与实践脱节，实践中存在载体化、工具化倾向。席勒认为，美育的意义在于恢复人性本身的完整和自由，而不会直接有助于道德。美育和德育都是素质教育中不可或缺、同等重要的组成部分，而并不是隶属和依附的关系。在学界研究中，一些学者有将美育和德育的融合机制做深入研究。然而，在实践过程中，经常会存在与理论研究脱节的情况，在操作和执行过程中往往会将美育作为促进德育的载体和辅助工具。把美育载体化、工具化对待，就会使美育和德育所蕴含的教化意义的发挥受到限制，也使得协同育人的作用发挥效果不明显。

第三，协同创新不够，管理上存在独立化、单一化倾向。"教书育人、管理育人、服务育人"是教师必须承担的责任和使命。目前高校美育和德育管理主体相对独立。德育工作一般由思想政治教育部门负责，管理体系较为清晰和完善，具备一定量师资队伍。美育工作一般为学校艺术中心或艺术专业教学科研机构，但缺乏一定的管理目标和评价考核标准，师资队伍力量不足。当前高校美育和德育工作，往往是各司其职、各就其位，而在机制上缺乏统筹协调的部门和负责人，缺乏有效的协同创新，管理上的相对独立化和单一化，也势必造成学校在德育和美育有效融合不能真正贯彻落实。

三、高校美育和德育有效融合的实践探索

高校美育和德育工作必须与时俱进,顺应新时代发展的需求。高校要实现育人目标,构建三全育人体系,发挥育人合力,提升育人效果,应当从环境、文化、机制等三个不同维度,探索高校美育和德育融合的实践路径。

第一,环境路径。人类创造了环境,环境改变了人类。环境因素在教育中有着潜移默化的影响和至关重要的作用。社会环境和自然环境的变革和发展,势必会对美育和德育工作产生一定的影响和冲击。传统美育和德育工作的方式、内容已经不能适应当代社会的快速发展,价值冲突和价值多元的社会环境使得一些大学生会陷入无所适从的困境。而相对发展滞后的校园自然环境也成为了不能顺应时代发展而需要亟待改进的因素。新时代背景下,高校可以将校园物理空间环境与网络虚拟空间环境深度融合,依托当前人工智能、"互联网＋"、多媒体等先进信息科学技术优势,通过新媒体和网络微平台,在无形的虚拟网络空间中,融入美育和德育的元素,依托有形的校园物理环境的展示,营造美丽校园与和谐融合的氛围,从而实现美育与德育的有机融合。通过环境的影响,将学生外在的情境体验上升为内在的认知感受,达到心理上的共情和思想上的共识,从而更好地满足学生的精神需求,提升审美能力,实现道德养成和价值引领,潜移默化地渗透教育的内涵和本质。

第二,文化路径。人类的发展和现代社会的进步形成了以大多数人品味为基础的大众文化。同时,随着中国改革开放的深入和经济全球化的发展,西方文化和多元化文化思潮也进入大学生的视野。大众文化、西方文化、"亚文化"等多元文化形式对当代大学生的思想和行为产生了一定的影响。如何让学生形成正确的文化认知,培养符合主流意识形态的审美能力,树立正确的价值观、人生观、世界观,成为当前高校教育的重点任务。有效的做法就是要利用各种文化载体和形式,充分发挥美育和德育教育中文化教化的功能,进一步使学

生坚定文化自信。一是以红色文化为内涵、以社会主义核心价值观为内核,通过文化浸润的方式,将教育内容生动化、形象化、活泼化,真正让青年大学生入脑、入耳、入心。"欲知大道,必先为史。"党的十八大以来,习近平总书记反复强调,历史是最好的教科书。党史、新中国史、改革开放史、社会主义发展史,是我们党和国家、中华民族的宝贵精神财富。学习"四史"是牢记党的初心和使命的重要途径,也是增强高校思想政治工作能力和做好高校立德树人工作的有效途径。结合当前"四史"学习教育,将中国传统优秀文化、革命文化和社会主义先进文化的精髓融入日常教育中。通过学习"四史",讲好中国故事,讲好红色故事,传承红色基因,从历史中汲取开拓前进的强大勇气、智慧和力量,以视频微党课、情景党课互动、观看红色电影、传唱红歌、红色地图寻访等多个维度和形式进行研学实践,将"四史"学习教育内容悟深悟透,从而积极引导大学生深刻认识红色政权来之不易、新中国来之不易、改革开放成就来之不易、中国特色社会主义来之不易,做到知史爱党、知史爱国,自觉把个人的理想追求融入国家和民族复兴的伟大事业中。二是通过仪式文化教育,营造文化场域空间,提升学生使命和责任意识。借助一些如重大纪念日、传统节日、国庆校庆、开学毕业典礼、重大政治事件等特定时间节点,运用灵活多样、富有吸引力的表现形式,让学生身体力行、感同身受,更好地将教育内涵渗透其中,通过文化认同,实现精神认同、价值认同和政治认同,从而使青年大学生形成符合主流意识形态的惯习,不断增强他们的使命感和责任感。

第三,制度路径。根据当前新时代学生的群体特征和高校美育德育融合中存在的现实问题,应逐步形成可操作、易接受的融合制度和体系。一是建设大中小一体化美育德育协同发展机制。早在2005年,教育部就出台了《关于整体规划大中小学德育体系的意见》。2015年国务院办公厅印发《关于全面加强和改进新时代美育工作的意见》和2020中共中央办公厅、国务院办公厅印发《关于全面加强和改进新时代学校美育工作的意见》的中对于大中小学一体化美育体系都提出了明确的要求。要实现美育和德育有效融合,做好大中小学美育和德育工作一体化的衔接是关键所在。高校要靠前一步,积极探索建立大中小衔接的美育和课程有效整合的一体化课程体系和教材体系,构建个人成长基本信息互通共享的大中小学生信息一体化大数据平台等,更好地促进大中小美育德育一体化发展的有效衔接。二是建立美育德育师资队伍协同创新机制。通过加强师资培养双向岗位挂职的培养协同,开展定期化的师资专题沙龙交流的互动,跨学科领域美育德育实践机制等,打造一支高素质、专业化的师资队伍,将很大程度上有利于实现美育和德育的优势互补,实现全员、全过程、全方位育人目标,从而提高育人整体效果。

图书在版编目(CIP)数据

理论经纬.第十辑/张文潮,张兰主编.—上海:上海三联书店,2021.6
ISBN 978 - 7 - 5426 - 7415 - 9

Ⅰ.①理…　Ⅱ.①张…②张…　Ⅲ.①中国特色一社会主义建设模式—理论研究—文集　Ⅳ.①D616 - 53

中国版本图书馆 CIP 数据核字(2021)第 081782 号

理论经纬　第十辑

主　　编/张文潮　张　兰
副 主 编/李宇靖　徐　昕

责任编辑/杜　鹃
装帧设计/一本好书
监　　制/姚　军
责任校对/张大伟　王凌霄

出版发行/上海三联书店
　　　　　(200030)中国上海市漕溪北路 331 号 A 座 6 楼
邮购电话/021 - 22895540
印　　刷/上海惠敦印务科技有限公司

版　　次/2021 年 6 月第 1 版
印　　次/2021 年 6 月第 1 次印刷
开　　本/710×1000　1/16
字　　数/350 千字
印　　张/20.75
书　　号/ISBN 978 - 7 - 5426 - 7415 - 9/D · 496
定　　价/98.00 元

敬启读者,如发现本书有印装质量问题,请与印刷厂联系 021 - 63779028